THÉATRE
CHOISI
DE RACINE.

ÉDITION CLASSIQUE

PRÉCÉDÉE D'UNE NOTICE LITTÉRAIRE

Par F. Estienne.

PARIS.
IMPRIMERIE ET LIBRAIRIE CLASSIQUES
DE JULES DELALAIN ET FILS
RUE DES ÉCOLES, VIS-A-VIS DE LA SORBONNE.

THÉATRE
DE RACINE.

NOUVELLE COLLECTION DES AUTEURS FRANÇAIS

> Éditions classiques publiées sans annotations.

Boileau. Œuvres poétiques, édition classique précédée d'une notice littéraire par F. Estienne; in-18.

Bossuet. Discours sur l'Histoire universelle, édition classique précédée d'une notice littéraire par F. Estienne; in-18.

Bossuet. Oraisons funèbres, édition classique précédée d'une notice littéraire par F. Estienne; in-18.

Corneille. Théâtre choisi, édition classique précédée d'une notice littéraire par F. Estienne; in-18.

Fénelon. Aventures de Télémaque, édition classique précédée d'une notice littéraire par F. Estienne; in-18.

Fénelon. Dialogues des Morts, édition classique précédée d'une notice littéraire par F. Estienne; in-18.

Fénelon. Dialogues sur l'Eloquence, édition classique précédée d'une notice littéraire par F. Estienne; in-18.

Fénelon. Lettre à l'Académie, édition classique précédée d'une notice littéraire par F. Estienne; in-18.

La Bruyère. Les Caractères, édition classique précédée d'une notice littéraire par F. Estienne; in-18.

La Fontaine. Fables, édition classique précédée d'une notice littéraire par F. Estienne; in-18.

Massillon. Petit Carême, édition classique précédée d'une notice littéraire par F. Estienne; in-18.

Molière. Théâtre choisi, édition classique précédée d'une notice littéraire par F. Estienne; in-18.

Montesquieu. Considérations sur la grandeur et la décadence des Romains, édition classique précédée d'une notice littéraire par F. Estienne; in-18.

Racine. Théâtre choisi, édition classique précédée d'une notice littéraire par F. Estienne; in-18.

Rousseau (J. B.). Œuvres lyriques, édition classique précédée d'une notice littéraire par F. Estienne; in-18.

Voltaire. Histoire de Charles XII, édition classique précédée d'une notice littéraire par F. Estienne; in-18.

Voltaire. Siècle de Louis XIV, édition classique, précédée d'une notice littéraire par F. Estienne; in-18.

THÉATRE
CHOISI
DE RACINE.

ÉDITION CLASSIQUE

PRÉCÉDÉE D'UNE NOTICE LITTÉRAIRE

Par F. Estienne.

PARIS.

IMPRIMERIE ET LIBRAIRIE CLASSIQUES

DE JULES DELALAIN ET FILS

RUE DES ÉCOLES, VIS-A-VIS DE LA SORBONNE.

Tout contrefacteur ou débitant de contrefaçons de cette Édition sera poursuivi conformément aux lois ; tous les exemplaires sont revêtus de notre griffe.

Jules Delalain et fils

1868.

NOTICE SUR RACINE.

Aucun homme, plus que Racine, n'a résumé complétement en lui les principales qualités qui ont distingué le dix-septième siècle : l'élégance et la grâce, la mesure et la dignité. Étudier à fond Racine, c'est donc en quelque sorte chercher à pénétrer le plus avant possible dans la connaissance de la belle époque qu'il personnifie.

Issu de cette bourgeoisie honorable où se recrutaient les derniers rangs de la noblesse, Jean Racine vit le jour, le 21 décembre 1639, à la Ferté-Milon [1]. C'était l'année où Corneille dédiait sa tragédie d'*Horace* à Richelieu ; c'était aussi l'année de *Cinna*. Depuis un an, sous la toute-puissance du cardinal-ministre, était né le jeune prince qui, en ajoutant au prestige de la royauté et au patrimoine de gloire du pays, devait donner son nom à son siècle, le siècle de Louis le Grand.

Racine eut, dès sa première enfance, le malheur de perdre son père et sa mère : l'un était contrôleur du grenier à sel de la Ferté-Milon ; l'autre, fille d'un procureur du roi aux eaux et forêts de Villers-Cotterets. Placé sous la tutelle de son aïeul paternel, et peu après de la veuve de celui-ci, le jeune orphelin ne demeura pas longtemps dans sa ville natale : il alla habiter Beauvais et y devint élève du collége ; il continua ensuite ses études à Port-Royal des Champs.

Dans cette maison, à laquelle la famille de Racine fut toujours attachée par des liens étroits, le jeune homme trouva des maîtres dont il était digne : c'étaient Lancelot, l'auteur

---

1. A vingt et une lieues de Paris, département de l'Aisne.

des excellentes Méthodes grecque et latine; Arnauld, à qui l'on doit en grande partie la Logique et la Grammaire générale; Nicole, l'un des meilleurs écrivains de son temps, et plusieurs autres qui cachaient à l'ombre du cloître des esprits supérieurs, en se contentant de donner à la jeunesse la double culture de l'instruction et du goût, de la piété et de la vertu. Racine puisa auprès d'eux le sain amour de l'antiquité et de la littérature classique, dont il a fait passer tant de beautés dans ses ouvrages. S'il était le plus brillant écolier de la maison, il était aussi l'un des plus laborieux et des plus dociles.

On ne sera pas surpris dès lors qu'à l'âge de quinze et seize ans, il lût dans leur propre langue Sophocle, Thucydide, Démosthène; à plus forte raison les écrivains de Rome, entre lesquels Cicéron, dont il avait coutume d'emporter sur lui un volume de Lettres, était son auteur favori.

Après un séjour si fructueux et qui se prolongea trois ans à Port-Royal, Racine vint faire sa logique à Paris, au collége d'Harcourt. Là, pour tempérer l'aridité de cette étude, il devait continuer à y mêler les délassements de la poésie.

Un événement qui préoccupait la France entière, le mariage de son jeune roi, mariage qui donnait la paix au pays, vint heureusement offrir au poëte, qui achevait sa vingtième année, un sujet digne d'exercer son talent. Lorsque l'infante d'Espagne, Marie-Thérèse, fit son entrée dans Paris, Racine salua sa bienvenue dans une ode par une allégorie ingénieuse.

Cette composition mythologique obtint en réalité un succès légitime; car, en portant la trace d'un progrès notable sur les précédents essais de Racine, elle était de beaucoup supérieure à tout ce qui paraissait dans le même genre. Aussi valut-elle à l'écrivain les suffrages des arbitres de la littérature, en particulier de Chapelain, qui le désigna aux libéralités de Louis XIV.

La gratification royale de cent louis, si bien placée à cette occasion, n'offrait toutefois qu'une ressource précaire à Racine, que l'insuffisance de son patrimoine pressait de songer à s'assurer d'autres moyens d'existence. Sa famille crut les trouver pour lui dans la possession d'un bénéfice ; et le jeune homme, docile à l'invitation qu'il en reçut, se rendit à Uzès, dans le Languedoc, près du révérend père Sconin, son oncle maternel.

Malgré la bienveillance de son parent, qui pourvut généreusement à tous ses besoins, Racine ne tarda pas à se trouver fort dépaysé dans une province où le français de la capitale, si l'on en croit son assertion, était à peine compris. Précédé cependant par la réputation de son ode, il y fut l'objet de beaucoup d'égards et de politesses ; mais il n'en tarda pas moins à regretter les compagnies qu'il avait perdues, et surtout à sentir qu'il était trop peu préparé à la vie des réguliers. C'est ce qu'attestent les lettres qu'il échangeait avec ses amis de Paris et qui donnent de très-piquants détails sur cette époque de sa carrière. On y voit que s'il lisait par devoir saint Thomas et saint Augustin, il feuilletait par goût les poëtes de l'Italie et de l'Espagne, alors fort accrédités ; en outre, il relisait Virgile, Homère et Pindare, se livrant, sur l'Odyssée et les Olympiques en particulier, à d'ingénieuses analyses, qui le délassaient de ses extraits de théologie.

En dépit de ces préoccupations et de son défaut de vocation réelle, il ne tint qu'à fort peu de chose que Racine ne vécût obscur en Languedoc dans la situation facile qui lui avait été ménagée. Mais le bénéfice qu'il était venu chercher si loin lui eut à peine été donné, après d'assez longs délais, que la possession lui en fut disputée. De là ce procès « que ni ses juges ni lui n'entendirent jamais bien, » et dont l'ennui ramena enfin à Paris l'auteur futur de la farce des *Plaideurs*.

Une œuvre récente, la *Renommée aux Muses*, où les encouragements prodigués par Louis XIV aux lettres étaient dignement célébrés (1663), venait encore de le désigner à l'attention publique comme aux libéralités du prince. Elle lui valut une gratification royale de six cents livres ; et un autre avantage plus précieux qu'elle lui procura, ce fut l'amitié de Boileau, son aîné de trois ans.

Racine rapportait aussi à Paris sa *Thébaïde* ou ses *Frères ennemis;* et presque aussitôt, en fréquentant le théâtre et s'introduisant à la cour, il cherchait à s'assurer pour ses ouvrages des interprètes dévoués autant que des juges bienveillants. En même temps, il nouait avec Molière des relations qui furent de trop courte durée; et ce fut en effet la troupe du Palais-Royal, que dirigeait celui-ci, qui joua peu après la première tragédie de Racine (1664).

Sur ce sujet il avait eu deux illustres devanciers, Euripide, dans les *Phéniciennes*, et Rotrou, dans *Antigone :* on conçoit que, pour son début, il n'ait pu ni égaler l'un ni surpasser l'autre. Toutefois, dans cet essai défectueux, quelques passages d'un mérite distingué, où perçait une heureuse imitation de Corneille, annonçaient un poëte. Aussi l'auteur, alors dans sa vingt-cinquième année, encouragé par le succès qui ne manqua pas à son œuvre, se hâta-t-il de lui faire succéder *Alexandre*, et cette pièce fut représentée par les comédiens de l'hôtel de Bourgogne (1665), au préjudice de ceux de Molière, ce qui brouilla les deux écrivains. Racine eut encore le malheur de s'éloigner au même moment de Corneille, et cela parce qu'ayant lu devant ce grand homme sa tragédie, il n'avait obtenu de lui qu'une déclaration à moitié flatteuse : « c'est qu'il possédait un grand talent pour la poésie, mais non pour le théâtre. »

Cet avis cependant n'était pas tout à fait démenti par l'*Alexandre*. Car si Racine, qui avait tiré son sujet de Quinte-Curce, s'était attaché, comme il le disait, à suivre très-fidèlement l'histoire, il n'en résultait pas que sa pièce fût inattaquable : bien loin de là. La conception en était faible, le style inégal et entaché d'affectation, trop souvent déparé par les subtilités et la recherche du bel esprit. Quant au caractère d'Alexandre, il avait le tort d'être effacé et de beaucoup par celui du vaincu; son langage, affadi par la galanterie, était fort peu dramatique. Mais çà et là éclataient des beautés du premier ordre, et Porus s'élevait par intervalles à de mâles accents que l'auteur d'*Horace* n'eût pas lui-même désavoués.

Ces traces de progrès ne furent pas méconnues du public; néanmoins, en même temps qu'il le prouvait au jeune poëte par ses applaudissements, il s'élevait contre lui un parti hostile, dévoué au vieux Corneille jusqu'à l'injustice C'est contre ce parti que Racine dut se créer des appuis en les cherchant le plus haut possible. Dans ce but, il avait dédié sa première tragédie à un seigneur ami des vers, au duc de Saint-Aignan, le père du duc de Beauvilliers; par une allusion flatteuse, il fit hommage de la seconde à Louis XIV. Peu après, en livrant son œuvre à l'impression, il s'applaudissait de ce que « les premières personnes de la terre et les Alexandres du siècle se fussent hautement déclarés pour lui. » Au reste, dans ces *illustres approbations*, dont il ne se laissait point éblouir, il ne voyait qu'un encouragement *à faire encore mieux dans la suite.*

Mais, en attendant, une de ces polémiques qui tiraient de la force des convictions, dans cette sérieuse époque, une importance toute particulière vint révéler chez Racine un autre talent que celui de la poésie. L'auteur d'une comédie qui eut un moment de vogue, les *Visionnaires*, Desmarets de Saint-Sorlin, s'était, par des attaques indiscrètes contre les jansénistes qu'il traitait *d'hérétiques*, attiré l'animadversion de Port-Royal. Seulement, le représentant de ce parti, Nicole, en infligeant un juste blâme à Desmarets, avait mal à propos mêlé sa cause avec celle de tous les auteurs de romans et de pièces de théâtre qu'il déclarait des *empoisonneurs publics*. Cette expression, dictée par un zèle emporté au plus doux de tous les hommes, mit la plume à la main de Racine, qui, rompant en visière aux maîtres de sa jeunesse, entreprit de venger, avec une injure qu'il jugeait personnelle, celle de tous les écrivains dramatiques (1666).

Telle fut l'occasion de cette lettre où le poëte, en se constituant leur champion, du droit qu'il tirait de son illustration même, montra que dans la prose il eût pu être le rival de Pascal par sa fine et mordante plaisanterie.

L'effet de cet ingénieux pamphlet fut grand : prompt à se répandre, il occupa tous les cercles, fut partout prôné par les uns, ou, ce qui n'atteste guère moins du succès, critiqué par les autres. Mais, loin d'être enivré de cette vogue, Racine en rougit bientôt : car son cœur lui reprocha le triomphe de son esprit, au souvenir de ce qu'il devait à ceux que ses traits malins avaient percés. Hâtons-nous de dire qu'il s'empressa de joindre à la gloire de ce triomphe le mérite du repentir. Dans la première chaleur de l'amour-propre irrité, il avait même, pour répondre à de nouvelles provocations, composé une seconde lettre; mais, docile aux conseils de Boileau, il s'abstint de la publier, et elle n'a été imprimée que longtemps après sa mort.

Cette lutte, ainsi interrompue, fut suivie presque aussitôt de la représentation d'*Andromaque*, qui semblerait, comme on l'a dit, séparée de la *Thébaïde* par un demi-siècle, tandis qu'il n'y eut entre elles que trois ans d'intervalle. Là, le jeune défenseur de la poésie dramatique atteignit tout à coup et d'un seul bond le sommet de son art; et, après deux essais qui laissaient la question indécise, il fut bien manifeste que l'on avait été mauvais prophète en contestant la vocation de Racine pour la tragédie.

La tragédie d'*Andromaque*, que Racine avait dédiée à la jeune et célèbre duchesse d'Orléans, eut le succès du *Cid*. A vrai dire, elle révéla une portée imprévue dans Racine, qui ne se montra jamais plus complétement que dans cette œuvre le *peintre des passions*. Joignez-y ce *style enchanteur* dont personne, après lui, ne devait retrouver le secret[1].

Si *Andromaque* annonçait d'autres chefs-d'œuvre, ce qu'elle ne faisait guère attendre, c'était la comédie des *Plaideurs*, où ce talent plein de variété et de souplesse se montra, un an après, sous un aspect aussi nouveau que piquant. On l'a déjà remarqué plus haut : la pensée de ce badinage, qui rappelle l'un de ces drames satyriques ajoutés à leurs trilogies tragiques par les anciens poëtes, fut inspirée à Racine par son dépit contre la chicane dont il avait connu les effets et appris à ses dépens le langage. En témoignant des res-

---

1. Cette tragédie nous offre, a dit Châteaubriand, « la femme de la société moderne telle que l'a faite le christianisme; c'est l'âme de l'Andromaque antique, perfectionnée par l'esprit moderne. »

sources infinies de son merveilleux esprit, ce délassement
ou cette vengeance indiquait en tout cas que, s'il eût marché
sur les pas de Molière, Molière aurait peut-être compté un
rival. Tant le poëte atteignit tout d'abord le ton de la
vraie comédie; tant il sut fondre avec bonheur tout ce que
lui prêtèrent Aristophane et Plaute! Dans cette farce supérieure, à côté de quelques saillies burlesques, les traits de
franche gaieté abondent, et la plus fine plaisanterie assai-
sonne cette satire de travers essentiellement justiciables du
ridicule; enfin la vérité des portraits, l'originalité de plusieurs scènes, surtout le naturel et l'enjouement du dialogue,
où les vers heureux et les proverbes ont survécu en foule,
tout concourt à prouver que l'auteur était très-capable de
bien réussir dans la comédie de caractère.

Celle des *Plaideurs* fut du reste très-froidement accueil-
lie aux premières représentations, sans doute parce que l'au-
ditoire renfermait plus d'un juge, d'un avocat et d'un plaideur.
Mais il est inutile d'expliquer ces injustices contemporaines
que devait connaître trop souvent Racine et que sa vive sensi-
bilité lui rendit si pénibles. Observons seulement, à l'honneur
de la cour, que ce fut elle qui donna le signal des applaudissements et du succès. Le roi avait ri le premier et de
grand cœur : on l'imita autour de lui, et le public suivit
l'exemple. Rappelons aussi que Molière, malgré la froideur
qui régnait dès lors entre lui et Racine, ne lui marchanda
point son suffrage. On ne sera donc pas surpris qu'à la fin
de 1668, Racine, porté par Colbert sur la liste de « ceux
qui excellaient en toutes sortes de sciences, » reçût une gratification de douze cents livres, « en considération de son
application aux belles-lettres et des pièces de théâtre qu'il
donnait au public. »

Dès l'année suivante, il ajoutait aux titres qui lui avaient
mérité cette faveur, en faisant paraître *Britannicus*, que
Voltaire appelait « la pièce des connaisseurs, » et qui par ce
motif fut d'abord mal appréciée. Pour goûter les beautés sévères de cette tragédie il eût fallu une assemblée d'élite, et
Boileau dut consoler son ami de la froideur du public, en lui

affirmant « que c'était là ce qu'il avait fait de mieux. » C'est que du rapprochement qui eut lieu dans cette rencontre, selon l'observation d'un critique[1], entre le génie du plus profond des historiens et celui du plus éloquent des poëtes, est résultée une perfection toute classique, qui n'a pu être surpassée que par un autre mélange, plus étonnant encore, du génie de Racine avec le sublime des livres saints.

Il est certain que dans *Britannicus*, qui força à la fin, comme s'en applaudissait le poëte, l'accord unanime des juges, tout annonce sa pleine maturité : vigueur de la conception originale, régularité du plan, justesse des caractères, vérité et profondeur des vues politiques et morales, mérite achevé de l'exécution, grand effet et sage enseignement du drame; car « Néron nous y fait horreur comme dans l'histoire, mais plus efficacement, parce que cette horreur commence, s'accroît peu à peu, et qu'elle nous instruit en même temps qu'elle nous épouvante[2]. »

Après ce tableau historique, où la création et l'imitation atteignent le même degré d'excellence, Racine exposa sur le théâtre, pour complaire aux désirs d'Henriette d'Angleterre, les adieux et la séparation de Titus et de Bérénice (1670), charmante idylle qu'il éleva presque à la dignité d'une tragédie et qu'il revêtit de ce nom.

En excitant chez les spectateurs une vive et profonde émotion, cette œuvre élégiaque plutôt que dramatique faisait répandre plus de pleurs qu'il n'y avait de sang versé; mais il n'en devait pas être de même pour *Bajazet*, qui fut représenté en 1672.

Par une exception unique, Racine s'adressa, cette fois, à l'histoire contemporaine; il est vrai que c'était celle d'un pays presque entièrement fermé aux autres nations de l'Europe : la fabuleuse incertitude qui entourait des événements accomplis dans le sérail de Constantinople les rendait donc

---

1. Geoffroy.
2. M. D. Nisard.

susceptibles de tous les ornements de la fiction ; et cette innovation fut couronnée d'un plein succès.

Au reste, les beaux ouvrages se succédaient alors, comme les années, dans la vie de Racine, puisque *Mithridate* parut en 1673 et *Iphigénie* en 1674.

Quelques lignes du traducteur de Plutarque, d'Amyot, dont Racine trouvait le vieux style plein de grâces toujours nouvelles, et qu'il lisait volontiers à Louis XIV, fournirent au poëte le sujet de *Mithridate*. Là, pour dessiner à la façon de Corneille le portrait de ce grand roi et pour le faire parler d'une manière digne de lui, le peintre d'*Andromaque* et de *Bérénice* puisa dans son génie des ressources et une énergie inconnues.

A la vérité le sentiment de l'amour sied peu au terrible souverain du Pont, armé de sa haine implacable contre les Romains. Mais de cette intrigue même naissent les plus pathétiques effets. Certes, l'auteur de *Cinna* et de *Pompée* n'aurait pu prêter, ce semble, au héros qui va marcher sur Rome un plus magnifique langage pour déployer ses projets, ni, à ses derniers moments, un aspect plus mâle et plus sublime. Quant à Monime, quel autre que Racine lui-même eût créé cette physionomie d'un charme triste et saisissant ? On sait qu'il n'a point de rival dans l'art de tracer ces figures angéliques où l'attrait suprême de la vertu rehausse la pudeur, la timidité, la délicatesse. Quelle pureté, quelle élévation morale respire dans toutes ses paroles ! quelle réunion accomplie de toutes les bienséances les mieux ménagées ! quelle richesse et quelle pompe de style, quelle grâce et quelle suavité d'élocution ! Aussi cette pièce a-t-elle dû captiver les esprits les plus divers, et si Monime lui a valu les suffrages des cœurs sensibles, on ne s'étonnera pas que l'héroïsme du principal personnage lui ait acquis toutes les sympathies du célèbre roi de Suède Charles XII.

Quant à son *Iphigénie en Aulide*, elle obtint un succès de larmes : les vers de Boileau nous l'apprendraient au besoin ; et il n'est peut-être pas de tragédie de Racine dont Voltaire ait parlé avec plus d'émotion, qu'il ait célébrée avec plus d'enthousiasme. Tous les genres de supériorité y sont réunis : l'intérêt du sujet, la rectitude du plan, le sage développement de l'intrigue, la force des situations, la variété et l'exactitude des caractères, la perfection du style et des vers. Cependant la modestie de l'auteur le portait à déclarer, dans une excellente préface, comme il lui est arrivé souvent d'en placer avant ses pièces, qu'il devait à Euripide ce qu'il y avait de mieux dans son ouvrage. Non content de s'y montrer le rival de ce poëte, Racine y a traduit admirablement Homère. Pour mêler une critique à l'éloge, on remarquera seulement qu'il n'a pas toujours assez fidèlement observé les mœurs grecques et la couleur antique : mais à combien de beautés de tous les temps et de tous les lieux ce défaut même n'a-t-il pas donné naissance? Les idées chevaleresques, le point d'honneur moderne, l'influence de notre morale religieuse ajoutent encore au pathétique de celui qui a excellé dans cette partie sur la scène d'Athènes ; et rien n'égale l'éloquence déchirante des accents que, dans sa conscience de toutes les douleurs aussi bien que de toutes les passions, Racine a prêtés au sentiment maternel exalté par le désespoir.

Des titres si multipliés lui avaient ouvert depuis quelque temps les portes de l'Académie française. Son admission y eut lieu, le même jour que celle de Fléchier, le 12 janvier 1673 : mais tandis que le discours de ce dernier, soutenu d'un débit avantageux, fut couvert d'applaudissements par l'assemblée, l'illustre tragique, qui se montra souvent un très-habile prosateur, prononça à voix basse un *remercîment* des plus courts qui fut à peine entendu [1]. Cet échec, il devait d'ailleurs le réparer avec éclat, douze années plus tard, dans la séance où il fit du grand Corneille, au nom de l'Académie, un si magnifique éloge.

Quatre ans après sa malencontreuse harangue de réception, Racine, qui n'avait pas encore laissé un si long intervalle entre ses ouvrages, et qui semblait préluder dès lors à

---

[1]. Ce discours de Racine n'a pas été conservé.

un bien plus grand repos, donna la dernière de ses tragédies profanes, *Phèdre*, en 1677.

A ce moment même, l'envie, blessée de l'éclat d'une carrière qui n'avait guère été jusque-là qu'une suite de succès, conspira contre elle pour y mêler un revers. L'hésitation du public, qui, surpris par les meneurs de l'intrigue, suspendit ses applaudissements, avait troublé d'autant plus Racine que sa prédilection pour *Phèdre* fut invariable. Dès le début du drame, en effet, grâce surtout à ce personnage dont la passion, suivant le précepte du poëte, va chercher, échauffer et remuer les cœurs, on est sous l'empire d'une curiosité émue qui ne cessera pas de s'accroître. Partout le langage de Phèdre est celui de la nature; et ce rôle est bien, comme l'a dit Voltaire, le plus tragique qu'on ait mis sur la scène. Mais pourquoi le nier? L'Hippolyte de Racine n'a certes pas l'originalité de celui d'Euripide et même de Sénèque : ce n'est pas le chasseur à l'attitude fière, à l'âme neuve et insensible. L'auteur français a trop fait de lui un jeune seigneur de Versailles. Toutefois, cette transformation acceptée, telle que l'exigeait peut-être le goût du temps, on ne méconnaîtra pas, ici encore, le parti que Racine a su tirer de la substitution d'un esprit nouveau à l'esprit antique. De cette altération du caractère primitif sont nés en foule d'admirables traits qui rendent la copie bien digne d'être égalée à l'original.

Le suffrage dont les anciens maîtres de Racine honorèrent sa pièce fut l'occasion d'une réconciliation qu'appelaient depuis longtemps tous ses vœux. Humilié du souvenir de ses torts, il alla, en coupable qui implore sa grâce, se jeter aux pieds d'Arnauld, qui le reçut comme un père heureux de retrouver son fils. Ainsi renouée, cette union devait être désormais indissoluble; et Racine, à la mort d'Arnauld, en lui payant un tribut éclatant de regrets, témoigna de son attachement fidèle à Port-Royal[1].

C'est que les sentiments de piété chers à sa première jeu-

---

1. 1694. — Si l'on se rappelle l'hostilité de Louis XIV contre Port-Royal, on jugera que cette fidélité n'était ni sans péril ni sans courage.

nesse avaient recouvré tout leur pouvoir sur son cœur et allaient changer le cours de sa vie. Néanmoins Racine n'avait encore que trente-huit ans; mais, parvenu au comble de la gloire des lettres, il en connut le vide, et ses idées prirent une direction exclusivement chrétienne. Bien que parcourue avec tant d'honneur, la carrière théâtrale n'avait pas laissé de lui offrir des aspérités et des amertumes. De là beaucoup de réflexions graves pour ce tendre esprit, plus accessible au chagrin qu'au plaisir. Tout récemment il avait exprimé l'espoir de réconcilier la tragédie « avec quantité de personnes célèbres par leur piété et par leur doctrine. » Mais, presque immédiatement, il prit un parti plus radical : celui de renoncer au théâtre, pour mieux se rapprocher de ses maîtres, proscripteurs austères des jeux de l'imagination.

Cette résolution, qui lui a coûté sans doute plus d'un combat intérieur demeuré inconnu, il s'y arrêta, dans la pleine possession de son génie et de ses forces. Que de fables antiques semblaient cependant l'attirer en lui promettant de nouveaux triomphes! Captivé, dit-on, par la touchante figure d'Alceste, il avait songé à la reproduire sur notre scène. Entre autres sujets que son goût délicat avait interrogés, on sait qu'il avait commencé une *Iphigénie en Tauride*. Il nous reste de Racine un premier acte de cette tragédie écrit en prose, et l'on voit par là quels procédés il suivait dans la composition, attentif par-dessus tout à bien tracer ses plans, à bien ourdir la trame de ses pièces, et croyant sa tâche presque achevée dès qu'il n'avait plus qu'à rendre ses idées en vers. On a prétendu pareillement qu'il avait conçu la pensée d'un *OEdipe :* mais ici le doute est permis, puisqu'il déclarait, selon le témoignage de son fils, que jamais il ne serait assez hardi pour jouter contre Sophocle, comme terrassé d'avance par l'appréhension de ne pouvoir l'égaler. On regrettera cette réserve en songeant avec quelle puissance d'inspiration, dans un langage familier et en présence d'un petit nombre d'amis, il lui arriva d'improviser quelquefois la traduction des beautés de ce poëte. Longtemps après, ceux qui l'avaient entendu, si l'on en croit des récits très-dignes de foi, demeuraient encore sous le coup de l'émotion qu'il avait excitée.

Quoi qu'il en soit, une autre existence allait commencer pour Racine; et, par elle, il ne se proposait rien moins que de racheter la première. Dans la ferveur de son zèle, il avait voulu d'abord se faire chartreux. Par un changement moins absolu, il se borna à se marier (1er juin 1677). Son choix, uniquement réglé par la raison, se porta sur la fille d'un trésorier de France d'Amiens, Catherine Romanet, qui, douée d'autant de piété que de jugement, fut la meilleure des épouses et des mères de famille. Un détail domestique qu'il convient ici de rappeler, c'est qu'à l'époque de son établissement, Racine, loin d'avoir acquis par ses travaux beaucoup d'aisance, avait pour fortune à peu près unique sa bibliothèque. Ajoutons que son *Esther* et son *Athalie*, qui devaient plus tard enrichir les acteurs et les libraires, ne lui rapportèrent absolument rien.

Une occupation plus productive pour Racine date de la même année, où il fut créé avec Boileau historiographe du roi, charge à laquelle était attachée pour lui une pension de 4,000 francs, distincte de celle de 2,000 qu'il recevait à titre d'homme de lettres.

Tout entier à ces nouvelles préoccupations, Racine, avec sa conscience scrupuleuse, pour être à même de bien remplir le rôle qu'il avait accepté, entreprit de traduire le traité de Lucien sur la manière d'écrire l'histoire; il s'appliqua de plus à faire des extraits de Mézeray et d'autres historiens, à compulser les mémoires, etc. Enfin il se mit à suivre Louis XIV à la guerre : si ce n'est que la première campagne fut terminée si vite par la victoire; que son tailleur, comme il le disait à ce prince, n'eut pas le temps d'achever son habit. On a prétendu toutefois que ce travail, dont il ne nous est en réalité resté que quelques fragments, Racine l'avait fort peu avancé; ce qui paraît être une erreur. Au moins son fils atteste-t-il que, lorsqu'il pouvait s'échapper de Versailles (là encore, par les informations de tout genre qu'il recherchait, il jetait les fondements de son ouvrage), « il venait s'enfermer dans son cabinet, où il employait son temps à travailler à l'histoire du roi, qu'il ne perdait jamais de vue. »

Ce qui est constant, c'est que, dans le silence de Racine, bientôt avéré, on cherchait autour de lui à se consoler d'avoir perdu un poëte par l'espoir de trouver un historien : seul, on le disait avec raison, il était capable de rappeler à son siècle la perfection des anciens et de donner à la nation un Tite-Live, après lui avoir donné un Euripide. Cette flatteuse opinion dut rendre plus amer le regret justement ressenti, lorsque les papiers qu'il avait laissés à Boileau, et qui étaient passés ensuite dans les mains de l'historiographe Valincour, furent, avec la maison de celui-ci, consumés par les flammes[1]. A en juger en effet par les passages les plus importants qui se rattachent à cet ordre des travaux de Racine, le *Précis historique des campagnes de Louis XIV depuis* 1672 *jusqu'en* 1678 et la *Relation du siége de Namur*[2], on peut penser qu'il possédait les principales qualités du genre, spécialement l'art de bien disposer les faits, de manière à les mettre en lumière, et celui d'exciter, de soutenir l'intérêt, sans paraître dominé par aucune passion, si ce n'est celle de la vérité.

Racine aborda un autre sujet plus modeste en traçant un *Abrégé de l'histoire de Port-Royal*, « ce sanctuaire de la piété où il avait été élevé, » on peut ajouter ce sanctuaire de la vraie et solide science : œuvre qui n'honore pas moins son cœur que son esprit, puisqu'elle est comme une réparation des satires échappées à sa jeunesse irritable, en même temps qu'un des meilleurs morceaux que notre littérature possède en ce genre. Il se recommande par la sincérité du ton, l'égalité du jugement, la clarté et le naturel.

Tel est aussi le caractère des lettres que l'on a conservées de Racine : déjà nous avons parlé de celles de sa jeunesse. On trouvera un intérêt plus élevé dans celles de l'âge mûr

---

1. A Saint-Cloud, nuit du 13 au 14 janvier 1726.
2. Ces morceaux, par un heureux hasard, se trouvaient dans d'autres mains que celles de Valincour, lors de l'incendie de sa maison.

qu'il échangeait avec Boileau ; plus touchant dans celles qu'il adressait à son fils. Par les premières, on apprend à mieux connaître ces grands hommes et à les plus estimer ; par les autres, on se convainc que la bonté du cœur égalait chez Racine la hauteur du génie. Sa correspondance ne manque même pas d'une certaine valeur historique ; car c'est habituellement de l'armée où, comme on l'a dit, Racine accompagnait Louis XIV, qu'il écrit au satirique, casanier de bonne heure et peu disposé à quitter Auteuil. Quant aux lettres du père de famille, pleines de tendresse aussi bien que de droiture et de religion, elles offrent en foule, avec des détails d'une bonhomie charmante, d'excellents conseils pour la conduite des études de l'enfance et pour sa direction morale.

Ici Racine se montre sous un aspect où il n'est pas moins digne d'être étudié, dans cette existence privée et domestique où il s'était renfermé, fuyant l'éclat des applaudissements publics et n'ayant qu'une ambition, celle de se vouer tout entier à la pratique des vertus chrétiennes. Indifférent et comme étranger à ses titres d'écrivain, il ne veut désormais que conformer sa vie et celle de ceux qui l'entourent aux préceptes de l'Évangile. Il ne tenait qu'à lui pourtant d'être l'ornement des plus brillantes fêtes. C'eût été, s'il y eût prétendu, un homme du monde accompli. Il avait une taille avantageuse, une démarche noble, un extérieur imposant. Louis XIV, suffrage bien flatteur, cita un jour la figure de Racine comme l'une des plus belles de la cour. Sa voix était nette, harmonieuse, bien accentuée (ce qui le faisait rechercher du monarque comme lecteur), et il excellait dans la déclamation. A son génie, chose assez rare et qui avait manqué au grand Corneille, il joignait un esprit des plus aimables et d'une ressource infinie dans la société. Son entretien était délicat, solide, d'une politesse exquise, et il faisait en sorte que ceux qui le quittaient ne fussent pas seulement contents de lui, mais d'eux-mêmes.

Ce génie sommeillait depuis douze ans lorsque Mme de Maintenon lui fit un appel qui valut deux chefs-d'œuvre de plus à la littérature française.

Dans la maison de Saint-Cyr, sous les auspices et la tutelle de cette femme distinguée qui n'avait pas oublié sa jeunesse délaissée et pauvre, de jeunes filles nobles sans fortune recevaient depuis quelque temps le bienfait de l'éducation. Cette éducation, toute chrétienne, n'excluait pas pour cela les agréments et les talents du monde. En vue de les former à une prononciation nette et facile, on avait imaginé de leur faire déclamer des vers et représenter même des pièces profanes : voie hasardeuse dont le danger n'avait pas tardé à être reconnu; et leur protectrice, ayant jugé qu'elles avaient *beaucoup trop bien joué l'Andromaque*, en avait conclu, non sans raison, qu'*elles ne devaient plus la jouer du tout*. Pour que l'exercice et le plaisir ne fussent point mêlés de péril, que fallait-il, si ce n'est des tragédies composées exprès, sous l'inspiration exclusive de l'esprit religieux. L'idée vint donc à Mme de Maintenon, qui avait un goût particulier pour Racine, de lui demander une tragédie de ce genre.

Un tel désir, très-flatteur pour le poëte, livra son esprit à beaucoup d'incertitudes et d'appréhensions. Déshabitué des lettres et sur le retour, rentrerait-il dans la lice où il s'était montré si brillant athlète ? Il ne laissa pas d'obéir, et plein de la lecture des livres saints, il y trouva cette veine nouvelle merveilleusement en rapport avec la nature de son talent, et à laquelle il dut *Esther*.

Dans ce poëme moral, propre à instruire la jeunesse et à l'édifier, Racine avait allié comme chez les Grecs, par l'introduction des chœurs, la musique à la poésie. Favorisé par cette nouveauté, le succès d'*Esther* répondit à son mérite : elle obtint tout l'hiver de 1689 les applaudissements du roi et de la cour. Admise à l'une de ces représentations privilégiées[1], que l'on briguait à l'envi, Mme de Sévigné, malgré ses préventions d'autrefois, proclama que *c'était un chef-d'œuvre* et que l'auteur *s'était surpassé*. Elle doutait donc fort, lorsqu'on lui parlait un peu plus tard d'un autre ou-

---

[1]. Il avait été fait défense aux comédiens de représenter cette pièce, et elle ne devait paraître sur le théâtre qu'en 1721.

vrage que Racine composait pour Saint-Cyr, qu'*il pût faire mieux qu'Esther, quoiqu'il eût bien de l'esprit.*

Nous arrivons cependant à la plus haute manifestation de cet esprit, que la postérité a consacré avec tant de justice par le nom de génie, à cette tragédie modèle, la plus conforme, comme on l'a dit, aux règles des anciens et la plus libre de toutes les servitudes théâtrales, où l'auteur atteignit vraiment à ce dernier effort de l'art, qui consiste à se confondre avec la nature elle-même.

On n'ignore pas qu'*Athalie* est tirée d'un chapitre du quatrième livre des *Rois* : sujet qui permit encore à Racine de faire usage des chœurs que, d'après la manière antique, il lia étroitement avec l'action. Là, sans amour et sans épisodes, l'écrivain sut réussir, par une succession naturelle de scènes où le trouble va toujours croissant, à entretenir un intérêt de plus en plus vif jusqu'au dénoûment. Mais le triomphe si bien acquis à Racine lui échappa par un concours de circonstances contraires.

Le plus fâcheux, ce fut qu'*Athalie* n'eut pas pour se produire l'appareil théâtral qui n'avait point manqué à *Esther*. Des scrupules inspirés à M™ de Maintenon par des personnes respectables lui avaient fait redouter ces fêtes, comme un écueil pour la modestie de ses élèves de Saint-Cyr. La tragédie de Racine ne fut donc jouée qu'une fois ou deux à Versailles, dans une chambre, et par les jeunes pensionnaires qui ne changèrent pas même d'habit (1691). « Cette pièce est si belle, disait néanmoins une des spectatrices[1], que l'action n'en parut pas refroidie; justement admirée, elle le sera toujours. » Par malheur, cette opinion d'une femme de mérite ne fut pas celle de la cour, exclue des représentations. Ce ne fut pas non plus celle du public, qui ne connut l'œuvre que par l'impression et qui avait déjà accueilli assez froidement celle d'*Esther*. On affecta de croire qu'une œuvre dramatique tirée des livres saints ne pouvait être qu'ennuyeuse, et on la condamna plutôt que de l'apprécier. Ce fut en vain que Boileau,

---

1. M™ de Caylus : voy. ses *Souvenirs*.

aussi clairvoyant que dévoué, protesta contre cette prévention. Il ne put que consoler son ami par ces paroles prophétiques : « Je m'y connais, le public y reviendra. » Mais ce ne fut qu'après la mort du poëte, et partant trop tard, que s'opéra cette heureuse révolution du goût[1].

Racine ne survécut que sept ans à ce chef-d'œuvre, persévérant dans les pratiques de la plus sévère piété et renonçant à la poésie de plus en plus, si ce n'est qu'en 1694 il composa des cantiques spirituels pour la maison de Saint-Cyr : chant du cygne, qui, si le poëte n'avait pas fait les chœurs de ses tragédies sacrées, suffirait encore pour prouver, avec les hymnes qu'il avait traduites autrefois du bréviaire romain, qu'aucun de nos lyriques ne lui a été supérieur. Il continuait en même temps à s'acquitter des devoirs que lui imposait son titre d'historiographe et à justifier par l'empressement de son zèle la faveur marquée du monarque. Car indépendamment de ses pensions, Racine fut pourvu, dès la fin de 1690, d'une charge de gentilhomme ordinaire de S. M. Il avait, privilége fort envié, un appartement dans le château et les entrées ; il jouissait spécialement de l'avantage d'être admis près de Louis XIV dans une sorte d'intimité, pour lui lire les morceaux récemment composés de son histoire.

Outre la bienveillance du prince, Racine possédait celle de Mme de Maintenon, qui l'honorait d'une confiance toute particulière ; mais cette confiance même lui attira une espèce de disgrâce qui empoisonna la fin de sa vie. C'était en 1696 : l'un des derniers héros du siècle de Louis XIV, Luxembourg, venait de mourir ; et, dans la période décroissante des succès et de la gloire du grand roi, on commençait à ressentir les tristes effets de son ambition et de son luxe. De là de graves appréhensions pour l'avenir et déjà des plaintes qui arrivaient jusque sur les marches du trône. Préoccupée

---

[1]. Elle n'eut lieu qu'en 1716, où l'opinion, apercevant des rapports entre le jeune roi Louis XV et Joas, fut ramenée par cet intérêt spécial à l'examen d'*Athalie*. Du reste, elle ne fut représentée publiquement qu'en 1720.

de cette situation qui touchait son cœur beaucoup plus sensible qu'on ne l'a dit, Mme de Maintenon s'en était entretenue souvent avec Racine, très-prompt à s'émouvoir lui-même des maux publics; aussi l'engagea-t-elle un jour à tracer le tableau de la misère des peuples dans un écrit où il indiquerait les moyens de la soulager. D'après l'esprit de charité qui l'animait, Racine fut heureux de se rendre à cette invitation et composa un mémoire plein de faits et de conclusions salutaires. Mais ce mémoire ne tarda pas à être pris entre les mains de Mme de Maintenon par Louis XIV, qui exigea que l'auteur en fût cité et dit avec humeur en entendant nommer Racine : « Parce qu'il sait faire des vers, croit-il tout savoir? et, parce qu'il est grand poëte, veut-il être ministre? »

Racine n'ignora rien de ce qui s'était passé, et cette parole froide et malveillante le frappa au cœur. Il se jugea aussitôt, avec cette vive imagination qui grossissait toutes ses craintes et tous ses chagrins, perdu sans ressource auprès du monarque. Tout entier au regret du mécontentement qu'il avait excité, Racine ne fit plus dès lors que languir. Étrange aveuglement d'un tel homme, d'avoir cru que la faveur même du grand roi pouvait ajouter quelque chose à sa gloire!

Quoi qu'il en soit, la profonde mélancolie qui s'était emparée de lui, aigrissant le sentiment de ses douleurs physiques, accéléra d'une manière funeste les progrès d'un mal dont il était atteint et dont on ne reconnut pas d'abord la nature, un abcès au foie. Bientôt l'état de Racine devint si grave qu'on crut devoir recourir pour le sauver à une opération qui fut sans succès.

Racine n'eut pas de peine à juger que son moment était venu; et, sans permettre qu'on le flattât d'un vain espoir, il ne se prépara plus qu'à bien paraître devant Dieu. Lui qui n'avait pu se défendre jadis d'une grande appréhension de la mort, montra, par le merveilleux secours de cette foi chrétienne qui prête sa force aux plus faibles et confirme le courage des plus braves, le calme le plus intrépide à l'heure suprême. Offrant à Dieu ses souffrances qui furent longues et cruelles, il édifia, par sa patience et l'ardeur de sa piété, sa famille et tous ceux qui l'approchaient. Il confessa ses fautes avec toute la simplicité du plus humble fidèle, et ses dernières paroles furent des prières, accompagnées de tendres exhortations à ses enfants pour qu'ils vécussent dans des sentiments de concorde entre eux et de respect à l'égard de leur mère.

Ce fut le 21 avril 1699 que Racine mourut à l'âge de cinquante-neuf ans : il occupait alors une maison de la rue des Marais, dans le faubourg Saint-Germain. Au moment de son mariage, il avait demeuré rue Saint-André-des-Arcs, au coin de la rue de l'Éperon. A une autre époque de sa vie, il habita hôtel des Ursins, dans la Cité, et, plus tard, rue des Maçons-Sorbonne, où même il composa *Athalie*.

Son testament, par les dispositions qu'il renfermait, eût suffi pour mettre à nu toute la beauté de son âme. Il n'avait garde d'y passer les pauvres sous silence; il n'oubliait pas non plus sa nourrice. Surtout il donna de sa reconnaissance une preuve touchante, en exprimant la volonté que son corps fût inhumé à **Port-Royal des Champs**, auprès des maîtres de sa jeunesse[1].

---

1. Après la destruction de Port-Royal, le corps fut transporté à Paris, dans l'église de Saint-Étienne du Mont, et placé à côté de celui de Pascal. Une épitaphe latine, composée par Boileau, se lit encore sur le tombeau de Racine.

ANDROMAQUE.

TRAGÉDIE.

(1667.)

PERSONNAGES. — ANDROMAQUE, veuve d'Hector, captive de Pyrrhus. — PYRRHUS, fils d'Achille, roi d'Épire. — ORESTE, fils d'Agamemnon. — HERMIONE, fille d'Hélène, accordée avec Pyrrhus. — PYLADE, ami d'Oreste. — CLÉONE, confidente d'Hermione. — CÉPHISE, confidente d'Andromaque. — PHŒNIX, gouverneur d'Achille, et ensuite de Pyrrhus. — Suite d'Oreste.

La scène est à Buthrote, ville d'Épire, dans une salle du palais de Pyrrhus.

ACTE PREMIER.

SCÈNE I.

ORESTE, PYLADE.

ORESTE.
Oui, puisque je retrouve un ami si fidèle,
Ma fortune va prendre une face nouvelle ;
Et déjà son courroux semble s'être adouci
Depuis qu'elle a pris soin de nous rejoindre ici.
Qui l'eût dit, qu'un rivage à mes vœux si funeste
Présenterait d'abord Pylade aux yeux d'Oreste ;
Qu'après plus de six mois que je t'avais perdu,
À la cour de Pyrrhus tu me serais rendu ?

PYLADE.
J'en rends grâces au ciel, qui, m'arrêtant sans cesse,
Semblait m'avoir fermé le chemin de la Grèce, 10

Depuis le jour fatal que la fureur des eaux,
Presque aux yeux de l'Épire, écarta nos vaisseaux.
Combien dans cet exil ai-je souffert d'alarmes !
Combien à vos malheurs ai-je donné de larmes,
Craignant toujours pour vous quelque nouveau danger
Que ma triste amitié ne pouvait partager !
Surtout je redoutais cette mélancolie
Où j'ai vu si longtemps votre âme ensevelie :
Je craignais que le ciel, par un cruel secours,
Ne vous offrît la mort que vous cherchiez toujours. 20
Mais je vous vois, seigneur; et, si j'ose le dire,
Un destin plus heureux vous conduit en Épire :
Le pompeux appareil qui suit ici vos pas
N'est point d'un malheureux qui cherche le trépas.

ORESTE.

Hélas ! qui peut savoir le destin qui m'amène ?
L'amour me fait ici chercher une inhumaine ;
Mais qui sait ce qu'il doit ordonner de mon sort,
Et si je viens chercher ou la vie ou la mort ?

PYLADE.

Quoi ! votre âme à l'amour en esclave asservie
Se repose sur lui du soin de votre vie ? 30
Par quel charme, oubliant tant de tourments soufferts,
Pouvez-vous consentir à rentrer dans ses fers ?
Pensez-vous qu'Hermione, à Sparte inexorable,
Vous prépare en Épire un sort plus favorable ?
Honteux d'avoir poussé tant de vœux superflus,
Vous l'abhorriez ; enfin, vous ne m'en parliez plus.
Vous me trompiez, seigneur.

ORESTE. Je me trompais moi-même !
Ami, n'accable point un malheureux qui t'aime :
T'ai-je jamais caché mon cœur et mes désirs ?
Tu vis naître ma flamme et mes premiers soupirs; 40
Enfin, quand Ménélas disposa de sa fille
En faveur de Pyrrhus, vengeur de sa famille,
Tu vis mon désespoir; et tu m'as vu depuis

Traîner de mers en mers ma chaîne et mes ennuis.
Je te vis à regret, en cet état funeste,
Prêt à suivre partout le déplorable Oreste,
Toujours de ma fureur interrompre le cours,
Et de moi-même enfin me sauver tous les jours.
Mais quand je me souvins que, parmi tant d'alarmes,
Hermione à Pyrrhus prodiguait tous ses charmes, 50
Tu sais de quel courroux mon cœur alors épris
Voulut en l'oubliant punir tous ses mépris.
Je fis croire et je crus ma victoire certaine ;
Je pris tous mes transports pour des transports de
Détestant ses rigueurs, rabaissant ses attraits, [haine :
Je défiais ses yeux de me troubler jamais.
Voilà comme je crus étouffer ma tendresse.
En ce calme trompeur j'arrivai dans la Grèce ;
Et je trouvai d'abord ses princes rassemblés,
Qu'un péril assez grand semblait avoir troublés. 60
J'y courus. Je pensai que la guerre et la gloire
De soins plus importants rempliraient ma mémoire ;
Que, mes sens reprenant leur première vigueur,
L'amour achèverait de sortir de mon cœur.
Mais admire avec moi le sort, dont la poursuite
Me fait courir alors au piége que j'évite.
J'entends de tous côtés qu'on menace Pyrrhus ;
Toute la Grèce éclate en murmures confus :
On se plaint qu'oubliant son sang et sa promesse
Il élève en sa cour l'ennemi de la Grèce, 70
Astyanax, d'Hector jeune et malheureux fils,
Reste de tant de rois sous Troie ensevelis.
J'apprends que pour ravir son enfance au supplice
Andromaque trompa l'ingénieux Ulysse,
Tandis qu'un autre enfant arraché de ses bras,
Sous le nom de son fils, fut conduit au trépas.
On dit que, peu sensible aux charmes d'Hermione,
Mon rival porte ailleurs son cœur et sa couronne.
Ménélas, sans le croire, en paraît affligé,

Et se plaint d'un hymen si longtemps négligé. 80
Parmi les déplaisirs où son âme se noie,
Il s'élève en la mienne une secrète joie :
Je triomphe; et pourtant je me flatte d'abord
Que la seule vengeance excite ce transport.
Mais l'ingrate en mon cœur reprit bientôt sa place :
De mes feux mal éteints je reconnus la trace ;
Je sentis que ma haine allait finir son cours;
Ou plutôt je sentis que je l'aimais toujours.
Ainsi de tous les Grecs je brigue le suffrage.
On m'envoie à Pyrrhus : j'entreprends ce voyage. 90
Je viens voir si l'on peut arracher de ses bras
Cet enfant dont la vie alarme tant d'États.
Heureux si je pouvais, dans l'ardeur qui me presse,
Au lieu d'Astyanax, lui ravir ma princesse !
Car enfin n'attends pas que mes feux redoublés
Des périls les plus grands puissent être troublés.
Puisqu'après tant d'efforts ma résistance est vaine,
Je me livre en aveugle au transport qui m'entraîne.
J'aime : je viens chercher Hermione en ces lieux,
La fléchir, l'enlever, ou mourir à ses yeux. 100
Toi qui connais Pyrrhus, que penses-tu qu'il fasse?
Dans sa cour, dans son cœur, dis-moi ce qui se passe.
Mon Hermione encor le tient-elle asservi?
Me rendra-t-il, Pylade, un bien qu'il m'a ravi?

    PYLADE.

Je vous abuserais, si j'osais vous promettre,
Qu'entre vos mains, seigneur, il voulût la remettre :
Non que de sa conquête il paraisse flatté.
Pour la veuve d'Hector ses feux ont éclaté,
Il l'aime : mais enfin cette veuve inhumaine
N'a payé jusqu'ici son amour que de haine, 110
Et chaque jour encore on lui voit tout tenter
Pour fléchir sa captive ou pour l'épouvanter.
De son fils qu'il lui cache il menace la tête,
Et fait couler des pleurs qu'aussitôt il arrête.

Hermione elle-même a vu plus de cent fois
Cet amant irrité revenir sous ses lois,
Et, de ses vœux troublés lui rapportant l'hommage,
Soupirer à ses pieds moins d'amour que de rage.
Ainsi n'attendez pas que l'on puisse aujourd'hui
Vous répondre d'un cœur si peu maître de lui : 120
Il peut, seigneur, il peut, dans ce désordre extrême,
Épouser ce qu'il hait et perdre ce qu'il aime.

ORESTE.

Mais dis-moi de quel œil Hermione peut voir
Son hymen différé, ses charmes sans pouvoir.

PYLADE.

Hermione, seigneur, au moins en apparence,
Semble de son amant dédaigner l'inconstance,
Et croit que, trop heureux de fléchir sa rigueur,
Il la viendra presser de reprendre son cœur.
Mais je l'ai vue enfin me confier ses larmes :
Elle pleure en secret le mépris de ses charmes ; 130
Toujours prête à partir, et demeurant toujours,
Quelquefois elle appelle Oreste à son secours.

ORESTE.

Ah ! si je le croyais, j'irais bientôt, Pylade,
Me jeter...

PYLADE. Achevez, seigneur, votre ambassade.
Vous attendez le roi. Parlez, et lui montrez
Contre le fils d'Hector tous les Grecs conjurés.
Loin de leur accorder ce fils de sa maîtresse,
Leur haine ne fera qu'irriter sa tendresse :
Plus on les veut brouiller, plus on va les unir.
Pressez : demandez tout, pour ne rien obtenir. 140
Il vient.

ORESTE. Hé bien ! va donc disposer la cruelle
A revoir un amant qui ne vient que pour elle.

SCÈNE II.

PYRRHUS, ORESTE, PHOENIX.

ORESTE.
Avant que tous les Grecs vous parlent par ma voix,
Souffrez que j'ose ici me flatter de leur choix,
Et qu'à vos yeux, seigneur, je montre quelque joie
De voir le fils d'Achille et le vainqueur de Troie.
Oui, comme ses exploits nous admirons vos coups :
Hector tomba sous lui, Troie expira sous vous ;
Et vous avez montré, par une heureuse audace,
Que le fils seul d'Achille a pu remplir sa place.   150
Mais, ce qu'il n'eût point fait, la Grèce avec douleur
Vous voit du sang troyen relever le malheur,
Et, vous laissant toucher d'une pitié funeste,
D'une guerre si longue entretenir le reste.
Ne vous souvient-il plus, seigneur, quel fut Hector?
Nos peuples affaiblis s'en souviennent encor :
Son nom seul fait frémir nos veuves et nos filles ;
Et dans toute la Grèce il n'est point de familles
Qui ne demandent compte à ce malheureux fils
D'un père ou d'un époux qu'Hector leur a ravis.   160
Et qui sait ce qu'un jour ce fils peut entreprendre?
Peut-être dans nos ports nous le verrons descendre,
Tel qu'on a vu son père embraser nos vaisseaux,
Et, la flamme à la main, les suivre sur les eaux.
Oserai-je, seigneur, dire ce que je pense?
Vous-même de vos soins craignez la récompense,
Et que dans votre sein ce serpent élevé
Ne vous punisse un jour de l'avoir conservé.
Enfin, de tous les Grecs satisfaites l'envie,
Assurez leur vengeance, assurez votre vie :   170
Perdez un ennemi d'autant plus dangereux
Qu'il s'essaiera sur vous à combattre contre eux.

PYRRHUS.
La Grèce en ma faveur est trop inquiétée :
De soins plus importants je l'ai crue agitée,
Seigneur; et, sur le nom de son ambassadeur,
J'avais dans ses projets conçu plus de grandeur.
Qui croirait en effet qu'une telle entreprise
Du fils d'Agamemnon méritât l'entremise;
Qu'un peuple tout entier, tant de fois triomphant,
N'eût daigné conspirer que la mort d'un enfant? 180
Mais à qui prétend-on que je le sacrifie?
La Grèce a-t-elle encor quelque droit sur sa vie?
Et, seul de tous les Grecs, ne m'est-il pas permis
D'ordonner d'un captif que le sort m'a soumis?
Oui, seigneur, lorsqu'au pied des murs fumants de Troie
Les vainqueurs tout sanglants partagèrent leur proie,
Le sort, dont les arrêts furent alors suivis,
Fit tomber en mes mains Andromaque et son fils.
Hécube près d'Ulysse acheva sa misère;
Cassandre dans Argos a suivi votre père : 190
Sur eux, sur leurs captifs, ai-je étendu mes droits?
Ai-je enfin disposé du fruit de leurs exploits?
On craint qu'avec Hector Troie un jour ne renaisse !
Son fils peut me ravir le jour que je lui laisse !
Seigneur, tant de prudence entraîne trop de soin :
Je ne sais point prévoir les malheurs de si loin.
Je songe quelle était autrefois cette ville
Si superbe en remparts, en héros si fertile,
Maîtresse de l'Asie; et je regarde enfin
Quel fut le sort de Troie, et quel est son destin : 200
Je ne vois que des tours que la cendre a couvertes,
Un fleuve teint de sang, des campagnes désertes,
Un enfant dans les fers; et je ne puis songer
Que Troie en cet état aspire à se venger.
Ah! si du fils d'Hector la perte était jurée,
Pourquoi d'un an entier l'avons-nous différée?
Dans le sein de Priam n'a-t-on pu l'immoler?

Sous tant de morts, sous Troie, il fallait l'accabler.
Tout était juste alors : la vieillesse et l'enfance
En vain sur leur faiblesse appuyaient leur défense ; 210
La victoire et la nuit, plus cruelles que nous,
Nous excitaient au meurtre et confondaient nos coups.
Mon courroux aux vaincus ne fut que trop sévère.
Mais que ma cruauté survive à ma colère.
Que, malgré la pitié dont je me sens saisir,
Dans le sang d'un enfant je me baigne à loisir ?
Non, seigneur. Que les Grecs cherchent quelque autre [proie ;
Qu'ils poursuivent ailleurs ce qui reste de Troie :
De mes inimitiés le cours est achevé ;
L'Épire sauvera ce que Troie a sauvé. 220

ORESTE.

Seigneur, vous savez trop avec quel artifice
Un faux Astyanax fut offert au supplice
Où le seul fils d'Hector devait être conduit ;
Ce n'est pas les Troyens, c'est Hector qu'on poursuit.
Oui, les Grecs sur le fils persécutent le père ;
Il a par trop de sang acheté leur colère.
Ce n'est que dans le sien qu'elle peut expirer ;
Et jusque dans l'Épire il les peut attirer.
Prévenez-les.

PYRRHUS. Non, non. J'y consens avec joie !
Qu'ils cherchent dans l'Épire une seconde Troie ; 230
Qu'ils confondent leur haine, et ne distinguent plus
Le sang qui les fit vaincre et celui des vaincus.
Aussi bien ce n'est pas la première injustice
Dont la Grèce d'Achille a payé le service.
Hector en profita, seigneur ; et quelque jour
Son fils en pourrait bien profiter à son tour.

ORESTE.

Ainsi la Grèce en vous trouve un enfant rebelle ?

PYRRHUS.

Et je n'ai donc vaincu que pour dépendre d'elle ?

ORESTE.
Hermione, seigneur, arrêtera vos coups :
Ses yeux s'opposeront entre son père et vous. 240
PYRRHUS.
Hermione, seigneur, peut m'être toujours chère ;
Je puis l'aimer, sans être esclave de son père :
Et je saurai peut-être accorder quelque jour
Les soins de ma grandeur et ceux de mon amour.
Vous pouvez cependant voir la fille d'Hélène :
Du sang qui vous unit je sais l'étroite chaîne.
Après cela, seigneur, je ne vous retiens plus,
Et vous pourrez aux Grecs annoncer mon refus.

SCÈNE III.

PYRRHUS, PHŒNIX.

PHŒNIX.
Ainsi vous l'envoyez aux pieds de sa maîtresse !
PYRRHUS.
On dit qu'il a longtemps brûlé pour la princesse. 250
PHŒNIX.
Mais si ce feu, seigneur, vient à se rallumer,
S'il lui rendait son cœur, s'il s'en faisait aimer ?
PYRRHUS.
Ah ! qu'ils s'aiment, Phœnix, j'y consens. Qu'elle parte ;
Que, charmés l'un de l'autre, ils retournent à Sparte.
Tous nos ports sont ouverts et pour elle et pour lui.
Qu'elle m'épargnerait de contrainte et d'ennui !
PHŒNIX.
Seigneur....
PYRRHUS. Une autre fois je t'ouvrirai mon âme ;
Andromaque paraît.

SCÈNE IV.

PYRRHUS, ANDROMAQUE, PHOENIX, CÉPHISE.

PYRRHUS. Me cherchiez-vous, madame ?
Un espoir si charmant me serait-il permis ?

ANDROMAQUE.
Je passais jusqu'aux lieux où l'on garde mon fils. 260
Puisqu'une fois le jour vous souffrez que je voie
Le seul bien qui me reste et d'Hector et de Troie,
J'allais, seigneur, pleurer un moment avec lui :
Je ne l'ai point encore embrassé d'aujourd'hui !

PYRRHUS.
Ah ! madame ! les Grecs, si j'en crois leurs alarmes,
Vous donneront bientôt d'autres sujets de larmes.

ANDROMAQUE.
Et quelle est cette peur dont leur cœur est frappé,
Seigneur ? Quelque Troyen vous est-il échappé ?

PYRRHUS.
Leur haine pour Hector n'est pas encore éteinte :
Ils redoutent son fils.

ANDROMAQUE. Digne objet de leur crainte ! 270
Un enfant malheureux, qui ne sait pas encor
Que Pyrrhus est son maître et qu'il est fils d'Hector !

PYRRHUS.
Tel qu'il est, tous les Grecs demandent qu'il périsse.
Le fils d'Agamemnon vient hâter son supplice.

ANDROMAQUE.
Et vous prononcerez un arrêt si cruel ?
Est-ce mon intérêt qui le rend criminel ?
Hélas ! on ne craint point qu'il venge un jour son père ;
On craint qu'il n'essuyât les larmes de sa mère.
Il m'aurait tenu lieu d'un père et d'un époux :
Mais il me faut tout perdre, et toujours par vos coups.

PYRRHUS.

Madame, mes refus ont prévenu vos larmes. 281
Tous les Grecs m'ont déjà menacé de leurs armes ;
Mais, dussent-ils encore, en repassant les eaux,
Demander votre fils avec mille vaisseaux,
Coûtât-il tout le sang qu'Hélène a fait répandre,
Dussé-je après dix ans voir mon palais en cendre,
Je ne balance point, je vole à son secours,
Je défendrai sa vie aux dépens de mes jours.
Mais, parmi ces périls où je cours pour vous plaire,
Me refuserez-vous un regard moins sévère ? 290
Haï de tous les Grecs, pressé de tous côtés,
Me faudra-il combattre encor vos cruautés ?
Je vous offre mon bras. Puis-je espérer encore
Que vous accepterez un cœur qui vous adore ?
En combattant pour vous, me sera-t-il permis
De ne vous point compter parmi mes ennemis ?

ANDROMAQUE.

Seigneur, que faites-vous, et que dira la Grèce ?
Faut-il qu'un si grand cœur montre tant de faiblesse ?
Voulez-vous qu'un dessein si beau, si généreux,
Passe pour le transport d'un esprit amoureux ? 300
Captive, toujours triste, importune à moi-même,
Pouvez-vous souhaiter qu'Andromaque vous aime ?
Quels charmes ont pour vous des yeux infortunés
Qu'à des pleurs éternels vous avez condamnés ?
Non, non : d'un ennemi respecter la misère,
Sauver des malheureux, rendre un fils à sa mère,
De cent peuples pour lui combattre la rigueur
Sans me faire payer son salut de mon cœur,
Malgré moi, s'il le faut, lui donner un asile ;
Seigneur, voilà des soins dignes du fils d'Achille. 310

PYRRHUS.

Hé quoi ! votre courroux n'a-t-il pas eu son cours ?
Peut-on haïr sans cesse, et punit-on toujours ?
J'ai fait des malheureux, sans doute ; et la Phrygie

Cent fois de votre sang a vu ma main rougie :
Mais que vos yeux sur moi se sont bien exercés !
Qu'ils m'ont vendu bien cher les pleurs qu'ils ont ver-
De combien de remords m'ont-ils rendu la proie ! [sés!
Je souffre tous les maux que j'ai faits devant Troie :
Vaincu, chargé de fers, de regrets consumé,
Brûlé de plus de feux que je n'en allumai, 320
Tant de soins, tant de pleurs, tant d'ardeurs inquiètes...
Hélas ! fus-je jamais si cruel que vous l'êtes ?
Mais enfin, tour à tour, c'est assez nous punir :
Nos ennemis communs devraient nous réunir.
Madame, dites-moi seulement que j'espère :
Je vous rends votre fils, et je lui sers de père ;
Je l'instruirai moi-même à venger les Troyens,
J'irai punir les Grecs de vos maux et des miens.
Animé d'un regard, je puis tout entreprendre ;
Votre Ilion encor peut sortir de sa cendre ; 330
Je puis, en moins de temps que les Grecs ne l'ont pris,
Dans ses murs relevés couronner votre fils.

 ANDROMAQUE.

Seigneur, tant de grandeurs ne nous touchent plus
Je les lui promettais tant qu'a vécu son père. [guère ;
Non, vous n'espérez plus de nous revoir encor,
Sacrés murs que n'a pu conserver mon Hector !
A de moindres faveurs des malheureux prétendent,
Seigneur ; c'est un exil que mes pleurs vous demandent ;
Souffrez que loin des Grecs, et même loin de vous,
J'aille cacher mon fils et pleurer mon époux. 340
Votre amour contre nous allume trop de haine :
Retournez, retournez à la fille d'Hélène.

 PYRRHUS.

Et le puis-je, madame ? Ah ! que vous me gênez !
Comment lui rendre un cœur que vous me retenez ?
Je sais que de mes vœux on lui promit l'empire :
Je sais que pour régner elle vint dans l'Épire ;
Le sort vous y voulut l'une et l'autre amener ;

Vous, pour porter des fers, elle, pour en donner.
Cependant ai-je pris quelque soin de lui plaire ?
Et ne dirait-on pas, en voyant au contraire 350
Vos charmes tout-puissants, et les siens dédaignés,
Qu'elle est ici captive, et que vous y régnez ?
Ah ! qu'un seul des soupirs que mon cœur vous envoie,
S'il s'échappait vers elle, y porterait de joie !

ANDROMAQUE.

Et pourquoi vos soupirs seraient-ils repoussés ?
Aurait-elle oublié vos services passés ?
Troie, Hector, contre vous révoltent-ils son âme ?
Aux cendres d'un époux doit-elle enfin sa flamme ?
Et quel époux encore ! Ah ! souvenir cruel !
Sa mort seule a rendu votre père immortel : 360
Il doit au sang d'Hector tout l'éclat de ses armes ;
Et vous n'êtes tous deux connus que par mes larmes.

PYRRHUS.

Hé bien, madame, hé bien, il faut vous obéir :
Il faut vous oublier, ou plutôt vous haïr.
Oui, mes vœux ont trop loin poussé leur violence
Pour ne plus s'arrêter que dans l'indifférence.
Songez-y bien : il faut désormais que mon cœur,
S'il n'aime avec transport, haïsse avec fureur.
Je n'épargnerai rien dans ma juste colère :
Le fils me répondra des mépris de la mère ; 370
La Grèce le demande ; et je ne prétends pas
Mettre toujours ma gloire à sauver des ingrats.

ANDROMAQUE.

Hélas ! il mourra donc ! il n'a pour sa défense
Que les pleurs de sa mère et que son innocence...
Et peut-être après tout, en l'état où je suis,
Sa mort avancera la fin de mes ennuis :
Je prolongeais pour lui ma vie et ma misère,
Mais enfin sur ses pas j'irai revoir son père.
Ainsi, tous trois, seigneur, par vos soins réunis,
Nous vous....

PYRRHUS. Allez, madame, allez voir votre fils. 380
Peut-être, en le voyant, votre amour plus timide
Ne prendra pas toujours sa colère pour guide.
Pour savoir nos destins, j'irai vous retrouver :
Madame, en l'embrassant, songez à le sauver.

ACTE SECOND.

SCÈNE I.

HERMIONE, CLÉONE.

HERMIONE.
Je fais ce que tu veux. Je consens qu'il me voie;
Je lui veux bien encore accorder cette joie.
Pylade va bientôt conduire ici ses pas;
Mais, si je m'en croyais, je ne le verrais pas.
CLÉONE.
Et qu'est-ce que sa vue a pour vous de funeste?
Madame, n'est-ce pas toujours le même Oreste 390
Dont vous avez cent fois souhaité le retour,
Et dont vous regrettiez la constance et l'amour?
HERMIONE.
C'est cet amour payé de trop d'ingratitude
Qui me rend en ces lieux sa présence si rude.
Quelle honte pour moi, quel triomphe pour lui,
De voir mon infortune égaler son ennui !
Est-ce là, dira-t-il, cette fière Hermione?
Elle me dédaignait, un autre l'abandonne :
L'ingrate, qui mettait son cœur à si haut prix,
Apprend donc, à son tour, à souffrir des mépris !... 400
Ah ! dieux !

CLÉONE. Ah! dissipez ces indignes alarmes :
Il a trop bien senti le pouvoir de vos charmes.
Vous croyez qu'un amant vienne vous insulter?
Il vous rapporte un cœur qu'il n'a pu vous ôter.
Mais vous ne dites point ce que vous mande un père.
HERMIONE.
Dans ses retardements si Pyrrhus persévère,
A la mort du Troyen s'il ne veut consentir,
Mon père avec les Grecs m'ordonne de partir.
CLÉONE.
Hé bien, madame, hé bien, écoutez donc Oreste.
Pyrrhus a commencé : faites au moins le reste.   410
Pour bien faire, il faudrait que vous le prévinssiez :
Ne m'avez-vous pas dit que vous le haïssiez?
HERMIONE.
Si je le hais, Cléone! il y va de ma gloire,
Après tant de bontés dont il perd la mémoire;
Lui qui me fut si cher, et qui m'a pu trahir!
Ah! je l'ai trop aimé pour ne le point haïr!
CLÉONE.
Fuyez-le donc, madame; et puisqu'on vous adore...
HERMIONE.
Ah! laisse à ma fureur le temps de croître encore!
Contre mon ennemi laisse-moi m'assurer;
Cléone, avec horreur je m'en veux séparer.   420
Il n'y travaillera que trop bien, l'infidèle!
CLÉONE.
Quoi! vous en attendez quelque injure nouvelle?
Aimer une captive, et l'aimer à vos yeux,
Tout cela n'a donc pu vous le rendre odieux?
Après ce qu'il a fait, que saurait-il donc faire?
Il vous aurait déplu, s'il pouvait vous déplaire.
HERMIONE.
Pourquoi veux-tu, cruelle, irriter mes ennuis?
Je crains de me connaître en l'état où je suis.
De tout ce que tu vois tâche de ne rien croire :

Crois que je n'aime plus, vante-moi ma victoire : 430
Crois que dans son dépit mon cœur est endurci ;
Hélas ! et, s'il se peut, fais-le-moi croire aussi !
Tu veux que je le fuie ? Eh bien ! rien ne m'arrête.
Allons, n'envions plus son indigne conquête :
Que sur lui sa captive étende son pouvoir.
Fuyons... Mais si l'ingrat rentrait dans son devoir ;
Si la foi dans son cœur retrouvait quelque place ;
S'il venait à mes pieds me demander sa grâce ;
Si sous mes lois, Amour, tu pouvais l'engager ;
S'il voulait... Mais l'ingrat ne veut que m'outrager. 440
Demeurons toutefois pour troubler leur fortune,
Prenons quelque plaisir à leur être importune :
Ou, le forçant de rompre un nœud si solennel,
Aux yeux de tous les Grecs rendons-le criminel.
J'ai déjà sur le fils attiré leur colère :
Je veux qu'on vienne encor lui demander la mère.
Rendons-lui les tourments qu'elle me fait souffrir ;
Qu'elle le perde, ou bien qu'il la fasse périr.

  CLÉONE.
Vous pensez que des yeux toujours ouverts aux larmes
Se plaisent à troubler le pouvoir de vos charmes, 450
Et qu'un cœur accablé de tant de déplaisirs
De son persécuteur ait brigué les soupirs ?
Voyez si sa douleur en paraît soulagée :
Pourquoi donc les chagrins où son âme est plongée ?
Contre un amant qui plaît pourquoi tant de fierté ?

  HERMIONE.
Hélas ! pour mon malheur, je l'ai trop écouté.
Je n'ai point du silence affecté le mystère :
Je croyais sans péril pouvoir être sincère ;
Et, sans armer mes yeux d'un moment de rigueur,
Je n'ai pour lui parler consulté que mon cœur. 460
Et qui ne se serait comme moi déclarée
Sur la foi d'une amour si saintement jurée ?
Me voyait-il de l'œil qu'il me voit aujourd'hui ?

Tu t'en souviens encor, tout conspirait pour lui :
Ma famille vengée, et les Grecs dans la joie,
Nos vaisseaux tout chargés des dépouilles de Troie,
Les exploits de son père effacés par les siens,
Ses feux que je croyais plus ardents que les miens,
Mon cœur... toi-même enfin de sa gloire éblouie,
Avant qu'il me trahît, vous m'avez tous trahie.   470
Mais c'en est trop, Cléone, et quel que soit Pyrrhus,
Hermione est sensible, Oreste a des vertus;
Il sait aimer du moins, et même sans qu'on l'aime,
Et peut-être il saura se faire aimer lui-même.
Allons. Qu'il vienne enfin.
     CLÉONE. Madame, le voici.
  HERMIONE.
Ah! je ne croyais pas qu'il fût si près d'ici.

SCÈNE II.

HERMIONE, ORESTE, CLÉONE.

  HERMIONE.
Le croirai-je, seigneur, qu'un reste de tendresse
Vous fasse ici chercher une triste princesse?
Ou ne dois-je imputer qu'à votre seul devoir
L'heureux empressement qui vous porte à me voir? 480
  ORESTE.
Tel est de mon amour l'aveuglement funeste,
Vous le savez, madame; et le destin d'Oreste
Est de venir sans cesse adorer vos attraits,
Et de jurer toujours qu'il n'y viendra jamais.
Je sais que vos regards vont rouvrir mes blessures,
Que tous mes pas vers vous sont autant de parjures :
Je le sais, j'en rougis. Mais j'atteste les dieux,
Témoins de la fureur de mes derniers adieux,
Que j'ai couru partout où ma perte certaine

Dégageait mes serments et finissait ma peine. 490
J'ai mendié la mort chez des peuples cruels
Qui n'apaisaient leurs dieux que du sang des mortels :
Ils m'ont fermé leur temple ; et ces peuples barbares
De mon sang prodigué sont devenus avares.
Enfin je viens à vous, et je me vois réduit
A chercher dans vos yeux une mort qui me fuit.
Mon désespoir n'attend que leur indifférence :
Ils n'ont qu'à m'interdire un reste d'espérance ;
Ils n'ont, pour avancer cette mort où je cours,
Qu'à me dire une fois ce qu'ils m'ont dit toujours. 500
Voilà, depuis un an, le seul soin qui m'anime.
Madame, c'est à vous de prendre une victime
Que les Scythes auraient dérobée à vos coups
Si j'en avais trouvé d'aussi cruels que vous.

  HERMIONE.

Quittez, seigneur, quittez ce funeste langage :
A des soins plus pressants la Grèce vous engage.
Que parlez-vous du Scythe et de mes cruautés ?
Songez à tous ces rois que vous représentez.
Faut-il que d'un transport leur vengeance dépende ?
Est-ce le sang d'Oreste enfin qu'on vous demande ? 510
Dégagez-vous des soins dont vous êtes chargé.

  ORESTE.

Les refus de Pyrrhus m'ont assez dégagé,
Madame : il me renvoie ; et quelque autre puissance
Lui fait du fils d'Hector embrasser la défense.

  HERMIONE.

L'infidèle !

  ORESTE. Ainsi donc, tout prêt à le quitter,
Sur mon propre destin je viens vous consulter.
Déjà même je crois entendre la réponse
Qu'en secret contre moi votre haine prononce.

  HERMIONE.

Hé quoi ! toujours injuste en vos tristes discours,
De mon inimitié vous plaindrez-vous toujours ? 520

Quelle est cette rigueur tant de fois alléguée?
J'ai passé dans l'Épire où j'étais reléguée;
Mon père l'ordonnait : mais qui sait si depuis
Je n'ai point en secret partagé vos ennuis?
Pensez-vous avoir seul éprouvé des alarmes;
Que l'Épire jamais n'ait vu couler mes larmes?
Enfin, qui vous a dit que, malgré mon devoir,
Je n'ai pas quelquefois souhaité de vous voir?
    ORESTE.
Souhaité de me voir! Ah! divine princesse.... 529
Mais, de grâce, est-ce à moi que ce discours s'adresse?
Ouvrez vos yeux : songez qu'Oreste est devant vous,
Oreste, si longtemps l'objet de leur courroux.
    HERMIONE.
Oui, c'est vous dont l'amour, naissant avec leurs char-
Leur apprit le premier le pouvoir de leurs armes; [mes,
Vous, que mille vertus me forçaient d'estimer;
Vous, que j'ai plaint, enfin que je voudrais aimer.
    ORESTE.
Je vous entends. Tel est mon partage funeste :
Le cœur est pour Pyrrhus, et les vœux pour Oreste.
    HERMIONE.
Ah! ne souhaitez pas le destin de Pyrrhus,
Je vous haïrais trop.
             ORESTE. Vous m'en aimeriez plus. 540
Ah! que vous me verriez d'un regard bien contraire!
Vous me voulez aimer, et je ne puis vous plaire;
Et, l'amour seul alors se faisant obéir,
Vous m'aimeriez, madame, en me voulant haïr.
O dieux! tant de respects, une amitié si tendre...
Que de raisons pour moi, si vous pouviez m'entendre!
Vous seule pour Pyrrhus disputez aujourd'hui,
Peut-être malgré vous, sans doute malgré lui :
Car enfin il vous hait; son âme, ailleurs éprise, 549
N'a plus....
    HERMIONE. Qui vous l'a dit, seigneur, qu'il me méprise?

Ses regards, ses discours vous l'ont-ils donc appris ?
Jugez-vous que ma vue inspire des mépris ;
Qu'elle allume en un cœur des feux si peu durables ?
Peut-être d'autres yeux me sont plus favorables.

ORESTE.

Poursuivez : il est beau de m'insulter ainsi.
Cruelle ! c'est donc moi qui vous méprise ici ?
Vos yeux n'ont pas assez éprouvé ma constance ?
Je suis donc un témoin de leur peu de puissance ?
Je les ai méprisés ? Ah ! qu'ils voudraient bien voir
Mon rival comme moi mépriser leur pouvoir ! 560

HERMIONE.

Que m'importe, seigneur, sa haine ou sa tendresse ?
Allez contre un rebelle armer toute la Grèce ;
Rapportez-lui le prix de sa rébellion ;
Qu'on fasse de l'Épire un second Ilion :
Allez. Après cela direz-vous que je l'aime ?

ORESTE.

Madame, faites plus, et venez-y vous-même.
Voulez-vous demeurer pour otage en ces lieux ?
Venez dans tous les cœurs faire parler vos yeux.
Faisons de notre haine une commune attaque.

HERMIONE.

Mais, seigneur, cependant s'il épouse Andromaque ?

ORESTE.

Hé, madame !

HERMIONE. Songez quelle honte pour nous 571
Si d'une Phrygienne il devenait l'époux !

ORESTE.

Et vous le haïssez ! Avouez-le, madame,
L'amour n'est pas un feu qu'on renferme en une âme :
Tout nous trahit, la voix, le silence, les yeux ;
Et les feux mal couverts n'en éclatent que mieux.

HERMIONE.

Seigneur, je le vois bien, votre âme prévenue
Répand sur mes discours le venin qui la tue,

Toujours dans mes raisons cherche quelque détour,
Et croit qu'en moi la haine est un effort d'amour. 580
Il faut donc m'expliquer : vous agirez ensuite.
Vous savez qu'en ces lieux mon devoir m'a conduite :
Mon devoir m'y retient ; et je n'en puis partir
Que mon père ou Pyrrhus ne m'en fasse sortir.
De la part de mon père allez lui faire entendre
Que l'ennemi des Grecs ne peut être son gendre ;
Du Troyen ou de moi faites-le décider,
Qu'il songe qui des deux il veut rendre ou garder ;
Enfin, qu'il me renvoie, ou bien qu'il vous le livre.
Adieu. S'il y consent, je suis prête à vous suivre. 590

SCÈNE III.

ORESTE.

Oui, oui, vous me suivrez, n'en doutez nullement :
Je vous réponds déjà de son consentement.
Je ne crains pas enfin que Pyrrhus la retienne :
Il n'a devant les yeux que sa chère Troyenne ;
Tout autre objet le blesse ; et peut-être aujourd'hui
Il n'attend qu'un prétexte à l'éloigner de lui.
Nous n'avons qu'à parler : c'en est fait. Quelle joie
D'enlever à l'Épire une si belle proie !
Sauve tout ce qui reste et de Troie et d'Hector,
Garde son fils, sa veuve, et mille autres encor, 600
Épire : c'est assez qu'Hermione rendue
Perde à jamais tes bords et ton prince de vue.
Mais un heureux destin le conduit en ces lieux.
Parlons. A tant d'attraits, Amour, ferme ses yeux !

SCÈNE IV.

PYRRHUS, ORESTE, PHŒNIX.

PYRRHUS.
Je vous cherchais, seigneur. Un peu de violence

M'a fait de vos raisons combattre la puissance,
Je l'avoue; et depuis que je vous ai quitté,
J'en ai senti la force et connu l'équité.
J'ai songé, comme vous, qu'à la Grèce, à mon père,
A moi-même, en un mot, je devenais contraire ; 610
Que je relevais Troie, et rendais imparfait
Tout ce qu'a fait Achille et tout ce que j'ai fait.
Je ne condamne plus un courroux légitime ;
Et l'on vous va, seigneur, livrer votre victime.
            ORESTE.
Seigneur, par ce conseil prudent et rigoureux,
C'est acheter la paix du sang d'un malheureux.
            PYRRHUS.
Oui : mais je veux, seigneur, l'assurer davantage :
D'une éternelle paix Hermione est le gage ;
Je l'épouse. Il semblait qu'un spectacle si doux
N'attendît en ces lieux qu'un témoin tel que vous : 620
Vous y représentez tous les Grecs et son père,
Puisqu'en vous Ménélas voit revivre son frère.
Voyez-la donc. Allez. Dites-lui que demain
J'attends avec la paix son cœur de votre main.
            ORESTE, *à part.*
Ah dieux !

SCÈNE V.

PYRRHUS, PHŒNIX.

PYRRHUS. Hé bien ! Phœnix, l'amour est-il le maître ?
Tes yeux refusent-ils encor de me connaître ?
            PHOENIX.
Ah ! je vous reconnais ; et ce juste courroux,
Ainsi qu'à tous les Grecs, seigneur, vous rend à vous.
Ce n'est plus le jouet d'une flamme servile ;
C'est Pyrrhus, c'est le fils et le rival d'Achille, 630
Que la gloire à la fin ramène sous ses lois,
Qui triomphe de Troie une seconde fois.

PYRRHUS.
Dis plutôt qu'aujourd'hui commence ma victoire :
D'aujourd'hui seulement je jouis de ma gloire ;
Et mon cœur, aussi fier que tu l'as vu soumis,
Croit avoir en l'amour vaincu mille ennemis.
Considère, Phœnix, les troubles que j'évite ;
Quelle foule de maux l'amour traîne à sa suite ;
Que d'amis, de devoirs, j'allais sacrifier ;
Quels périls... un regard m'eût tout fait oublier : 640
Tous les Grecs conjurés fondaient sur un rebelle.
Je trouvais du plaisir à me perdre pour elle.

PHOENIX.
Oui, je bénis, seigneur, l'heureuse cruauté
Qui vous rend...
      PYRRHUS. Tu l'as vu comme elle m'a traité.
Je pensais, en voyant sa tendresse alarmée,
Que son fils me la dût renvoyer désarmée :
J'allais voir le succès de ses embrassements ;
Je n'ai trouvé que pleurs mêlés d'emportements.
Sa misère l'aigrit ; et, toujours plus farouche,
Cent fois le nom d'Hector est sorti de sa bouche. 650
Vainement à son fils j'assurais mon secours :
« C'est Hector, disait-elle en l'embrassant toujours ;
« Voilà ses yeux, sa bouche, et déjà son audace ;
« C'est lui-même : c'est toi, cher époux, que j'embrasse. »
Eh ! quelle est sa pensée ? attend-elle en ce jour
Que je lui laisse un fils pour nourrir son amour ?

PHOENIX.
Sans doute : c'est le prix que vous gardait l'ingrate.
Mais laissez-la, seigneur.
      PYRRHUS. Je vois ce qui la flatte ;
Sa beauté la rassure ; et, malgré mon courroux,
L'orgueilleuse m'attend encore à ses genoux. 660
Je la verrais aux miens, Phœnix, d'un œil tranquille.
Elle est veuve d'Hector, et je suis fils d'Achille :
Trop de haine sépare Andromaque et Pyrrhus.

PHŒNIX.
Commencez donc, seigneur, à ne m'en parler plus.
Allez voir Hermione ; et, content de lui plaire,
Oubliez à ses pieds jusqu'à votre colère.
Vous-même à cet hymen venez la disposer :
Est-ce sur un rival qu'il s'en faut reposer ?
Il ne l'aime que trop.
PYRRHUS. Crois-tu, si je l'épouse,
Qu'Andromaque en son cœur n'en sera pas jalouse ? 670
PHŒNIX.
Quoi ! toujours Andromaque occupe votre esprit !
Que vous importe, ô dieux, sa joie ou son dépit ?
Quel charme, malgré vous, vers elle vous attire ?
PYRRHUS.
Non, je n'ai pas bien dit tout ce qu'il lui faut dire :
Ma colère à ses yeux n'a paru qu'à demi ;
Elle ignore à quel point je suis son ennemi.
Retournons-y ; je veux la braver à sa vue,
Et donner à ma haine une libre étendue.
Viens voir tous ses attraits, Phœnix, humiliés.
Allons.
PHŒNIX. Allez, seigneur, vous jeter à ses pieds ; 680
Allez, en lui jurant que votre âme l'adore,
A de nouveaux mépris l'encourager encore.
PYRRHUS.
Je le vois bien, tu crois que, prêt à l'excuser,
Mon cœur court après elle et cherche à s'apaiser.
PHŒNIX.
Vous aimez : c'est assez.
PYRRHUS. Moi l'aimer ? une ingrate
Qui me hait d'autant plus que mon amour la flatte ?
Sans parents, sans amis, sans espoir que sur moi,
Je puis perdre son fils, peut-être je le doi ;
Étrangère.... que dis-je ? esclave dans l'Épire,
Je lui donne son fils, mon âme, mon empire : 690
Et je ne puis gagner dans son perfide cœur

D'autre rang que celui de son persécuteur ?
Non, non, je l'ai juré, ma vengeance est certaine ;
Il faut bien une fois justifier sa haine :
J'abandonne son fils.... Que de pleurs vont couler !
De quel nom sa douleur me va-t-elle appeler !
Quel spectacle pour elle aujourd'hui se dispose !
Elle en mourra, Phœnix, et j'en serai la cause :
C'est lui mettre moi-même un poignard dans le sein.
 PHOENIX.
Et pourquoi donc en faire éclater le dessein ? 700
Que ne consultiez-vous tantôt votre faiblesse ?
 PYRRHUS.
Je t'entends. Mais excuse un reste de tendresse.
Crains-tu pour ma colère un si faible combat ?
D'un amour qui s'éteint c'est le dernier éclat.
Allons. A tes conseils, Phœnix, je m'abandonne.
Faut-il livrer son fils ? faut-il voir Hermione ?
 PHOENIX.
Oui, voyez-la, seigneur ; et par des vœux soumis
Protestez-lui....
 PYRRHUS. Faisons tout ce que j'ai promis.

ACTE TROISIÈME.

SCÈNE I.

ORESTE, PYLADE.

 PYLADE.
Modérez donc, seigneur, cette fureur extrême :
Je ne vous connais plus ; vous n'êtes plus vous-même.
Souffrez....
 ORESTE. Non, tes conseils ne sont plus de saison, 711
Pylade ; je suis las d'écouter la raison.

C'est traîner trop longtemps ma vie et mon supplice :
Il faut que je l'enlève, ou bien que je périsse.
Le dessein en est pris ; je le veux achever :
Oui, je le veux.
   PYLADE. Hé bien! il la faut enlever ;
J'y consens. Mais songez cependant où vous êtes.
Que croira-t-on de vous, à voir ce que vous faites?
Dissimulez : calmez ce transport inquiet ;
Commandez à vos yeux de garder le secret.   720
Ces gardes, cette cour, l'air qui vous environne,
Tout dépend de Pyrrhus, et surtout d'Hermione.
A ses regards surtout cachez votre courroux.
O dieux! en cet état pourquoi la cherchiez-vous?
   ORESTE.
Que sais-je? De moi-même étais-je alors le maître?
La fureur m'emportait, et je venais peut-être
Menacer à la fois l'ingrate et son amant.
   PYLADE.
Et quel était le fruit de cet emportement?
   ORESTE.
Et quelle âme, dis-moi, ne serait éperdue
Du coup dont ma raison vient d'être confondue?   730
Il épouse, dit-il, Hermione demain ;
Il veut, pour m'honorer, la tenir de ma main.
Ah! plutôt cette main dans le sang du barbare....
   PYLADE.
Vous l'accusez, seigneur, de ce destin bizarre ;
Cependant, tourmenté de ses propres desseins,
Il est peut-être à plaindre autant que je vous plains.
   ORESTE.
Non, non ; je le connais, mon désespoir le flatte ;
Sans moi, sans mon amour, il dédaignait l'ingrate ;
Ses charmes jusque-là n'avaient pu le toucher :
Le cruel ne la prend que pour me l'arracher.   740
Ah dieux! c'en était fait : Hermione gagnée
Pour jamais de sa vue allait être éloignée ;

Son cœur, entre l'amour et le dépit confus,
Pour se donner à moi n'attendait qu'un refus :
Ses yeux s'ouvraient, Pylade ; elle écoutait Oreste,
Lui parlait, le plaignait... Un mot eût fait le reste.
    PYLADE.
Vous le croyez ?
    ORESTE. Hé quoi ! ce courroux enflammé
Contre un ingrat....
    PYLADE. Jamais il ne fut plus aimé.
Pensez-vous, quand Pyrrhus vous l'aurait accordée,
Qu'un prétexte tout prêt ne l'eût pas retardée ?   750
M'en croirez-vous ? Lassé de ses trompeurs attraits,
Au lieu de l'enlever, fuyez-la pour jamais.
Quoi ! votre amour se veut charger d'une furie
Qui vous détestera, qui, toute votre vie,
Regrettant un hymen tout prêt à s'achever,
Voudra....
    ORESTE. C'est pour cela que je veux l'enlever.
Tout lui rirait, Pylade : et moi, pour mon partage,
Je n'emporterais donc qu'une inutile rage ?
J'irais loin d'elle encor tâcher de l'oublier ?
Non, non : à mes tourments je veux l'associer ;   760
C'est trop gémir tout seul. Je suis las qu'on me plaigne :
Je prétends qu'à mon tour l'inhumaine me craigne,
Et que ses yeux cruels, à pleurer condamnés,
Me rendent tous les noms que je leur ai donnés.
    PYLADE.
Voilà donc le succès qu'aura votre ambassade !
Oreste ravisseur !
    ORESTE. Et qu'importe, Pylade ?
Quand nos États vengés jouiront de mes soins,
L'ingrate de mes pleurs jouira-t-elle moins ?
Et que me servira que la Grèce m'admire,
Tandis que je serai la fable de l'Épire ?   770
Que veux-tu ? Mais, s'il faut ne te rien déguiser,
Mon innocence enfin commence à me peser.

Je ne sais de tout temps quelle injuste puissance
Laisse le crime en paix et poursuit l'innocence.
De quelque part sur moi que je tourne les yeux,
Je ne vois que malheurs qui condamnent les dieux.
Méritons leur courroux, justifions leur haine,
Et que le fruit du crime en précède la peine.
Mais toi, par quelle erreur veux-tu toujours sur toi
Détourner un courroux qui ne cherche que moi ? 780
Assez et trop longtemps mon amitié t'accable :
Évite un malheureux, abandonne un coupable.
Cher Pylade, crois-moi, ta pitié te séduit :
Laisse-moi des périls dont j'attends tout le fruit.
Porte aux Grecs cet enfant que Pyrrhus m'abandonne.
Va-t'en.

PYLADE. Allons, seigneur, enlevons Hermione :
Au travers des périls un grand cœur se fait jour.
Que ne peut l'amitié conduite par l'amour !
Allons de tous vos Grecs encourager le zèle :
Nos vaisseaux sont tout prêts, et le vent nous appelle.
Je sais de ce palais tous les détours obscurs : 791
Vous voyez que la mer en vient battre les murs ;
Et cette nuit, sans peine, une secrète voie
Jusqu'en votre vaisseau conduira votre proie.

ORESTE.
J'abuse, cher ami, de ton trop d'amitié :
Mais pardonne à des maux dont toi seul as pitié.
Excuse un malheureux qui perd tout ce qu'il aime,
Que tout le monde hait, et qui se hait lui-même.
Que ne puis-je, à mon tour, dans un sort plus heureux...

PYLADE.
Dissimulez, seigneur : c'est tout ce que je veux. 800
Gardez qu'avant le coup votre dessein n'éclate :
Oubliez jusque-là qu'Hermione est ingrate ;
Oubliez votre amour. Elle vient, je la voi.

ORESTE.
Va-t'en. Réponds-moi d'elle, et je réponds de moi.

SCÈNE II.

HERMIONE, ORESTE, CLÉONE.

ORESTE.
Hé bien ! mes soins vous ont rendu votre conquête :
J'ai vu Pyrrhus, madame, et votre hymen s'apprête.
HERMIONE.
On le dit ; et de plus on vient de m'assurer
Que vous ne me cherchiez que pour m'y préparer.
ORESTE.
Et votre âme à ses vœux ne sera point rebelle ?
HERMIONE.
Qui l'eût cru que Pyrrhus ne fût pas infidèle ? 810
Que sa flamme attendrait si tard pour éclater ?
Qu'il reviendrait à moi quand je l'allais quitter ?
Je veux croire avec vous qu'il redoute la Grèce ;
Qu'il suit son intérêt plutôt que sa tendresse ;
Que mes yeux sur votre âme étaient plus absolus.
ORESTE.
Non, madame : il vous aime, et je n'en doute plus.
Vos yeux ne font-ils pas tout ce qu'ils veulent faire ?
Et vous ne vouliez pas, sans doute, lui déplaire.
HERMIONE.
Mais que puis-je, seigneur ? on a promis ma foi :
Lui ravirai-je un bien qu'il ne tient pas de moi ? 820
L'amour ne règle pas le sort d'une princesse :
La gloire d'obéir est tout ce qu'on nous laisse.
Cependant je partais ; et vous avez pu voir
Combien je relâchais pour vous de mon devoir.
ORESTE.
Ah ! que vous saviez bien, cruelle... Mais, madame,
Chacun peut à son choix disposer de son âme.
La vôtre était à vous : j'espérais ; mais enfin
Vous l'avez pu donner sans me faire un larcin.
Je vous accuse aussi bien moins que la fortune.

Et pourquoi vous lasser d'une plainte importune ? 830
Tel est votre devoir, je l'avoue ; et le mien
Est de vous épargner un si triste entretien.

SCÈNE III.

HERMIONE, CLÉONE.

HERMIONE.
Attendais-tu, Cléone, un courroux si modeste?
CLÉONE.
La douleur qui se tait n'en est que plus funeste.
Je le plains d'autant plus qu'auteur de son ennui,
Le coup qui l'a perdu n'est parti que de lui.
Comptez depuis quel temps votre hymen se prépare :
Il a parlé, madame, et Pyrrhus se déclare.
HERMIONE.
Tu crois que Pyrrhus craint? Et que craint-il encor?
Des peuples qui, dix ans, ont fui devant Hector ; 840
Qui cent fois, effrayés de l'absence d'Achille,
Dans leurs vaisseaux brûlants ont cherché leur asile,
Et qu'on verrait encor, sans l'appui de son fils,
Redemander Hélène aux Troyens impunis?
Non, Cléone, il n'est point ennemi de lui-même :
Il veut tout ce qu'il fait ; et s'il m'épouse, il m'aime.
Mais qu'Oreste, à son gré, m'impute ses douleurs :
N'avons-nous d'entretien que celui de ses pleurs?
Pyrrhus revient à nous. Hé bien ! chère Cléone,
Conçois-tu les transports de l'heureuse Hermione ? 850
Sais-tu quel est Pyrrhus? T'es-tu fait raconter
Le nombre des exploits... Mais qui les peut compter?
Intrépide, et partout suivi de la victoire,
Charmant, fidèle enfin, rien ne manque à sa gloire.
Songe...
CLÉONE. Dissimulez : votre rivale en pleurs
Vient à vos pieds, sans doute, apporter ses douleurs.

HERMIONE.

Dieux! ne puis-je à ma joie abandonner mon âme?
Sortons : que lui dirais-je?

SCÈNE IV.

ANDROMAQUE, HERMIONE, CLÉONE, CÉPHISE.

ANDROMAQUE. Où fuyez-vous, madame?
N'est-ce point à vos yeux un spectacle assez doux
Que la veuve d'Hector pleurant à vos genoux? 860
Je ne viens point ici, par de jalouses larmes,
Vous envier un cœur qui se rend à vos charmes.
Par une main cruelle, hélas! j'ai vu percer
Le seul où mes regards prétendaient s'adresser :
Ma flamme par Hector fut jadis allumée;
Avec lui dans la tombe elle s'est enfermée.
Mais il me reste un fils. Vous saurez quelque jour,
Madame, pour un fils jusqu'où va notre amour;
Mais vous ne saurez pas, du moins je le souhaite,
En quel trouble mortel son intérêt nous jette, 870
Lorsque de tant de biens qui pouvaient nous flatter,
C'est le seul qui nous reste, et qu'on veut nous l'ôter.
Hélas! lorsque, lassés de dix ans de misère,
Les Troyens en courroux menaçaient votre mère,
J'ai su de mon Hector lui procurer l'appui :
Vous pouvez sur Pyrrhus ce que j'ai pu sur lui.
Que craint-on d'un enfant qui survit à sa perte?
Laissez-moi le cacher en quelque île déserte :
Sur les soins de sa mère on peut s'en assurer,
Et mon fils avec moi n'apprendra qu'à pleurer. 880

HERMIONE.

Je conçois vos douleurs; mais un devoir austère,
Quand mon père a parlé, m'ordonne de me taire.
C'est lui qui de Pyrrhus fait agir le courroux.

S'il faut fléchir Pyrrhus, qui le peut mieux que vous?
Vos yeux assez longtemps ont régné sur son âme.
Faites-le prononcer : j'y souscrirai, madame.

SCÈNE V.

ANDROMAQUE, CÉPHISE.

ANDROMAQUE.
Quel mépris la cruelle attache à ses refus!
CÉPHISE.
Je croirais ses conseils, et je verrais Pyrrhus.
Un regard confondrait Hermione et la Grèce...
Mais lui-même il vous cherche.

SCÈNE VI.

PYRRHUS, ANDROMAQUE, PHOENIX, CÉPHISE.

PYRRHUS, *à Phœnix*. Où donc est la princesse ?
Ne m'avais-tu pas dit qu'elle était en ces lieux ? 891
PHOENIX.
Je le croyais.
ANDROMAQUE, *à Céphise*.
Tu vois le pouvoir de mes yeux!
PYRRHUS.
Que dit-elle, Phœnix?
ANDROMAQUE. Hélas, tout m'abandonne!
PHOENIX.
Allons, seigneur, marchons sur les pas d'Hermione.
CÉPHISE.
Qu'attendez-vous? Rompez ce silence obstiné.
ANDROMAQUE.
Il a promis mon fils.
CÉPHISE. Il ne l'a pas donné.

ANDROMAQUE.
Non, non, j'ai beau pleurer, sa mort est résolue.
PYRRHUS.
Daigne-t-elle sur nous tourner au moins la vue?
Quel orgueil!
ANDROMAQUE. Je ne fais que l'irriter encor.
Sortons.
PYRRHUS. Allons aux Grecs livrer le fils d'Hector. 900
ANDROMAQUE, *se jetant aux pieds de Pyrrhus.*
Ah! seigneur, arrêtez! que prétendez-vous faire?
Si vous livrez le fils, livrez-leur donc la mère!
Vos serments m'ont tantôt juré tant d'amitié!
Dieux! ne pourrai-je au moins toucher votre pitié?
Sans espoir de pardon m'avez-vous condamnée?
PYRRHUS.
Phœnix vous le dira, ma parole est donnée.
ANDROMAQUE.
Vous qui braviez pour moi tant de périls divers!
PYRRHUS.
J'étais aveugle alors; mes yeux se sont ouverts.
Sa grâce à vos désirs pouvait être accordée;
Mais vous ne l'avez pas seulement demandée: 910
C'en est fait.
ANDROMAQUE. Ah, seigneur! vous entendiez assez
Des soupirs qui craignaient de se voir repoussés.
Pardonnez à l'éclat d'une illustre fortune
Ce reste de fierté qui craint d'être importune.
Vous ne l'ignorez pas: Andromaque, sans vous,
N'aurait jamais d'un maître embrassé les genoux.
PYRRHUS.
Non, vous me haïssez; et dans le fond de l'âme
Vous craignez de devoir quelque chose à ma flamme.
Ce fils même, ce fils, l'objet de tant de soins,
Si je l'avais sauvé, vous l'en aimeriez moins. 920
La haine, le mépris, contre moi tout s'assemble;
Vous me haïssez plus que tous les Grecs ensemble.

2.

Jouissez à loisir d'un si noble courroux.
Allons, Phœnix.
    ANDROMAQUE. Allons rejoindre mon époux.
    CÉPHISE.
Madame...
    ANDROMAQUE, *à Céphise.*
              Et que veux-tu que je lui dise encore?
Auteur de tous mes maux, crois-tu qu'il les ignore?
    (*A Pyrrhus.*)
Seigneur, voyez l'état où vous me réduisez :
J'ai vu mon père mort et nos murs embrasés ;
J'ai vu trancher les jours de ma famille entière,
Et mon époux sanglant traîné sur la poussière,   930
Son fils, seul avec moi, réservé pour les fers ;
Mais que ne peut un fils! je respire, je sers.
J'ai fait plus ; je me suis quelquefois consolée
Qu'ici plutôt qu'ailleurs le sort m'eût exilée ;
Qu'heureux dans son malheur le fils de tant de rois,
Puisqu'il devait servir, fût tombé sous vos lois ;
J'ai cru que sa prison deviendrait son asile.
Jadis Priam soumis fut respecté d'Achille :
J'attendais de son fils encor plus de bonté.
Pardonne, cher Hector! à ma crédulité :   940
Je n'ai pu soupçonner ton ennemi d'un crime ;
Malgré lui-même enfin je l'ai cru magnanime.
Ah! s'il l'était assez pour nous laisser du moins
Au tombeau qu'à ta cendre ont élevé mes soins ;
Et que, finissant là sa haine et nos misères,
Il ne séparât point des dépouilles si chères!
    PYRRHUS.
Va m'attendre, Phœnix.

SCÈNE VII.

PYRRHUS, ANDROMAQUE, CÉPHISE.

PYRRHUS. Madame, demeurez.
On peut vous rendre encor ce fils que vous pleurez.
Oui, je sens à regret qu'en excitant vos larmes
Je ne fais contre moi que vous donner des armes : 950
Je croyais apporter plus de haine en ces lieux.
Mais, madame, du moins tournez vers moi les yeux ;
Voyez si mes regards sont d'un juge sévère,
S'ils sont d'un ennemi qui cherche à vous déplaire.
Pourquoi me forcez-vous vous-même à vous trahir ?
Au nom de votre fils, cessons de nous haïr.
A le sauver enfin c'est moi qui vous convie.
Faut-il que mes soupirs vous demandent sa vie ?
Faut-il qu'en sa faveur j'embrasse vos genoux ?
Pour la dernière fois, sauvez-le, sauvez-vous. 960
Je sais de quels serments je romps pour vous les chaî-
Combien je vais sur moi faire éclater de haines. [nes;
Je renvoie Hermione, et je mets sur son front,
Au lieu de ma couronne, un éternel affront :
Je vous conduis au temple où son hymen s'apprête ;
Je vous ceins du bandeau préparé pour sa tête.
Mais ce n'est plus, madame, une offre à dédaigner ;
Je vous le dis : il faut ou périr, ou régner.
Mon cœur, désespéré d'un an d'ingratitude,
Ne peut plus de son sort souffrir l'incertitude. 970
C'est craindre, menacer, et gémir trop longtemps.
Je meurs si je vous perds ; mais je meurs si j'attends.
Songez-y : je vous laisse ; et je viendrai vous prendre
Pour vous mener au temple où ce fils doit m'attendre ;
Et là vous me verrez, soumis ou furieux,
Vous couronner, madame, ou le perdre à vos yeux.

SCÈNE VIII.

ANDROMAQUE, CÉPHISE.

CÉPHISE.
Je vous l'avais prédit, qu'en dépit de la Grèce
De votre sort encor vous seriez la maîtresse.
ANDROMAQUE.
Hélas! de quel effet tes discours sont suivis!
Il ne me restait plus qu'à condamner mon fils. 980
CÉPHISE.
Madame, à votre époux c'est être assez fidèle :
Trop de vertu pourrait vous rendre criminelle.
Lui-même il porterait votre âme à la douceur.
ANDROMAQUE.
Quoi! je lui donnerais Pyrrhus pour successeur?
CÉPHISE.
Ainsi le veut son fils, que les Grecs vous ravissent.
Pensez-vous qu'après tout ses mânes en rougissent?
Qu'il méprisât, madame, un roi victorieux
Qui vous fait remonter au rang de vos aïeux,
Qui foule aux pieds pour vous vos vainqueurs en colère,
Qui ne se souvient plus qu'Achille était son père, 990
Qui dément ses exploits et les rend superflus?
ANDROMAQUE.
Dois-je les oublier, s'il ne s'en souvient plus?
Dois-je oublier Hector privé de funérailles,
Et traîné sans honneur autour de nos murailles?
Dois-je oublier son père à mes pieds renversé,
Ensanglantant l'autel qu'il tenait embrassé?
Songe, songe, Céphise, à cette nuit cruelle
Qui fut pour tout un peuple une nuit éternelle;
Figure-toi Pyrrhus, les yeux étincelants,
Entrant à la lueur de nos palais brûlants, 1000
Sur tous mes frères morts se faisant un passage,
Et, de sang tout couvert, échauffant le carnage;

Songe aux cris des vainqueurs, songe aux cris des mou-
Dans la flamme étouffés, sous le fer expirants; [rants
Peins-toi dans ces horreurs Andromaque éperdue :
Voilà comme Pyrrhus vint s'offrir à ma vue ;
Voilà par quels exploits il sut se couronner ;
Enfin, voilà l'époux que tu me veux donner.
Non, je ne serai point complice de ses crimes :
Qu'il nous prenne, s'il veut, pour dernières victimes.
Tous mes ressentiments lui seraient asservis !   1011

CÉPHISE.

Hé bien! allons donc voir expirer votre fils :
On n'attend plus que vous... Vous frémissez, madame ?

ANDROMAQUE.

Ah ! de quel souvenir viens-tu frapper mon âme !
Quoi ! Céphise, j'irai voir expirer encor
Ce fils, ma seule joie, et l'image d'Hector ;
Ce fils, que de sa flamme il me laissa pour gage !
Hélas ! je m'en souviens, le jour que son courage
Lui fit chercher Achille, ou plutôt le trépas,
Il demanda son fils et le prit dans ses bras :   1020
« Chère épouse, dit-il en essuyant mes larmes,
« J'ignore quel succès le sort garde à mes armes ;
« Je te laisse mon fils pour gage de ma foi :
« S'il me perd, je prétends qu'il me retrouve en toi.
« Si d'un heureux hymen la mémoire t'est chère,
« Montre au fils à quel point tu chérissais le père. »
Et je puis voir répandre un sang si précieux ?
Et je laisse avec lui périr tous ses aïeux ?
Roi barbare, faut-il que mon crime l'entraîne ?
Si je te hais, est-il coupable de ma haine ?   1030
T'a-t-il de tous les siens reproché le trépas ?
S'est-il plaint à tes yeux des maux qu'il ne sent pas ?
Mais cependant, mon fils, tu meurs si je n'arrête
Le fer que le cruel tient levé sur ta tête.
Je l'en puis détourner, et je t'y vais offrir !...
Non, tu ne mourras point, je ne le puis souffrir.

Allons trouver Pyrrhus. Mais non, chère Céphise,
Va le trouver pour moi.
    CÉPHISE. Que faut-il que je dise ?
ANDROMAQUE.
Dis-lui que de mon fils l'amour est assez fort....
Crois-tu que dans son cœur il ait juré sa mort ?   1040
L'amour peut-il si loin pousser sa barbarie ?
CÉPHISE.
Madame, il va bientôt revenir en furie.
ANDROMAQUE.
Hé bien ! va l'assurer...
    CÉPHISE. De quoi ? de votre foi ?
ANDROMAQUE.
Hélas ! pour la promettre est-elle encore à moi ?
O cendres d'un époux ! ô Troyens ! ô mon père !
O mon fils ! que tes jours coûtent cher à ta mère !
Allons.
CÉPHISE. Où donc, madame ? et que résolvez-vous ?
ANDROMAQUE.
Allons sur son tombeau consulter mon époux.

ACTE QUATRIÈME.

SCÈNE I.

ANDROMAQUE, CÉPHISE.

CÉPHISE.
Ah ! je n'en doute point ; c'est votre époux, madame,
C'est Hector qui produit ce miracle en votre âme :   1050
Il veut que Troie encor se puisse relever
Avec cet heureux fils qu'il vous fait conserver.

Act. IV.] — 39 —

Pyrrhus vous l'a promis. Vous venez de l'entendre,
Madame ; il n'attendait qu'un mot pour vous le rendre.
Croyez-en ses transports : père, sceptre, alliés,
Content de votre cœur, il met tout à vos pieds ;
Sur lui, sur tout son peuple il vous rend souveraine.
Est-ce là ce vainqueur digne de tant de haine ?
Déjà contre les Grecs plein d'un noble courroux,
Le soin de votre fils le touche autant que vous : 1060
Il prévient leur fureur ; il lui laisse sa garde :
Pour ne pas l'exposer, lui-même il se hasarde.
Mais tout s'apprête au temple ; et vous avez promis...
    ANDROMAQUE.
Oui, je m'y trouverai. Mais allons voir mon fils.
    CÉPHISE.
Madame, qui vous presse ? Il suffit que sa vue
Désormais à vos yeux ne soit plus défendue.
Vous lui pourrez bientôt prodiguer vos bontés,
Et vos embrassements ne seront plus comptés.
Quel plaisir d'élever un enfant qu'on voit croître,
Non plus comme un esclave élevé pour son maître, 1070
Mais pour voir avec lui renaître tant de rois !
    ANDROMAQUE.
Céphise, allons le voir pour la dernière fois.
    CÉPHISE.
Que dites-vous ? Oh dieux !
              ANDROMAQUE. O ma chère Céphise,
Ce n'est point avec toi que mon cœur se déguise :
Ta foi, dans mon malheur, s'est montrée à mes yeux ;
Mais j'ai cru qu'à mon tour tu me connaissais mieux.
Quoi donc ! as-tu pensé qu'Andromaque infidèle
Pût trahir un époux qui croit revivre en elle,
Et que, de tant de morts réveillant la douleur,
Le soin de mon repos me fit troubler le leur ? 1080
Est-ce là cette ardeur tant promise à sa cendre ?
Mais son fils périssait, il l'a fallu défendre.
Pyrrhus en m'épousant s'en déclare l'appui ;

Il suffit : je veux bien m'en reposer sur lui.
Je sais quel est Pyrrhus : violent, mais sincère,
Céphise, il fera plus qu'il n'a promis de faire.
Sur le courroux des Grecs je m'en repose encor ;
Leur haine va donner un père au fils d'Hector.
Je vais donc, puisqu'il faut que je me sacrifie,
Assurer à Pyrrhus le reste de ma vie ; 1090
Je vais, en recevant sa foi sur les autels,
L'engager à mon fils par des nœuds immortels.
Mais aussitôt ma main, à moi seule funeste,
D'une infidèle vie abrégera le reste,
Et, sauvant ma vertu, rendra ce que je doi
A Pyrrhus, à mon fils, à mon époux, à moi.
Voilà de mon amour l'innocent stratagème ;
Voilà ce qu'un époux m'a commandé lui-même.
J'irai seule rejoindre Hector et mes aïeux.
Céphise, c'est à toi de me fermer les yeux. 1100
   CÉPHISE.
Ah ! ne prétendez pas que je puisse survivre....
   ANDROMAQUE.
Non, non, je te défends, Céphise, de me suivre.
Je confie à tes soins mon unique trésor :
Si tu vivais pour moi, vis pour le fils d'Hector.
De l'espoir des Troyens seule dépositaire,
Songe à combien de rois tu deviens nécessaire.
Veille auprès de Pyrrhus ; fais-lui garder sa foi :
S'il le faut, je consens qu'on lui parle de moi.
Fais-lui valoir l'hymen où je me suis rangée :
Dis-lui qu'avant ma mort je lui fus engagée ; 1110
Que ses ressentiments doivent être effacés ;
Qu'en lui laissant mon fils, c'est l'estimer assez.
Fais connaître à mon fils les héros de sa race ;
Autant que tu pourras, conduis-le sur leur trace :
Dis-lui par quels exploits leurs noms ont éclaté,
Plutôt ce qu'ils ont fait que ce qu'ils ont été :
Parle-lui tous les jours des vertus de son père ;

Et quelquefois aussi parle-lui de sa mère.
Mais qu'il ne songe plus, Céphise, à nous venger :
Nous lui laissons un maître, il le doit ménager. 1120
Qu'il ait de ses aïeux un souvenir modeste :
Il est du sang d'Hector ; mais il en est le reste,
Et pour ce reste enfin j'ai moi-même, en un jour,
Sacrifié mon sang, ma haine, et mon amour.

CÉPHISE.

Hélas !

ANDROMAQUE.

Ne me suis point, si ton cœur en alarmes
Prévoit qu'il ne pourra commander à tes larmes.
On vient. Cache tes pleurs, Céphise ; et souviens-toi
Que le sort d'Andromaque est commis à ta foi.
C'est Hermione. Allons, fuyons sa violence.

SCÈNE II.

HERMIONE, CLÉONE.

CLÉONE.

Non, je ne puis assez admirer ce silence. 1130
Vous vous taisez, madame ; et ce cruel mépris
N'a pas du moindre trouble agité vos esprits :
Vous soutenez en paix une si rude attaque,
Vous qu'on voyait frémir au seul nom d'Andromaque !
Vous qui sans désespoir ne pouviez endurer
Que Pyrrhus d'un regard la voulût honorer !
Il l'épouse ; il lui donne, avec son diadème,
La foi que vous venez de recevoir vous-même :
Et votre bouche encor, muette à tant d'ennui,
N'a pas daigné s'ouvrir pour se plaindre de lui ! 1140
Ah ! que je crains, madame, un calme si funeste !
Et qu'il vaudrait bien mieux....

HERMIONE. Fais-tu venir Oreste ?

CLÉONE.

Il vient, madame, il vient ; et vous pouvez juger

Que bientôt à vos pieds il allait se ranger,
Prêt à servir toujours sans espoir de salaire :
Vos yeux ne sont que trop assurés de lui plaire.
Mais il entre.

SCÈNE III.

ORESTE, HERMIONE, CLÉONE.

ORESTE.
    Ah, madame! est-il vrai qu'une fois
Oreste en vous cherchant obéisse à vos lois?
Ne m'a-t-on point flatté d'une fausse espérance?
Avez-vous en effet souhaité ma présence?   1150
Croirai-je que vos yeux, à la fin désarmés,
Veulent...

HERMIONE. Je veux savoir, seigneur, si vous m'aimez.

  ORESTE.
Si je vous aime! oh dieux! mes serments, mes parju-
Ma fuite, mon retour, mes respects, mes injures, [res,
Mon désespoir, mes yeux de pleurs toujours noyés :
Quels témoins croirez-vous, si vous ne les croyez?

  HERMIONE.
Vengez-moi, je crois tout.

     ORESTE. Hé bien! allons, madame :
Mettons encore un coup toute la Grèce en flamme;
Prenons, en signalant mon bras et votre nom,
Vous, la place d'Hélène, et moi, d'Agamemnon;   1160
De Troie en ce pays réveillons les misères,
Et qu'on parle de nous ainsi que de nos pères.
Partons, je suis tout prêt.

     HERMIONE. Non, seigneur; demeurons :
Je ne veux pas si loin porter de tels affronts.
Quoi! de mes ennemis couronnant l'insolence,
J'irais attendre ailleurs une lente vengeance?
Et je m'en remettrais au destin des combats,
Qui peut-être à la fin ne me vengerait pas?

Je veux qu'à mon départ toute l'Épire pleure.
Mais, si vous me vengez, vengez-moi dans une heure.
Tous vos retardements sont pour moi des refus. 1171
Courez au temple. Il faut immoler...

ORESTE. Qui?

HERMIONE. Pyrrhus.

ORESTE.
Pyrrhus, madame!

HERMIONE. Hé quoi! votre haine chancelle?
Ah! courez, et craignez que je ne vous rappelle.
N'alléguez point des droits que je veux oublier;
Et ce n'est pas à vous à le justifier.

ORESTE.
Moi, je l'excuserais! ah! vos bontés, madame,
Ont gravé trop avant ses crimes dans mon âme.
Vengeons-nous, j'y consens, mais par d'autres chemins;
Soyons ses ennemis, et non ses assassins; 1180
Faisons de sa ruine une juste conquête.
Quoi! pour réponse aux Grecs porterai-je sa tête?
Et n'ai-je pris sur moi le soin de tout l'État,
Que pour m'en acquitter par un assassinat?
Souffrez, au nom des dieux, que la Grèce s'explique,
Et qu'il meure chargé de la haine publique.
Souvenez-vous qu'il règne, et qu'un front couronné...

HERMIONE.
Ne vous suffit-il pas que je l'ai condamné?
Ne vous suffit-il pas que ma gloire offensée
Demande une victime à moi seule adressée; 1190
Qu'Hermione est le prix d'un tyran opprimé;
Que je le hais; enfin, seigneur, que je l'aimai?
Je ne m'en cache point, l'ingrat m'avait su plaire,
Soit qu'ainsi l'ordonnât mon amour ou mon père,
N'importe; mais enfin réglez-vous là-dessus.
Malgré mes vœux, seigneur, honteusement déçus,
Malgré la juste horreur que son crime me donne,
Tant qu'il vivra, craignez que je ne lui pardonne.

Doutez jusqu'à sa mort d'un courroux incertain ;
S'il ne meurt aujourd'hui, je puis l'aimer demain.　1200
ORESTE.
Hé bien ! il faut le perdre, et prévenir sa grâce :
Il faut... Mais cependant que faut-il que je fasse ?
Comment puis-je sitôt servir votre courroux ?
Quel chemin jusqu'à lui peut conduire mes coups ?
A peine suis-je encore arrivé dans l'Épire,
Vous voulez par mes mains renverser un empire ;
Vous voulez qu'un roi meure ; et pour son châtiment
Vous ne donnez qu'un jour, qu'une heure, qu'un mo-
　　　　　　　　　　　　　　　　　　　　[ment :
Aux yeux de tout son peuple il faut que je l'opprime.
Laissez-moi vers l'autel conduire ma victime,　1210
Je ne m'en défends plus ; et je ne veux qu'aller
Reconnaître la place où je dois l'immoler :
Cette nuit je vous sers, cette nuit je l'attaque.
HERMIONE.
Mais cependant, ce jour, il épouse Andromaque ;
Dans le temple déjà le trône est élevé,
Ma honte est confirmée, et son crime achevé.
Enfin, qu'attendez-vous ? il vous offre sa tête :
Sans gardes, sans défense, il marche à cette fête ;
Autour du fils d'Hector il les fait tous ranger ;
Il s'abandonne au bras qui me voudra venger.　1220
Voulez-vous, malgré lui, prendre soin de sa vie ?
Armez, avec vos Grecs, tous ceux qui m'ont suivie ;
Soulevez vos amis ; tous les miens sont à vous :
Il me trahit, vous trompe, et nous méprise tous.
Mais quoi ! déjà leur haine est égale à la mienne ;
Elle épargne à regret l'époux d'une Troyenne.
Parlez : mon ennemi ne vous peut échapper ;
Ou plutôt il ne faut que les laisser frapper.
Conduisez ou suivez une fureur si belle ;
Revenez tout couvert du sang de l'infidèle ;　1230
Allez : en cet état soyez sûr de mon cœur.

ORESTE.
Mais, madame, songez...
HERMIONE. Ah! c'en est trop, seigneur.
Tant de raisonnements offensent ma colère.
J'ai voulu vous donner les moyens de me plaire,
Rendre Oreste content : mais enfin je vois bien
Qu'il veut toujours se plaindre, et ne mériter rien.
Partez : allez ailleurs vanter votre constance,
Et me laissez ici le soin de ma vengeance.
De mes lâches bontés mon courage est confus ;
Et c'est trop en un jour essuyer de refus. 1240
Je m'en vais seule au temple où leur hymen s'apprête,
Où vous n'osez aller mériter ma conquête :
Là, de mon ennemi je saurai m'approcher ;
Je percerai le cœur que je n'ai pu toucher ;
Et mes sanglantes mains, sur moi-même tournées,
Aussitôt, malgré lui, joindront nos destinées ;
Et, tout ingrat qu'il est, il me sera plus doux
De mourir avec lui que de vivre avec vous.

ORESTE.
Non, je vous priverai de ce plaisir funeste,
Madame ; il ne mourra que de la main d'Oreste. 1250
Vos ennemis par moi vont vous être immolés,
Et vous reconnaîtrez mes soins, si vous voulez.

HERMIONE.
Allez. De votre sort laissez-moi la conduite,
Et que tous vos vaisseaux soient prêts pour notre fuite.

SCÈNE IV.

HERMIONE, CLÉONE.

CLÉONE.
Vous vous perdez, madame ; et vous devez songer...
HERMIONE.
Que je me perde ou non, je songe à me venger.
Je ne sais même encor, quoi qu'il m'ait pu promettre,

Sur d'autres que sur moi si je dois m'en remettre :
Pyrrhus n'est pas coupable à ses yeux comme aux miens,
Et je tiendrais mes coups bien plus sûrs que les siens.
Quel plaisir de venger moi-même mon injure, 1261
De retirer mon bras teint du sang du parjure,
Et, pour rendre sa peine et mes plaisirs plus grands,
De cacher ma rivale à ses regards mourants !
Ah ! si du moins Oreste, en punissant son crime,
Lui laissait le regret de mourir ma victime !
Va le trouver : dis-lui qu'il apprenne à l'ingrat
Qu'on l'immole à ma haine et non pas à l'État.
Chère Cléone, cours : ma vengeance est perdue,
S'il ignore en mourant que c'est moi qui le tue. 1270

   CLÉONE.

Je vous obéirai. Mais qu'est-ce que je vois !
Oh dieux ! qui l'aurait cru, madame ? c'est le roi !

   HERMIONE.

Ah ! cours après Oreste; et dis-lui, ma Cléone,
Qu'il n'entreprenne rien sans revoir Hermione.

SCÈNE V.

PYRRHUS, HERMIONE, PHOENIX.

   PYRRHUS.

Vous ne m'attendiez pas, madame ; et je vois bien
Que mon abord ici trouble votre entretien.
Je ne viens point, armé d'un indigne artifice,
D'un voile d'équité couvrir mon injustice :
Il suffit que mon cœur me condamne tout bas;
Et je soutiendrais mal ce que je ne crois pas. 1280
J'épouse une Troyenne ; oui, madame : et j'avoue
Que je vous ai promis la foi que je lui voue.
Un autre vous dirait que, dans les champs troyens,
Nos deux pères sans nous formèrent ces liens,

Et que, sans consulter ni mon choix ni le vôtre,
Nous fûmes, sans amour, engagés l'un à l'autre :
Mais c'est assez pour moi que je me sois soumis.
Par mes ambassadeurs mon cœur vous fut promis ;
Loin de les révoquer, je voulus y souscrire :
Je vous vis avec eux arriver en Épire ; 1290
Et, quoique d'un autre œil l'éclat victorieux
Eût déjà prévenu le pouvoir de vos yeux,
Je ne m'arrêtai point à cette ardeur nouvelle,
Je voulus m'obstiner à vous être fidèle ;
Je vous reçus en reine, et jusques à ce jour
J'ai cru que mes serments me tiendraient lieu d'amour ;
Mais cet amour l'emporte ; et, par un coup funeste,
Andromaque m'arrache un cœur qu'elle déteste :
L'un par l'autre entraînés, nous courons à l'autel
Nous jurer, malgré nous, un amour immortel. 1300
Après cela, madame, éclatez contre un traître,
Qui l'est avec douleur, et qui pourtant veut l'être.
Pour moi, loin de contraindre un si juste courroux,
Il me soulagera peut-être autant que vous.
Donnez-moi tous les noms destinés aux parjures :
Je crains votre silence et non pas vos injures ;
Et mon cœur, soulevant mille secrets témoins,
M'en dira d'autant plus que vous m'en direz moins.

HERMIONE.

Seigneur, dans cet aveu dépouillé d'artifice,
J'aime à voir que du moins vous vous rendiez justice,
Et que, voulant bien rompre un nœud si solennel, 1311
Vous vous abandonniez au crime en criminel.
Est-il juste, après tout, qu'un conquérant s'abaisse
Sous la servile loi de garder sa promesse ?
Non, non, la perfidie a de quoi vous tenter ;
Et vous ne me cherchez que pour vous en vanter.
Quoi ! sans que ni serment ni devoir vous retienne,
Rechercher une Grecque, amant d'une Troyenne ;
Me quitter, me reprendre, et retourner encor

De la fille d'Hélène à la veuve d'Hector ; 1320
Couronner tour à tour l'esclave et la princesse ;
Immoler Troie aux Grecs, au fils d'Hector la Grèce !
Tout cela part d'un cœur toujours maître de soi,
D'un héros qui n'est point esclave de sa foi.
Pour plaire à votre épouse, il vous faudrait peut-être
Prodiguer les doux noms de parjure et de traître.
Vous veniez de mon front observer la pâleur
Pour aller dans ses bras rire de ma douleur :
Pleurante après son char vous voulez qu'on me voie.
Mais, seigneur, en un jour ce serait trop de joie ; 1330
Et sans chercher ailleurs des titres empruntés,
Ne vous suffit-il pas de ceux que vous portez ?
Du vieux père d'Hector la valeur abattue
Aux pieds de sa famille expirante à sa vue,
Tandis que dans son sein votre bras enfoncé
Cherche un reste de sang que l'âge avait glacé ;
Dans des ruisseaux de sang Troie ardente plongée ;
De votre propre main Polyxène égorgée
Aux yeux de tous les Grecs indignés contre vous :
Que peut-on refuser à ces généreux coups ? 1340

    PYRRHUS.

Madame, je sais trop à quel excès de rage
La vengeance d'Hélène emporta mon courage ;
Je puis me plaindre à vous du sang que j'ai versé :
Mais enfin je consens d'oublier le passé.
Je rends grâces au ciel que votre indifférence
De mes heureux soupirs m'apprenne l'innocence :
Mon cœur, je le vois bien, trop prompt à se gêner,
Devait mieux vous connaître et mieux s'examiner.
Mes remords vous faisaient une injure mortelle :
Il faut se croire aimé pour se croire infidèle. 1350
Vous ne prétendiez point m'arrêter dans vos fers :
J'ai craint de vous trahir, peut-être je vous sers.
Nos cœurs n'étaient point faits dépendants l'un de l'au-
Je suivais mon devoir, et vous cédiez au vôtre. [tre :

Rien ne vous engageait à m'aimer en effet.
HERMIONE.
Je ne t'ai point aimé, cruel ! qu'ai-je donc fait ?
J'ai dédaigné pour toi les vœux de tous nos princes :
Je t'ai cherché moi-même au fond de tes provinces ;
J'y suis encor, malgré tes infidélités,
Et malgré tous mes Grecs, honteux de mes bontés :
Je leur ai commandé de cacher mon injure ;   1361
J'attendais en secret le retour d'un parjure ;
J'ai cru que tôt ou tard, à ton devoir rendu,
Tu me rapporterais un cœur qui m'était dû.
Je t'aimais inconstant; qu'aurais-je fait fidèle ?
Et même en ce moment, où ta bouche cruelle
Vient si tranquillement m'annoncer le trépas,
Ingrat, je doute encor si je ne t'aime pas.
Mais, seigneur, s'il le faut, si le ciel en colère
Réserve à d'autres yeux la gloire de vous plaire,   1370
Achevez votre hymen, j'y consens ; mais, du moins,
Ne forcez pas mes yeux d'en être les témoins.
Pour la dernière fois je vous parle peut-être ;
Différez-le d'un jour ; demain vous serez maître....
Vous ne répondez point ?... Perfide ! je le voi,
Tu comptes les moments que tu perds avec moi.
Ton cœur, impatient de revoir ta Troyenne,
Ne souffre qu'à regret qu'une autre t'entretienne :
Tu lui parles du cœur, tu la cherches des yeux.
Je ne te retiens plus, sauve-toi de ces lieux :   1380
Va lui jurer la foi que tu m'avais jurée ;
Va profaner des dieux la majesté sacrée.
Ces dieux, ces justes dieux n'auront pas oublié
Que les mêmes serments avec moi t'ont lié.
Porte au pied des autels ce cœur qui m'abandonne ;
Va, cours ; mais crains encor d'y trouver Hermione.

SCÈNE VI.

PYRRHUS, PHOENIX.

PHŒNIX.

Seigneur, vous entendez. Gardez de négliger
Une amante en fureur qui cherche à se venger.
Elle n'est en ces lieux que trop bien appuyée ;
La querelle des Grecs à la sienne est liée ; 1390
Oreste l'aime encore ; et peut-être à ce prix....

PYRRHUS.

Andromaque m'attend. Phœnix, garde son fils.

ACTE CINQUIÈME.

SCÈNE I.

HERMIONE.

Où suis-je ? qu'ai-je fait ? que dois-je faire encore ?
Quel transport me saisit ? quel chagrin me dévore ?
Errante et sans dessein, je cours dans ce palais.
Ah ! ne puis-je savoir si j'aime ou si je hais ?
Le cruel ! de quel œil il m'a congédiée !
Sans pitié, sans douleur au moins étudiée !
L'ai-je vu se troubler, et me plaindre un moment ?
En ai-je pu tirer un seul gémissement ? 1400
Muet à mes soupirs, tranquille à mes alarmes,
Semblait-il seulement qu'il eût part à mes larmes ?
Et je le plains encore ! et, pour comble d'ennui,
Mon cœur, mon lâche cœur s'intéresse pour lui !
Je tremble au seul penser du coup qui le menace !
Et prête à me venger, je lui fais déjà grâce !
Non, ne révoquons point l'arrêt de mon courroux :
Qu'il périsse ! aussi bien il ne vit plus pour nous.

Le perfide triomphe et se rit de ma rage :
Il pense voir en pleurs dissiper cet orage ; 1410
Il croit que, toujours faible, et d'un cœur incertain,
Je parerai d'un bras les coups de l'autre main.
Il juge encor de moi par mes bontés passées.
Mais plutôt le perfide a bien d'autres pensées :
Triomphant dans le temple, il ne s'informe pas
Si l'on souhaite ailleurs sa vie ou son trépas.
Il me laisse, l'ingrat, cet embarras funeste.
Non, non, encore un coup, laissons agir Oreste.
Qu'il meure, puisqu'enfin il a dû le prévoir,
Et puisqu'il m'a forcée enfin à le vouloir.... 1420
A le vouloir ? Hé quoi ! c'est donc moi qui l'ordonne ?
Sa mort sera l'effet de l'amour d'Hermione ?
Ce prince, dont mon cœur se faisait autrefois
Avec tant de plaisir redire les exploits ;
A qui même en secret je m'étais destinée
Avant qu'on eût conclu ce fatal hyménée ;
Je n'ai donc traversé tant de mers, tant d'États,
Que pour venir si loin préparer son trépas,
L'assassiner, le perdre ? Ah ! devant qu'il expire....

SCÈNE II.

HERMIONE, CLÉONE.

HERMIONE.

Ah ! qu'ai-je fait, Cléone ? et que viens-tu me dire ? 1430
Que fait Pyrrhus ?

       CLÉONE. Il est au comble de ses vœux,
Le plus fier des mortels, et le plus amoureux.
Je l'ai vu vers le temple, où son hymen s'apprête,
Mener en conquérant sa nouvelle conquête ;
Et, d'un œil où brillaient sa joie et son espoir,
S'enivrer en marchant du plaisir de la voir.
Andromaque, au travers de mille cris de joie,

Porte jusqu'aux autels le souvenir de Troie;
Incapable toujours d'aimer et de haïr,
Sans joie et sans murmure elle semble obéir. 1440
    HERMIONE.
Et l'ingrat ? jusqu'au bout il a poussé l'outrage !
Mais as-tu bien, Cléone, observé son visage ?
Goûte-t-il des plaisirs tranquilles et parfaits ?
N'a-t-il point détourné ses yeux vers le palais ?
Dis-moi, ne t'es-tu point présentée à sa vue ?
L'ingrat a-t-il rougi lorsqu'il t'a reconnue ?
Son trouble avouait-il son infidélité ?
A-t-il jusqu'à la fin soutenu sa fierté ?
    CLÉONE.
Madame, il ne voit rien. Son salut et sa gloire
Semblent être avec vous sortis de sa mémoire. 1450
Sans songer qui le suit, ennemis ou sujets,
Il poursuit seulement ses amoureux projets.
Autour du fils d'Hector il a rangé sa garde,
Et croit que c'est lui seul que le péril regarde.
Phœnix même en répond, qui l'a conduit exprès
Dans un fort éloigné du temple et du palais.
Voilà dans ses transports le seul soin qui lui reste.
    HERMIONE.
Le perfide ! il mourra. Mais que t'a dit Oreste ?
    CLÉONE.
Oreste avec ses Grecs dans le temple est entré.
    HERMIONE.
Hé bien ! à me venger n'est-il pas préparé ? 1460
    CLÉONE.
Je ne sais.
HERMIONE. Tu ne sais ? Quoi donc ! Oreste encore,
Oreste me trahit ?
    CLÉONE. Oreste vous adore;
Mais de mille remords son esprit combattu
Croit tantôt son amour et tantôt sa vertu.
Il respecte en Pyrrhus l'honneur du diadème;

Il respecte en Pyrrhus Achille et Pyrrhus même :
Il craint les Grecs, il craint l'univers en courroux ;
Mais il se craint, dit-il, soi-même plus que tous.
Il voudrait en vainqueur vous apporter sa tête :
Le seul nom d'assassin l'épouvante et l'arrête. 1470
Enfin il est entré, sans savoir dans son cœur
S'il en devait sortir coupable ou spectateur.

HERMIONE.

Non, non, il les verra triompher sans obstacle ;
Il se gardera bien de troubler ce spectacle :
Je sais de quels remords son courage est atteint ;
Le lâche craint la mort, et c'est tout ce qu'il craint.
Quoi ! sans qu'elle employât une seule prière,
Ma mère en sa faveur arma la Grèce entière ;
Ses yeux pour leur querelle, en dix ans de combats,
Virent périr vingt rois qu'ils ne connaissaient pas : 1480
Et moi, je ne prétends que la mort d'un parjure,
Et je charge un amant du soin de mon injure ;
Il peut me conquérir, à ce prix, sans danger ;
Je me livre moi-même, et ne puis me venger !
Allons. C'est à moi seule à me rendre justice.
Que de cris de douleur le temple retentisse :
De leur hymen fatal troublons l'événement ;
Et qu'ils ne soient unis, s'il se peut, qu'un moment.
Je ne choisirai point dans ce désordre extrême :
Tout me sera Pyrrhus, fût-ce Oreste lui-même. 1490
Je mourrai ; mais au moins ma mort me vengera :
Je ne mourrai pas seule, et quelqu'un me suivra.

SCÈNE III.

ORESTE, HERMIONE, CLÉONE.

ORESTE.

Madame, c'en est fait, et vous êtes servie :
Pyrrhus rend à l'autel son infidèle vie.

HERMIONE.
Il est mort ?
ORESTE. Il expire ; et nos Grecs irrités
Ont lavé dans son sang ses infidélités.
Je vous l'avais promis ; et, quoique mon courage
Se fît de ce complot une funeste image,
J'ai couru vers le temple, où nos Grecs dispersés
Se sont jusqu'à l'autel dans la foule glissés.   1500
Pyrrhus m'a reconnu, mais sans changer de face :
Il semblait que ma vue excitât son audace ;
Que tous les Grecs, bravés en leur ambassadeur,
Dussent de son hymen relever la splendeur.
Enfin, avec transport prenant son diadème,
Sur le front d'Andromaque il l'a posé lui-même :
« Je vous donne, a-t-il dit, ma couronne et ma foi ;
« Andromaque, régnez sur l'Épire et sur moi.
« Je voue à votre fils une amitié de père ;
« J'en atteste les dieux, je le jure à sa mère :   1510
« Pour tous mes ennemis je déclare les siens,
« Et je le reconnais pour le roi des Troyens. »
A ces mots, qui du peuple attiraient le suffrage,
Nos Grecs n'ont répondu que par un cri de rage ;
L'infidèle s'est vu partout envelopper,
Et je n'ai pu trouver de place pour frapper :
Chacun se disputait la gloire de l'abattre.
Je l'ai vu dans leurs mains quelque temps se débattre,
Tout sanglant à leurs coups vouloir se dérober ;
Mais enfin à l'autel il est allé tomber.   1520
Du peuple épouvanté j'ai traversé la presse
Pour venir de ces lieux enlever ma princesse,
Et regagner le port, où bientôt nos amis
Viendront couverts du sang que je vous ai promis.
HERMIONE.
Qu'ont-ils fait !
ORESTE. Pardonnez à leur impatience :
Ils ont, je le vois bien, trahi votre vengeance ;

Vous vouliez que ma main portât les premiers coups ;
Qu'il sentît en mourant qu'il expirait pour vous ;
Mais c'est moi dont l'ardeur leur a servi d'exemple :
Je les ai pour vous seule entraînés dans le temple, 1530
Madame ; et vous pouvez justement vous flatter
D'une mort que leurs bras n'ont fait qu'exécuter.
Vous seule avez poussé les coups....

HERMIONE. Tais-toi, perfide,
Et n'impute qu'à toi ton lâche parricide.
Va faire chez tes Grecs admirer ta fureur,
Va : je la désavoue, et tu me fais horreur.
Barbare, qu'as-tu fait? avec quelle furie
As-tu tranché le cours d'une si belle vie?
Avez-vous pu, cruels, l'immoler aujourd'hui,
Sans que tout votre sang se soulevât pour lui ? 1540
Mais parle : de son sort qui t'a rendu l'arbitre?
Pourquoi l'assassiner? qu'a-t-il fait? à quel titre?
Qui te l'a dit?

ORESTE. Oh dieux ! quoi ! ne m'avez-vous pas
Vous-même, ici, tantôt, ordonné son trépas?

HERMIONE.
Ah ! fallait-il en croire une amante insensée?
Ne devais-tu pas lire au fond de ma pensée?
Et ne voyais-tu pas, dans mes emportements,
Que mon cœur démentait ma bouche à tous moments?
Quand je l'aurais voulu, fallait-il y souscrire?
N'as-tu pas dû cent fois te le faire redire ? 1550
Toi-même avant le coup me venir consulter,
Y revenir encore, ou plutôt m'éviter?
Que ne me laissais-tu le soin de ma vengeance?
Qui t'amène en des lieux où l'on fuit ta présence?
Voilà de ton amour le détestable fruit :
Tu m'apportais, cruel, le malheur qui te suit.
C'est toi dont l'ambassade, à tous les deux fatale,
L'a fait pour son malheur pencher vers ma rivale.
Nous le verrions encor nous partager ses soins :

Il m'aimerait peut-être ; il le feindrait du moins. 1560
Adieu. Tu peux partir. Je demeure en Épire ;
Je renonce à la Grèce, à Sparte, à son empire,
A toute ma famille ; et c'est assez pour moi,
Traître, qu'elle ait produit un monstre tel que toi.

SCÈNE IV.

ORESTE.

Que vois-je ? est-ce Hermione ? Et que viens-je d'enten-
Pour qui coule le sang que je viens de répandre ? [dre?
Je suis, si je l'en crois, un traître, un assassin.
Est-ce Pyrrhus qui meurt ? et suis-je Oreste enfin ?
Quoi ! j'étouffe en mon cœur la raison qui m'éclaire ;
J'assassine à regret un roi que je révère ; 1570
Je viole en un jour les droits des souverains,
Ceux des ambassadeurs, et tous ceux des humains,
Ceux même des autels où ma fureur l'assiége ;
Je deviens parricide, assassin, sacrilége.
Pour qui ? pour une ingrate à qui je le promets,
Qui même, s'il ne meurt, ne me verra jamais,
Dont j'épouse la rage : et quand je l'ai servie,
Elle me redemande et son sang et sa vie !
Elle l'aime ! et je suis un monstre furieux !
Je la vois pour jamais s'éloigner de mes yeux ! 1580
Et l'ingrate en fuyant me laisse pour salaire
Tous les noms odieux que j'ai pris pour lui plaire !

SCÈNE V.

ORESTE, PYLADE, soldats d'Oreste.

PYLADE.

Il faut partir, seigneur. Sortons de ce palais,
Ou bien résolvons-nous de n'en sortir jamais.
Nos Grecs pour un moment en défendent la porte ;

Act. V.]

Tout le peuple assemblé nous poursuit à main forte.
Aux ordres d'Andromaque ici tout est soumis ;
Ils la traitent en reine, et nous comme ennemis.
Andromaque elle-même, à Pyrrhus si rebelle,
Lui rend tous les devoirs d'une veuve fidèle, 1590
Commande qu'on le venge, et peut-être sur nous
Veut venger Troie encore et son premier époux.
Allons, n'attendons pas que l'on nous environne ;
Nos Grecs nous rejoindront ; et tandis qu'Hermione
Tient encore le peuple autour d'elle arrêté,
Voilà notre chemin, sortons en sûreté.

  ORESTE.

Non, non, c'est Hermione, amis, que je veux suivre :
A son dernier arrêt je ne puis plus survivre ;
Partez : j'ai fait le crime, et je vais l'expier.

  PYLADE.

Hermione, seigneur ? il la faut oublier. 1600
Quoi ! toujours l'instrument et l'objet de sa rage,
Cherchez-vous chez les morts quelque nouvel outrage ?
Et parce qu'elle meurt faut-il que vous mouriez ?

  ORESTE.

Elle meurt ! dieux ! qu'entends-je !

  PYLADE. Hé quoi ! vous l'ignoriez ?

En rentrant dans ces lieux nous l'avons rencontrée
Qui courait vers le temple, inquiète, égarée.
Elle a trouvé Pyrrhus porté par des soldats
Que son sang excitait à venger son trépas.
Sans doute à cet objet sa rage s'est émue.
Mais du haut de la porte enfin nous l'avons vue 1610
Un poignard à la main sur Pyrrhus se courber,
Lever les yeux au ciel, se frapper, et tomber.

  ORESTE.

Grâce aux dieux, mon malheur passe mon espérance !
Oui, je te loue, ô ciel, de ta persévérance :
Appliqué sans relâche au soin de me punir,
Au comble des douleurs tu m'as fait parvenir :

Ta haine a pris plaisir à former ma misère ;
J'étais né pour servir d'exemple à ta colère,
Pour être du malheur un modèle accompli :
Hé bien ! je meurs content, et mon sort est rempli. 1620
Où sont ces deux amants ? Pour couronner ma joie,
Dans leur sang, dans le mien, il faut que je me noie ;
L'un et l'autre en mourant je les veux regarder :
Réunissons trois cœurs qui n'ont pu s'accorder.
Mais quelle épaisse nuit tout à coup m'environne ?
De quel côté sortir ? D'où vient que je frissonne ?
Quelle horreur me saisit ? Grâce au ciel, j'entrevoi...
Dieux ! quels ruisseaux de sang coulent autour de moi !

PYLADE.
Ah, seigneur !

ORESTE. Quoi ! Pyrrhus, je te rencontre encore !
Trouverai-je partout un rival que j'abhorre ? 1630
Percé de tant de coups, comment t'es-tu sauvé ?
Tiens, tiens, voilà le coup que je t'ai réservé.
Mais que vois-je ? A mes yeux Hermione l'embrasse !
Elle vient l'arracher au coup qui le menace !
Dieux ! quels affreux regards elle jette sur moi !
Quels démons, quels serpents traîne-t-elle après soi ?
Hé bien ! filles d'enfer, vos mains sont-elles prêtes ?
Pour qui sont ces serpents qui sifflent sur vos têtes ?
A qui destinez-vous l'appareil qui vous suit ?
Venez-vous m'enlever dans l'éternelle nuit ? 1640
Venez, à vos fureurs Oreste s'abandonne.
Mais non, retirez-vous, laissez faire Hermione :
L'ingrate mieux que vous saura me déchirer ;
Et je lui porte enfin mon cœur à dévorer.

PYLADE.
Il perd le sentiment. Amis, le temps nous presse ;
Ménageons les moments que ce transport nous laisse.
Sauvons-le. Nos efforts deviendraient impuissants
S'il reprenait ici sa rage avec ses sens.

BRITANNICUS.

TRAGÉDIE.

(1669.)

PERSONNAGES. — Néron, empereur, fils d'Agrippine. — Britannicus, fils de Messaline et de l'empereur Claudius. — Agrippine, veuve de Domitius Ænobarbus, père de Néron, et, en secondes noces, veuve de l'empereur Claudius.— Junie, amante de Britannicus. — Burrhus, gouverneur de Néron. — Narcisse, gouverneur de Britannicus. — Albine, confidente d'Agrippine. — Gardes.

La scène est à Rome, dans une chambre du palais de Néron.

ACTE PREMIER.

SCÈNE I.

AGRIPPINE, ALBINE.

ALBINE.
Quoi! tandis que Néron s'abandonne au sommeil,
Faut-il que vous veniez attendre son réveil?
Qu'errant dans le palais, sans suite et sans escorte,
La mère de César veille seule à sa porte?
Madame, retournez dans votre appartement.
AGRIPPINE.
Albine, il ne faut pas s'éloigner un moment.
Je veux l'attendre ici : les chagrins qu'il me cause
M'occuperont assez tout le temps qu'il repose.
Tout ce que j'ai prédit n'est que trop assuré :
Contre Britannicus Néron s'est déclaré.

L'impatient Néron cesse de se contraindre ;
Las de se faire aimer, il veut se faire craindre.
Britannicus le gêne, Albine ; et chaque jour
Je sens que je deviens importune à mon tour.
    ALBINE.
Quoi ! vous à qui Néron doit le jour qu'il respire,
Qui l'avez appelé de si loin à l'empire?
Vous qui, déshéritant le fils de Claudius,
Avez nommé César l'heureux Domitius?
Tout lui parle, madame, en faveur d'Agrippine :
Il vous doit son amour.
          AGRIPPINE. Il me le doit, Albine :   20
Tout, s'il est généreux, lui prescrit cette loi :
Mais tout, s'il est ingrat, lui parle contre moi.
    ALBINE.
S'il est ingrat, madame? Ah ! toute sa conduite
Marque dans son devoir une âme trop instruite.
Depuis trois ans entiers, qu'a-t-il dit, qu'a-t-il fait
Qui ne promette à Rome un empereur parfait?
Rome, depuis trois ans par ses soins gouvernée,
Au temps de ses consuls croit être retournée :
Il la gouverne en père. Enfin, Néron naissant
A toutes les vertus d'Auguste vieillissant.   30
    AGRIPPINE.
Non, non, mon intérêt ne me rend point injuste :
Il commence, il est vrai, par où finit Auguste;
Mais crains que, l'avenir détruisant le passé,
Il ne finisse ainsi qu'Auguste a commencé.
Il se déguise en vain : je lis sur son visage
Des fiers Domitius l'humeur triste et sauvage;
Il mêle avec l'orgueil qu'il a pris dans leur sang
La fierté des Nérons qu'il puisa dans mon flanc.
Toujours la tyrannie a d'heureuses prémices :
De Rome, pour un temps, Caïus fut les délices;   40
Mais, sa feinte bonté se tournant en fureur,
Les délices de Rome en devinrent l'horreur.

Que m'importe, après tout, que Néron, plus fidèle,
D'une longue vertu laisse un jour le modèle?
Ai-je mis dans sa main le timon de l'État
Pour le conduire au gré du peuple et du sénat?
Ah! que de la patrie il soit, s'il veut, le père :
Mais qu'il songe un peu plus qu'Agrippine est sa mère.
De quel nom cependant pouvons-nous appeler
L'attentat que le jour vient de nous révéler? 50
Il sait, car leur amour ne peut être ignorée,
Que de Britannicus Junie est adorée :
Et ce même Néron, que la vertu conduit,
Fait enlever Junie au milieu de la nuit :
Que veut-il? Est-ce haine, est-ce amour qui l'inspire?
Cherche-t-il seulement le plaisir de leur nuire ;
Ou plutôt n'est-ce point que sa malignité
Punit sur eux l'appui que je leur ai prêté?

ALBINE.
Vous leur appui, madame?

AGRIPPINE. Arrête, chère Albine.
Je sais que j'ai moi seule avancé leur ruine ; 60
Que du trône, où le sang l'a dû faire monter,
Britannicus par moi s'est vu précipiter.
Par moi seule éloigné de l'hymen d'Octavie,
Le frère de Junie abandonna la vie,
Silanus, sur qui Claude avait jeté les yeux,
Et qui comptait Auguste au rang de ses aïeux.
Néron jouit de tout : et moi, pour récompense,
Il faut qu'entre eux et lui je tienne la balance,
Afin que quelque jour, par une même loi,
Britannicus la tienne entre mon fils et moi. 70

ALBINE.
Quel dessein!

AGRIPPINE. Je m'assure un port dans la tempête.
Néron m'échappera, si ce frein ne l'arrête.

ALBINE.
Mais prendre contre un fils tant de soins superflus?

AGRIPPINE.
Je le craindrais bientôt s'il ne me craignait plus.
ALBINE.
Une injuste frayeur vous alarme peut-être.
Mais si Néron pour vous n'est plus ce qu'il doit être,
Du moins son changement ne vient pas jusqu'à nous,
Et ce sont des secrets entre César et vous.
Quelques titres nouveaux que Rome lui défère :
Néron n'en reçoit point qu'il ne donne à sa mère. 80
Sa prodigue amitié ne se réserve rien :
Votre nom est dans Rome aussi saint que le sien ;
A peine parle-t-on de la triste Octavie.
Auguste votre aïeul honora moins Livie :
Néron devant sa mère a permis le premier
Qu'on portât des faisceaux couronnés de laurier.
Quels effets voulez-vous de sa reconnaissance?
AGRIPPINE.
Un peu moins de respect, et plus de confiance.
Tous ces présents, Albine, irritent mon dépit :
Je vois mes honneurs croître, et tomber mon crédit. 90
Non, non, le temps n'est plus que Néron, jeune encore,
Me renvoyait les vœux d'une cour qui l'adore ;
Lorsqu'il se reposait sur moi de tout l'État,
Que mon ordre au palais assemblait le sénat,
Et que derrière un voile, invisible et présente,
J'étais de ce grand corps l'âme toute-puissante.
Des volontés de Rome alors mal assuré,
Néron de sa grandeur n'était point enivré.
   Ce jour, ce triste jour, frappe encor ma mémoire,
Où Néron fut lui-même ébloui de sa gloire, 100
Quand les ambassadeurs de tant de rois divers
Vinrent le reconnaître au nom de l'univers.
Sur son trône avec lui j'allais prendre ma place :
J'ignore quel conseil prépara ma disgrâce ;
Quoi qu'il en soit, Néron, d'aussi loin qu'il me vit,
Laissa sur son visage éclater son dépit.

Mon cœur même en conçut un malheureux augure.
L'ingrat, d'un faux respect colorant son injure,
Se leva par avance, et courant m'embrasser,
Il m'écarta du trône où je m'allais placer. 110
Depuis ce coup fatal le pouvoir d'Agrippine
Vers sa chute à grands pas chaque jour s'achemine.
L'ombre seule m'en reste, et l'on n'implore plus
Que le nom de Sénèque et l'appui de Burrhus.

ALBINE.
Ah! si de ce soupçon votre âme est prévenue,
Pourquoi nourrissez-vous le venin qui vous tue?
Daignez avec César vous éclaircir du moins.

AGRIPPINE.
César ne me voit plus, Albine, sans témoins :
En public, à mon heure, on me donne audience.
Sa réponse est dictée, et même son silence. 120
Je vois deux surveillants, ses maîtres et les miens,
Présider l'un ou l'autre à tous nos entretiens.
Mais je le poursuivrai d'autant plus qu'il m'évite :
De son désordre, Albine, il faut que je profite.
J'entends du bruit; on ouvre. Allons subitement
Lui demander raison de cet enlèvement :
Surprenons, s'il se peut, les secrets de son âme.
Mais quoi! déjà Burrhus sort de chez lui?

SCÈNE II.

AGRIPPINE, BURRHUS, ALBINE.

BURRHUS. Madame,
Au nom de l'empereur, j'allais vous informer
D'un ordre qui d'abord a pu vous alarmer, 130
Mais qui n'est que l'effet d'une sage conduite,
Dont César a voulu que vous soyez instruite.

AGRIPPINE.
Puisqu'il le veut, entrons : il m'en instruira mieux.
BURRHUS.
César pour quelque temps s'est soustrait à nos yeux.
Déjà par une porte au public moins connue
L'un et l'autre consul vous avaient prévenue,
Madame. Mais souffrez que je retourne exprès...
AGRIPPINE.
Non, je ne trouble point ses augustes secrets.
Cependant voulez-vous qu'avec moins de contrainte 139
L'un et l'autre une fois nous nous parlions sans feinte?
BURRHUS.
Burrhus pour le mensonge eut toujours trop d'horreur.
AGRIPPINE.
Prétendez-vous longtemps me cacher l'empereur?
Ne le verrai-je plus qu'à titre d'importune?
Ai-je donc élevé si haut votre fortune
Pour mettre une barrière entre mon fils et moi?
Ne l'osez-vous laisser un moment sur sa foi?
Entre Sénèque et vous disputez-vous la gloire
A qui m'effacera plus tôt de sa mémoire?
Vous l'ai-je confié pour en faire un ingrat,
Pour être, sous son nom, les maîtres de l'État?   150
Certes, plus je médite, et moins je me figure
Que vous m'osiez compter pour votre créature,
Vous dont j'ai pu laisser vieillir l'ambition
Dans les honneurs obscurs de quelque légion ;
Et moi qui sur le trône ai suivi mes ancêtres,
Moi, fille, femme, sœur et mère de vos maîtres!
Que prétendez-vous donc? Pensez-vous que ma voix
Ait fait un empereur pour m'en imposer trois?
Néron n'est plus enfant : n'est-il pas temps qu'il règne?
Jusqu'à quand voulez-vous que l'empereur vous craigne?
Ne saurait-il rien voir qu'il n'emprunte vos yeux ? 161
Pour se conduire, enfin, n'a-t-il pas ses aïeux?
Qu'il choisisse, s'il veut, d'Auguste ou de Tibère ;

Qu'il imite, s'il peut, Germanicus mon père.
Parmi tant de héros je n'ose me placer ;
Mais il est des vertus que je lui puis tracer :
Je puis l'instruire au moins combien sa confidence
Entre un sujet et lui doit laisser de distance.

BURRHUS.

Je ne m'étais chargé dans cette occasion
Que d'excuser César d'une seule action : 170
Mais puisque, sans vouloir que je le justifie,
Vous me rendez garant du reste de sa vie,
Je répondrai, madame, avec la liberté
D'un soldat qui sait mal farder la vérité.

Vous m'avez de César confié la jeunesse ;
Je l'avoue, et je dois m'en souvenir sans cesse.
Mais vous avais-je fait serment de le trahir,
D'en faire un empereur qui ne sût qu'obéir ?
Non. Ce n'est plus à vous qu'il faut que j'en réponde ;
Ce n'est plus votre fils, c'est le maître du monde. 180
J'en dois compte, madame, à l'empire romain,
Qui croit voir son salut ou sa perte en ma main.
Ah ! si dans l'ignorance il le fallait instruire,
N'avait-on que Sénèque et moi pour le séduire ?
Pourquoi de sa conduite éloigner les flatteurs ?
Fallait-il dans l'exil chercher des corrupteurs ?
La cour de Claudius, en esclaves fertile,
Pour deux que l'on cherchait en eût présenté mille,
Qui tous auraient brigué l'honneur de l'avilir :
Dans une longue enfance ils l'auraient fait vieillir. 190
De quoi vous plaignez-vous, madame ? On vous révère,
Ainsi que par César, on jure par sa mère.
L'empereur, il est vrai, ne vient plus chaque jour
Mettre à vos pieds l'empire et grossir votre cour :
Mais le doit-il, madame ? et sa reconnaissance
Ne peut-elle éclater que dans sa dépendance ?
Toujours humble, toujours le timide Néron
N'ose-t-il être Auguste et César que de nom ?

Vous le dirai-je enfin? Rome le justifie :
Rome, à trois affranchis si longtemps asservie, 200
A peine respirant du joug qu'elle a porté,
Du règne de Néron compte sa liberté.
Que dis-je? la vertu semble même renaître.
Tout l'empire n'est plus la dépouille d'un maître :
Le peuple au champ de Mars nomme ses magistrats ;
César nomme les chefs sur la foi des soldats;
Thraséas au sénat, Corbulon dans l'armée,
Sont encore innocents, malgré leur renommée ;
Les déserts, autrefois peuplés de sénateurs,
Ne sont plus habités que par leurs délateurs. 210
Qu'importe que César continue à nous croire,
Pourvu que nos conseils ne tendent qu'à sa gloire;
Pourvu que dans le cours d'un règne florissant
Rome soit toujours libre, et César tout-puissant?
Mais, madame, Néron suffit pour se conduire :
J'obéis, sans prétendre à l'honneur de l'instruire.
Sur ses aïeux, sans doute, il n'a qu'à se régler ;
Pour bien faire, Néron n'a qu'à se ressembler.
Heureux si ses vertus, l'une à l'autre enchaînées,
Ramènent tous les ans ses premières années! 220

    AGRIPPINE.

Ainsi, sur l'avenir n'osant vous assurer,
Vous croyez que sans vous Néron va s'égarer.
Mais vous qui, jusqu'ici content de votre ouvrage,
Venez de ses vertus nous rendre témoignage,
Expliquez-nous pourquoi, devenu ravisseur,
Néron de Silanus fait enlever la sœur.
Ne tient-il qu'à marquer de cette ignominie
Le sang de mes aïeux qui brille dans Junie?
De quoi l'accuse-t-il? et par quel attentat
Devient-elle en un jour criminelle d'État : 230
Elle qui, sans orgueil jusqu'alors élevée,
N'aurait point vu Néron, s'il ne l'eût enlevée;
Et qui même aurait mis au rang de ses bienfaits

L'heureuse liberté de ne le voir jamais?
BURRHUS.
Je sais que d'aucun crime elle n'est soupçonnée;
Mais jusqu'ici César ne l'a point condamnée,
Madame. Aucun objet ne blesse ici ses yeux :
Elle est dans un palais tout plein de ses aïeux.
Vous savez que les droits qu'elle porte avec elle
Peuvent de son époux faire un prince rebelle ; 240
Que le sang de César ne se doit allier
Qu'à ceux à qui César le veut bien confier ;
Et vous même avouerez qu'il ne serait pas juste
Qu'on disposât sans lui de la nièce d'Auguste.
AGRIPPINE.
Je vous entends : Néron m'apprend par votre voix
Qu'en vain Britannicus s'assure sur mon choix.
En vain, pour détourner ses yeux de sa misère,
J'ai flatté son amour d'un hymen qu'il espère :
A ma confusion, Néron veut faire voir
Qu'Agrippine promet par-delà son pouvoir. 250
Rome de ma faveur est trop préoccupée:
Il veut par cet affront qu'elle soit détrompée,
Et que tout l'univers apprenne avec terreur
A ne confondre plus mon fils et l'empereur.
Il le peut. Toutefois j'ose encore lui dire
Qu'il doit avant ce coup affermir son empire ;
Et qu'en me réduisant à la nécessité
D'éprouver contre lui ma faible autorité,
Il expose la sienne ; et que dans la balance
Mon nom peut-être aura plus de poids qu'il ne pense. 260
BURRHUS.
Quoi, madame! toujours soupçonner son respect!
Ne peut-il faire un pas qu'il ne vous soit suspect?
L'empereur vous croit-il du parti de Junie?
Avec Britannicus vous croit-il réunie?
Quoi! de vos ennemis devenez-vous l'appui
Pour trouver un prétexte à vous plaindre de lui?

Sur le moindre discours qu'on pourra vous redire,
Serez-vous toujours prête à partager l'empire?
Vous craindrez-vous sans cesse; et vos embrassements
Ne se passeront-ils qu'en éclaircissements ? 270
Ah! quittez d'un censeur la triste diligence;
D'une mère facile affectez l'indulgence;
Souffrez quelques froideurs sans les faire éclater;
Et n'avertissez point la cour de vous quitter.

AGRIPPINE.

Et qui s'honorerait de l'appui d'Agrippine,
Lorsque Néron lui-même annonce ma ruine,
Lorsque de sa présence il semble me bannir,
Quand Burrhus à sa porte ose me retenir?

BURRHUS.

Madame, je vois bien qu'il est temps de me taire,
Et que ma liberté commence à vous déplaire. 280
La douleur est injuste; et toutes les raisons
Qui ne la flattent point aigrissent ses soupçons.
Voici Britannicus. Je lui cède ma place.
Je vous laisse écouter et plaindre sa disgrâce,
Et peut-être, madame, en accuser les soins
De ceux que l'empereur a consultés le moins.

SCÈNE III.

AGRIPPINE, BRITANNICUS, NARCISSE, ALBINE.

AGRIPPINE.

Ah prince! où courez-vous? Quelle ardeur inquiète
Parmi vos ennemis en aveugle vous jette?
Que venez-vous chercher?

BRITANNICUS. Ce que je cherche? Ah dieux!
Tout ce que j'ai perdu, madame, est en ces lieux. 290
De mille affreux soldats Junie environnée
S'est vue en ce palais indignement traînée.
Hélas! de quelle horreur ses timides esprits

A ce nouveau spectacle auront été surpris !
Enfin on me l'enlève. Une loi trop sévère
Va séparer deux cœurs qu'assemblait leur misère :
Sans doute on ne veut pas que, mêlant nos douleurs,
Nous nous aidions l'un l'autre à porter nos malheurs.

AGRIPPINE.

Il suffit. Comme vous je ressens vos injures ;
Mes plaintes ont déjà précédé vos murmures.
Mais je ne prétends pas qu'un impuissant courroux
Dégage ma parole et m'acquitte envers vous.
Je ne m'explique point. Si vous voulez m'entendre,
Suivez-moi chez Pallas où je vais vous attendre.

SCÈNE IV.

BRITANNICUS, NARCISSE.

BRITANNICUS.

La croirai-je, Narcisse? et dois-je sur sa foi
La prendre pour arbitre entre son fils et moi?
Qu'en dis-tu? N'est-ce pas cette même Agrippine
Que mon père épousa jadis pour ma ruine,
Et qui, si je t'en crois, a de ses derniers jours,
Trop lents pour ses desseins, précipité le cours?

NARCISSE.

N'importe : elle se sent comme vous outragée ;
A vous donner Junie elle s'est engagée :
Unissez vos chagrins ; liez vos intérêts.
Ce palais retentit en vain de vos regrets :
Tandis qu'on vous verra d'une voix suppliante
Semer ici la plainte et non pas l'épouvante,
Que vos ressentiments se perdront en discours,
Il n'en faut point douter, vous vous plaindrez toujours.

BRITANNICUS.

Ah, Narcisse ! tu sais si de la servitude
Je prétends faire encore une longue habitude ;

Tu sais si pour jamais, de ma chute étonné,
Je renonce à l'empire où j'étais destiné.
Mais je suis seul encor : les amis de mon père
Sont autant d'inconnus que glace ma misère,
Et ma jeunesse même écarte loin de moi
Tous ceux qui dans le cœur me réservent leur foi.
Pour moi, depuis un an qu'un peu d'expérience
M'a donné de mon sort la triste connaissance,
Que vois-je autour de moi, que des amis vendus
Qui sont de tous mes pas les témoins assidus, 330
Qui, choisis par Néron pour ce commerce infâme,
Trafiquent avec lui des secrets de mon âme?
Quoi qu'il en soit, Narcisse, on me vend tous les jours :
Il prévoit mes desseins, il entend mes discours;
Comme toi, dans mon cœur il sait ce qui se passe.
Que t'en semble, Narcisse?

NARCISSE. Ah! quelle âme assez basse...
C'est à vous de choisir des confidents discrets,
Seigneur, et de ne pas prodiguer vos secrets.

BRITANNICUS.
Narcisse, tu dis vrai; mais cette défiance
Est toujours d'un grand cœur la dernière science : 340
On le trompe longtemps. Mais enfin je te croi,
Ou plutôt je fais vœu de ne croire que toi.
Mon père, il m'en souvient, m'assura de ton zèle :
Seul de ses affranchis tu m'es toujours fidèle;
Tes yeux, sur ma conduite incessamment ouverts,
M'ont sauvé jusqu'ici de mille écueils couverts.
Va donc voir si le bruit de ce nouvel orage
Aura de nos amis excité le courage;
Examine leurs yeux, observe leurs discours;
Vois si j'en puis attendre un fidèle secours. 350
Surtout dans ce palais remarque avec adresse
Avec quel soin Néron fait garder la princesse :
Sache si du péril ses beaux yeux sont remis,
Et si son entretien m'est encore permis.

Cependant de Néron je vais trouver la mère
Chez Pallas, comme toi l'affranchi de mon père :
Je vais la voir, l'aigrir, la suivre, et, s'il se peut,
M'engager sous son nom plus loin qu'elle ne veut.

ACTE DEUXIÈME.

SCÈNE I.

NÉRON, BURRHUS, NARCISSE, *gardes*.

NÉRON.

N'en doutez point, Burrhus : malgré ses injustices,
C'est ma mère, et je veux ignorer ses caprices. 360
Mais je ne prétends plus ignorer ni souffrir
Le ministre insolent qui les ose nourrir.
Pallas de ses conseils empoisonne ma mère ;
Il séduit, chaque jour, Britannicus mon frère :
Ils l'écoutent tout seul ; et qui suivrait leurs pas
Les trouverait peut-être assemblés chez Pallas.
C'en est trop. De tous deux il faut que je l'écarte.
Pour la dernière fois, qu'il s'éloigne, qu'il parte ;
Je le veux, je l'ordonne ; et que la fin du jour
Ne le retrouve pas dans Rome ou dans ma cour. 370
Allez : cet ordre importe au salut de l'empire.
(Aux gardes.)
Vous, Narcisse, approchez. Et vous, qu'on se retire.

SCÈNE II.

NÉRON, NARCISSE.

NARCISSE.
Grâces aux dieux, seigneur, Junie entre vos mains
Vous assure aujourd'hui du reste des Romains.
Vos ennemis, déchus de leur vaine espérance,
Sont allés chez Pallas pleurer leur impuissance.
Mais que vois-je? vous-même, inquiet, étonné,
Plus que Britannicus paraissez consterné.
Que présage à mes yeux cette tristesse obscure,
Et ces sombres regards errants à l'aventure ? 380
Tout vous rit : la fortune obéit à vos vœux.
NÉRON.
Narcisse, c'en est fait, Néron est amoureux.
NARCISSE.
Vous?
NÉRON.
        Depuis un moment; mais pour toute ma vie.
J'aime, que dis-je, aimer? j'idolâtre Junie.
NARCISSE.
Vous l'aimez?
        NÉRON. Excité d'un désir curieux,
Cette nuit je l'ai vue arriver en ces lieux,
Triste, levant au ciel ses yeux mouillés de larmes,
Qui brillaient au travers des flambeaux et des armes ;
Belle sans ornement, dans le simple appareil
D'une beauté qu'on vient d'arracher au sommeil. 390
Que veux-tu? Je ne sais si cette négligence,
Les ombres, les flambeaux, les cris, et le silence,
Et le farouche aspect de ses fiers ravisseurs,
Relevaient de ses yeux les timides douceurs.
Quoi qu'il en soit, ravi d'une si belle vue,
J'ai voulu lui parler, et ma voix s'est perdue :
Immobile, saisi d'un long étonnement,

Je l'ai laissé passer dans son appartement.
J'ai passé dans le mien. C'est là que, solitaire,
De son image en vain j'ai voulu me distraire : 400
Trop présente à mes yeux je croyais lui parler ;
J'aimais jusqu'à ses pleurs que je faisais couler.
Quelquefois, mais trop tard, je lui demandais grâce ;
J'employais les soupirs, et même la menace.
Voilà comme, occupé de mon nouvel amour,
Mes yeux, sans se fermer, ont attendu le jour.
Mais je m'en fais peut-être une trop belle image ;
Elle m'est apparue avec trop d'avantage :
Narcisse, qu'en dis-tu?

NARCISSE. Quoi, seigneur! croira-t-on
Qu'elle ait pu si longtemps se cacher à Néron? 410

NÉRON.
Tu le sais bien, Narcisse. Et soit que sa colère
M'imputât le malheur qui lui ravit son frère ;
Soit que son cœur, jaloux d'une austère fierté,
Enviât à nos yeux sa naissante beauté ;
Fidèle à sa douleur, et dans l'ombre enfermée,
Elle se dérobait même à sa renommée :
Et c'est cette vertu, si nouvelle à la cour,
Dont la persévérance irrite mon amour.
Quoi! Narcisse, tandis qu'il n'est point de Romaine
Que mon amour n'honore et ne rende plus vaine, 420
Qui, dès qu'à ses regards elle ose se fier,
Sur le cœur de César ne les vienne essayer ;
Seule, dans son palais, la modeste Junie
Regarde leurs honneurs comme une ignominie,
Fuit, et ne daigne pas peut-être s'informer
Si César est aimable, ou bien s'il sait aimer,
Dis-moi, Britannicus l'aime-t-il?

NARCISSE. Quoi! s'il l'aime,
Seigneur?

NÉRON. Si jeune encor, se connaît-il lui-même?
D'un regard enchanteur connaît-il le poison?

NARCISSE.
Seigneur, l'amour toujours n'attend pas la raison. 430
N'en doutez point, il l'aime. Instruits par tant de char-
Ses yeux sont déjà faits à l'usage des larmes :   [mes,
A ses moindres désirs il sait s'accommoder ;
Et peut-être déjà sait-il persuader.
NÉRON.
Que dis-tu ? Sur son cœur il aurait quelque empire ?
NARCISSE.
Je ne sais. Mais, seigneur, ce que je puis vous dire,
Je l'ai vu quelquefois s'arracher de ces lieux,
Le cœur plein d'un courroux qu'il cachait à vos yeux ;
D'une cour qui le fuit pleurant l'ingratitude,
Las de votre grandeur et de sa servitude, 440
Entre l'impatience et la crainte flottant,
Il allait voir Junie, et revenait content.
NÉRON.
D'autant plus malheureux qu'il aura su lui plaire,
Narcisse, il doit plutôt souhaiter sa colère :
Néron impunément ne sera pas jaloux.
NARCISSE.
Vous ? Et de quoi, seigneur, vous inquiétez-vous ?
Junie a pu le plaindre et partager ses peines ;
Elle n'a vu couler de larmes que les siennes :
Mais aujourd'hui, seigneur, que ses yeux dessillés,
Regardant de plus près l'éclat dont vous brillez, 450
Verront autour de vous les rois sans diadème,
Inconnus dans la foule, et son amant lui-même,
Attachés sur vos yeux, s'honorer d'un regard
Que vous aurez sur eux fait tomber au hasard ;
Quand elle vous verra, de ce degré de gloire,
Venir en soupirant avouer sa victoire ;
Maître, n'en doutez point, d'un cœur déjà charmé,
Commandez qu'on vous aime, et vous serez aimé.
NÉRON.
A combien de chagrins il faut que je m'apprête !

Que d'importunités !

NARCISSE. Quoi donc ! qui vous arrête, Seigneur ?

NÉRON. Tout : Octavie, Agrippine, Burrhus,
Sénèque, Rome entière, et trois ans de vertus.
Non que pour Octavie un reste de tendresse
M'attache à son hymen et plaigne sa jeunesse :
Mes yeux, depuis longtemps fatigués de ses soins,
Rarement de ses pleurs daignent être témoins.
Trop heureux, si bientôt la faveur d'un divorce
Me soulageait d'un joug qu'on m'imposa par force !
Le ciel même en secret semble la condamner :
Ses vœux, depuis quatre ans, ont beau l'importuner,
Les dieux ne montrent point que sa vertu les touche :
D'aucun gage, Narcisse, ils n'honorent sa couche ;
L'empire vainement demande un héritier.

NARCISSE.
Que tardez-vous, seigneur, à la répudier ?
L'empire, votre cœur, tout condamne Octavie.
Auguste votre aïeul soupirait pour Livie :
Par un double divorce ils s'unirent tous deux ;
Et vous devez l'empire à ce divorce heureux.
Tibère, que l'hymen plaça dans sa famille,
Osa bien à ses yeux répudier sa fille.
Vous seul, jusques ici contraire à vos désirs,
N'osez par un divorce assurer vos plaisirs.

NÉRON.
Et ne connais-tu pas l'implacable Agrippine ?
Mon amour inquiet déjà se l'imagine
Qui m'amène Octavie, et d'un œil enflammé
Atteste les saints droits d'un nœud qu'elle a formé ;
Et, portant à mon cœur des atteintes plus rudes,
Me fait un long récit de mes ingratitudes.
De quel front soutenir ce fâcheux entretien ?

NARCISSE.
N'êtes-vous pas, seigneur, votre maître et le sien ?

Vous verrons-nous toujours trembler sous sa tutelle?
Vivez, régnez pour vous: c'est trop régner pour elle.
Craignez-vous? Mais, seigneur, vous ne la craignez [pas:
Vous venez de bannir le superbe Pallas,
Pallas dont vous savez qu'elle soutient l'audace.

NÉRON.

Éloigné de ses yeux, j'ordonne, je menace,
J'écoute vos conseils, j'ose les approuver,
Je m'excite contre elle et tâche à la braver :
Mais, je t'expose ici mon âme toute nue,
Sitôt que mon malheur me ramène à sa vue, 500
Soit que je n'ose encor démentir le pouvoir
De ces yeux où j'ai lu si longtemps mon devoir,
Soit qu'à tant de bienfaits ma mémoire fidèle
Lui soumette en secret tout ce que je tiens d'elle;
Mais enfin mes efforts ne me servent de rien :
Mon génie étonné tremble devant le sien.
Et c'est pour m'affranchir de cette dépendance,
Que je la fuis partout, que même je l'offense,
Et que de temps en temps j'irrite ses ennuis,
Afin qu'elle m'évite autant que je la fuis. 510
Mais je t'arrête trop : retire-toi, Narcisse;
Britannicus pourrait t'accuser d'artifice.

NARCISSE.

Non, non : Britannicus s'abandonne à ma foi.
Par son ordre, seigneur, il croit que je vous voi,
Que je m'informe ici de tout ce qui le touche,
Et veut de vos secrets être instruit par ma bouche.
Impatient surtout de revoir ses amours,
Il attend de mes soins ce fidèle secours.

NÉRON.

J'y consens; porte-lui cette douce nouvelle :
Il la verra.

NARCISSE. Seigneur, bannissez-le loin d'elle. 520

NÉRON.

J'ai mes raisons, Narcisse; et tu peux concevoir

Que je lui vendrai cher le plaisir de la voir.
Cependant vante-lui ton heureux stratagème ;
Dis-lui qu'en sa faveur on me trompe moi-même,
Qu'il la voit sans mon ordre. On ouvre ; la voici.
Va retrouver ton maître et l'amener ici.

SCÈNE III.

NÉRON, JUNIE.

NÉRON.
Vous vous troublez, madame, et changez de visage !
Lisez-vous dans mes yeux quelque triste présage ?
JUNIE.
Seigneur, je ne vous puis déguiser mon erreur :
J'allais voir Octavie, et non pas l'empereur. 530
NÉRON.
Je le sais bien, madame, et n'ai pu sans envie
Apprendre vos bontés pour l'heureuse Octavie.
JUNIE.
Vous, seigneur ?
NÉRON. Pensez-vous, madame, qu'en ces lieux
Seule pour vous connaître Octavie ait des yeux ?
JUNIE.
Et quel autre, seigneur, voulez-vous que j'implore ?
A qui demanderais-je un crime que j'ignore ?
Vous qui le punissez, vous ne l'ignorez pas :
De grâce, apprenez-moi, seigneur, mes attentats.
NÉRON.
Quoi ! madame, est-ce donc une légère offense
De m'avoir si longtemps caché votre présence ? 540
Ces trésors dont le ciel voulut vous embellir,
Les avez-vous reçus pour les ensevelir ?
L'heureux Britannicus verra-t-il sans alarmes
Croître, loin de nos yeux, son amour et vos charmes ?
Pourquoi, de cette gloire exclu jusqu'à ce jour,

M'avez-vous, sans pitié, rélégué dans ma cour?
On dit plus : vous souffrez, sans en être offensée,
Qu'il vous ose, madame, expliquer sa pensée;
Car je ne croirai point que sans me consulter
La sévère Junie ait voulu le flatter, 550
Ni qu'elle ait consenti d'aimer et d'être aimée,
Sans que j'en sois instruit que par la renommée.

JUNIE.

Je ne vous nierai point, seigneur, que ses soupirs
M'ont daigné quelquefois expliquer ses désirs.
Il n'a point détourné ses regards d'une fille
Seul reste du débris d'une illustre famille :
Peut-être il se souvient qu'en un temps plus heureux
Son père me nomma pour l'objet de ses vœux.
Il m'aime; il obéit à l'empereur son père,
Et j'ose dire encore, à vous, à votre mère : 560
Vos désirs sont toujours si conformes aux siens...

NÉRON.

Ma mère a ses desseins, madame; et j'ai les miens.
Ne parlons plus ici de Claude et d'Agrippine :
Ce n'est point par leur choix que je me détermine.
C'est à moi seul, madame, à répondre de vous;
Et je veux de ma main vous choisir un époux.

JUNIE.

Ah, seigneur! songez-vous que toute autre alliance
Fera honte aux Césars, auteurs de ma naissance?

NÉRON.

Non, madame; l'époux dont je vous entretiens
Peut sans honte assembler vos aïeux et les siens; 570
Vous pouvez, sans rougir, consentir à sa flamme.

JUNIE.

Et quel est donc, seigneur, cet époux?

         NÉRON. Moi, madame.

JUNIE.

Vous?

NÉRON.
Je vous nommerais, madame, un autre nom,
Si j'en savais quelque autre au-dessus de Néron.
Oui, pour vous faire un choix où vous puissiez souscrire,
J'ai parcouru des yeux la cour, Rome et l'empire.
Plus j'ai cherché, madame, et plus je cherche encor
En quelles mains je dois confier ce trésor,
Plus je vois que César, digne seul de vous plaire,
En doit être lui seul l'heureux dépositaire, 580
Et ne peut dignement vous confier qu'aux mains
A qui Rome a commis l'empire des humains.
Vous-même, consultez vos premières années.
Claudius à son fils les avait destinées ;
Mais c'était en un temps où de l'empire entier
Il croyait quelque jour le nommer l'héritier.
Les dieux ont prononcé. Loin de leur contredire,
C'est à vous de passer du côté de l'empire.
En vain de ce présent ils m'auraient honoré,
Si votre cœur devait en être séparé ; 590
Si tant de soins ne sont adoucis par vos charmes ;
Si, tandis que je donne aux veilles, aux alarmes,
Des jours toujours à plaindre et toujours enviés,
Je ne vais quelquefois respirer à vos pieds.
Qu'Octavie à vos yeux ne fasse point d'ombrage :
Rome, aussi bien que moi, vous donne son suffrage,
Répudie Octavie, et me fait dénouer
Un hymen que le ciel ne veut point avouer.
Songez-y donc, madame, et pesez en vous-même
Ce choix digne des soins d'un prince qui vous aime, 600
Digne de vos beaux yeux trop longtemps captivés,
Digne de l'univers à qui vous vous devez.
JUNIE.
Seigneur, avec raison je demeure étonnée.
Je me vois, dans le cours d'une même journée,
Comme une criminelle amenée en ces lieux ;
Et lorsqu'avec frayeur je parais à vos yeux,

Que sur mon innocence à peine je me fie,
Vous m'offrez tout d'un coup la place d'Octavie.
J'ose dire pourtant que je n'ai mérité
Ni cet excès d'honneur, ni cette indignité. 610
Et pouvez-vous, seigneur, souhaiter qu'une fille
Qui vit presque en naissant éteindre sa famille,
Qui, dans l'obscurité nourrissant sa douleur,
S'est fait une vertu conforme à son malheur,
Passe subitement de cette nuit profonde
Dans un rang qui l'expose aux yeux de tout le monde,
Dont je n'ai pu de loin soutenir la clarté,
Et dont une autre enfin remplit la majesté?

NÉRON.
Je vous ai déjà dit que je la répudie :
Ayez moins de frayeur, ou moins de modestie. 620
N'accusez point ici mon choix d'aveuglement;
Je vous réponds de vous; consentez seulement.
Du sang dont vous sortez rappelez la mémoire;
Et ne préférez point à la solide gloire
Des honneurs dont César prétend vous revêtir,
La gloire d'un refus sujet au repentir.

JUNIE.
Le ciel connaît, seigneur, le fond de ma pensée.
Je ne me flatte point d'une gloire insensée :
Je sais de vos présents mesurer la grandeur;
Mais plus ce rang sur moi répandrait de splendeur, 630
Plus il me ferait honte, et mettrait en lumière
Le crime d'en avoir dépouillé l'héritière.

NÉRON.
C'est de ses intérêts prendre beaucoup de soin,
Madame; et l'amitié ne peut aller plus loin.
Mais ne nous flattons point, et laissons le mystère.
La sœur vous touche ici beaucoup moins que le frère;
Et pour Britannicus....
    JUNIE. Il a su me toucher,
Seigneur; et je n'ai point prétendu m'en cacher.

Cette sincérité sans doute est peu discrète;
Mais toujours de mon cœur ma bouche est l'interprète.
Absente de la cour, je n'ai pas dû penser, 641
Seigneur, qu'en l'art de feindre il fallût m'exercer.
J'aime Britannicus. Je lui fus destinée
Quand l'empire devait suivre son hyménée :
Mais ces mêmes malheurs qui l'en ont écarté,
Ses honneurs abolis, son palais déserté,
La fuite d'une cour que sa chute a bannie,
Sont autant de liens qui retiennent Junie.
Tout ce que vous voyez conspire à vos désirs;
Vos jours toujours sereins coulent dans les plaisirs;
L'empire en est pour vous l'inépuisable source; 651
Ou, si quelque chagrin en interrompt la course,
Tout l'univers, soigneux de les entretenir,
S'empresse à l'effacer de votre souvenir.
Britannicus est seul : quelque ennui qui le presse,
Il ne voit dans son sort que moi qui s'intéresse,
Et n'a pour tous plaisirs, seigneur, que quelques pleurs
Qui lui font quelquefois oublier ses malheurs.

NÉRON.

Et ce sont ces plaisirs et ces pleurs que j'envie,
Que tout autre que lui me paierait de sa vie. 660
Mais je garde à ce prince un traitement plus doux :
Madame, il va bientôt paraître devant vous.

JUNIE.

Ah, seigneur! vos vertus m'ont toujours rassurée.

NÉRON.

Je pouvais de ces lieux lui défendre l'entrée,
Mais, madame, je veux prévenir le danger
Où son ressentiment le pourrait engager.
Je ne veux point le perdre; il vaut mieux que lui-même
Entende son arrêt de la bouche qu'il aime.
Si ses jours vous sont chers, éloignez-le de vous
Sans qu'il ait aucun lieu de me croire jaloux. 670
De son bannissement prenez sur vous l'offense;

4.

Et, soit par vos discours, soit par votre silence,
Du moins par vos froideurs, faites-lui concevoir
Qu'il doit porter ailleurs ses vœux et son espoir.
    JUNIE.
Moi! que je lui prononce un arrêt si sévère!
Ma bouche mille fois lui jura le contraire.
Quand même jusque-là je pourrais me trahir,
Mes yeux lui défendront, seigneur, de m'obéir.
    NÉRON.
Caché près de ces lieux, je vous verrai, madame.
Renfermez votre amour dans le fond de votre âme : 680
Vous n'aurez point pour moi de langages secrets,
J'entendrai des regards que vous croirez muets;
Et sa perte sera l'infaillible salaire
D'un geste ou d'un soupir échappé pour lui plaire.
    JUNIE.
Hélas! si j'ose encor former quelques souhaits,
Seigneur, permettez-moi de ne le voir jamais!

SCÈNE IV.

NÉRON, JUNIE, NARCISSE.

    NARCISSE.
Britannicus, seigneur, demande la princesse;
Il approche.
    NÉRON. Qu'il vienne.
               JUNIE. Ah, seigneur!
                     NÉRON. Je vous laisse.
Sa fortune dépend de vous plus que de moi :
Madame, en le voyant, songez que je vous voi. 690

SCÈNE V.

JUNIE, NARCISSE.

JUNIE.
Ah ! cher Narcisse, cours au-devant de ton maître ;
Dis-lui.... Je suis perdue ! et je le vois paraître.

SCÈNE VI.

JUNIE, BRITANNICUS, NARCISSE.

BRITANNICUS.
Madame, quel bonheur me rapproche de vous ?
Quoi ! je puis donc jouir d'un entretien si doux !
Mais parmi ce plaisir quel chagrin me dévore !
Hélas ! puis-je espérer de vous revoir encore ?
Faut-il que je dérobe, avec mille détours,
Un bonheur que vos yeux m'accordaient tous les jours ?
Quelle nuit ! quel réveil ! Vos pleurs, votre présence,
N'ont point de ces cruels désarmé l'insolence ! 700
Que faisait votre amant ? Quel démon envieux
M'a refusé l'honneur de mourir à vos yeux ?
Hélas ! dans la frayeur dont vous étiez atteinte,
M'avez-vous en secret adressé quelque plainte ?
Ma princesse, avez-vous daigné me souhaiter ?
Songiez-vous aux douleurs que vous m'alliez coûter ?...
Vous ne me dites rien ! quel accueil ! quelle glace !
Est-ce ainsi que vos yeux consolent ma disgrâce ?
Parlez : nous sommes seuls. Notre ennemi, trompé,
Tandis que je vous parle, est ailleurs occupé. 710
Ménageons les moments de cette heureuse absence.
JUNIE.
Vous êtes en des lieux tout pleins de sa puissance :
Ces murs même, seigneur, peuvent avoir des yeux,

Et jamais l'empereur n'est absent de ces lieux.
BRITANNICUS.
Et depuis quand, madame, êtes-vous si craintive?
Quoi! déjà votre amour souffre qu'on le captive?
Qu'est devenu ce cœur qui me jurait toujours
De faire à Néron même envier nos amours?
Mais bannissez, madame, une inutile crainte :
La foi dans tous les cœurs n'est pas encore éteinte; 720
Chacun semble des yeux approuver mon courroux ;
La mère de Néron se déclare pour nous.
Rome, de sa conduite elle-même offensée...
JUNIE.
Ah! seigneur! vous parlez contre votre pensée.
Vous-même vous m'avez avoué mille fois
Que Rome le louait d'une commune voix ;
Toujours à sa vertu vous rendiez quelque hommage.
Sans doute la douleur vous dicte ce langage.
BRITANNICUS.
Ce discours me surprend, il le faut avouer :
Je ne vous cherchais pas pour l'entendre louer. 730
Quoi! pour vous confier la douleur qui m'accable,
A peine je dérobe un moment favorable ;
Et ce moment si cher, madame, est consumé
A louer l'ennemi dont je suis opprimé!
Qui vous rend à vous-même, en un jour, si contraire?
Quoi! même vos regards ont appris à se taire?
Que vois-je? vous craignez de rencontrer mes yeux!
Néron vous plairait-il? Vous serais-je odieux?
Ah! si je le croyais!... Au nom des dieux, madame,
Éclaircissez le trouble où vous jetez mon âme. 740
Parlez. Ne suis-je plus dans votre souvenir?
JUNIE.
Retirez-vous, seigneur ; l'empereur va venir.
BRITANNICUS.
Après ce coup, Narcisse, à qui dois-je m'attendre?

SCÈNE VII.

NÉRON, JUNIE, NARCISSE.

NÉRON.
Madame....
JUNIE. Non, seigneur, je ne puis rien entendre.
Vous êtes obéi. Laissez couler du moins
Des larmes dont ses yeux ne seront pas témoins.

SCÈNE VIII.

NÉRON, NARCISSE.

NÉRON.
Eh bien! de leur amour tu vois la violence,
Narcisse : elle a paru jusque dans son silence!
Elle aime mon rival, je ne puis l'ignorer;
Mais je mettrai ma joie à le désespérer. 750
Je me fais de sa peine une image charmante;
Et je l'ai vu douter du cœur de son amante.
Je la suis. Mon rival t'attend pour éclater :
Par de nouveaux soupçons, va, cours le tourmenter;
Et tandis qu'à mes yeux on le pleure, on l'adore,
Fais-lui payer bien cher un bonheur qu'il ignore.
NARCISSE, *seul*.
La fortune t'appelle une seconde fois,
Narcisse; voudrais-tu résister à sa voix?
Suivons jusques au bout ses ordres favorables; 75
Et, pour nous rendre heureux, perdons les misérables.

ACTE TROISIÈME.

SCÈNE I.

NÉRON, BURRHUS.

BURRHUS.
Pallas obéira, seigneur.
    NÉRON. Et de quel œil
Ma mère a-t-elle vu confondre son orgueil?
  BURRHUS.
Ne doutez point, seigneur, que ce coup ne la frappe;
Qu'en reproches bientôt sa douleur ne s'échappe.
Ses transports dès longtemps commencent d'éclater :
A d'inutiles cris puissent-ils s'arrêter !
  NÉRON.
Quoi! de quelque dessein la croyez-vous capable?
  BURRHUS.
Agrippine, seigneur, est toujours redoutable :
Rome et tous vos soldats révèrent ses aïeux;
Germanicus son père est présent à leurs yeux.   770
Elle sait son pouvoir, vous savez son courage;
Et ce qui me la fait redouter davantage,
C'est que vous appuyez vous-même son courroux,
Et que vous lui donnez des armes contre vous.
  NÉRON.
Moi, Burrhus?
  BURRHUS. Cet amour, seigneur, qui vous possède...
  NÉRON.
Je vous entends, Burrhus. Le mal est sans remède :
Mon cœur s'en est plus dit que vous ne m'en direz;
Il faut que j'aime enfin.
    BURRHUS. Vous vous le figurez,
Seigneur; et, satisfait de quelque résistance,

Vous redoutez un mal faible dans sa naissance. 780
Mais si dans son devoir votre cœur affermi
Voulait ne point s'entendre avec son ennemi ;
Si de vos premiers ans vous consultiez la gloire ;
Si vous daigniez, seigneur, rappeler la mémoire
Des vertus d'Octavie indignes de ce prix,
Et de son chaste amour vainqueur de vos mépris ;
Surtout si, de Junie évitant la présence,
Vous condamniez vos yeux à quelques jours d'absence ;
Croyez-moi, quelque amour qui semble vous charmer,
On n'aime point, seigneur, si l'on ne veut aimer. 790

NÉRON.

Je vous croirai, Burrhus, lorsque dans les alarmes
Il faudra soutenir la gloire de nos armes,
Ou lorsque, plus tranquille, assis dans le sénat,
Il faudra décider du destin de l'État ;
Je m'en reposerai sur votre expérience.
Mais, croyez-moi, l'amour est une autre science,
Burrhus ; et je ferais quelque difficulté
D'abaisser jusque-là votre sévérité.
Adieu. Je souffre trop, éloigné de Junie.

SCÈNE II.

BURRHUS.

Enfin, Burrhus, Néron découvre son génie : 800
Cette férocité que tu croyais fléchir,
De tes faibles liens est prête à s'affranchir.
En quels excès peut-être elle va se répandre !
O dieux ! en ce malheur quel conseil dois-je prendre ?
Sénèque, dont les soins me devraient soulager,
Occupé loin de Rome, ignore ce danger.
Mais quoi ! si d'Agrippine excitant la tendresse,
Je pouvais.... La voici : mon bonheur me l'adresse.

SCÈNE III.

AGRIPPINE, BURRHUS, ALBINE.

AGRIPPINE.
Eh bien ! je me trompais, Burrhus, dans mes soupçons !
Et vous vous signalez par d'illustres leçons ! 810
On exile Pallas, dont le crime peut-être
Est d'avoir à l'empire élevé votre maître.
Vous le savez trop bien : jamais, sans ses avis,
Claude qu'il gouvernait n'eût adopté mon fils.
Que dis-je ? à son épouse on donne une rivale ;
On affranchit Néron de la foi conjugale :
Digne emploi d'un ministre ennemi des flatteurs,
Choisi pour mettre un frein à ses jeunes ardeurs,
De les flatter lui-même, et nourrir dans son âme
Le mépris de sa mère et l'oubli de sa femme ! 820
BURRHUS.
Madame, jusqu'ici c'est trop tôt m'accuser :
L'empereur n'a rien fait qu'on ne puisse excuser.
N'imputez qu'à Pallas un exil nécessaire :
Son orgueil dès longtemps exigeait ce salaire ;
Et l'empereur ne fait qu'accomplir à regret
Ce que toute la cour demandait en secret.
Le reste est un malheur qui n'est point sans ressource :
Des larmes d'Octavie on peut tarir la source.
Mais calmez vos transports ; par un chemin plus doux
Vous lui pourrez plutôt ramener son époux : 830
Les menaces, les cris, le rendront plus farouche.
AGRIPPINE.
Ah ! l'on s'efforce en vain de me fermer la bouche.
Je vois que mon silence irrite vos dédains ;
Et c'est trop respecter l'ouvrage de mes mains.
Pallas n'emporte pas tout l'appui d'Agrippine :
Le ciel m'en laisse assez pour venger ma ruine.

Le fils de Claudius commence à ressentir
Des crimes dont je n'ai que le seul repentir.
J'irai, n'en doutez point, le montrer à l'armée,
Plaindre aux yeux des soldats son enfance opprimée,
Leur faire, à mon exemple, expier leur erreur.   841
On verra d'un côté le fils d'un empereur
Redemandant la foi jurée à sa famille,
Et de Germanicus on entendra la fille;
De l'autre, l'on verra le fils d'Ænobarbus,
Appuyé de Sénèque et du tribun Burrhus,
Qui, tous deux de l'exil rappelés par moi-même,
Partagent à mes yeux l'autorité suprême.
De nos crimes communs je veux qu'on soit instruit;
On saura les chemins par où je l'ai conduit :   850
Pour rendre sa puissance et la vôtre odieuses,
J'avouerai les rumeurs les plus injurieuses;
Je confesserai tout, exils, assassinats,
Poison même....
    BURRHUS. Madame, ils ne vous croiront pas :
Ils sauront récuser l'injuste stratagème
D'un témoin irrité qui s'accuse lui-même.
Pour moi, qui le premier secondai vos desseins,
Qui fis même jurer l'armée entre ses mains,
Je ne me repens point de ce zèle sincère.
Madame, c'est un fils qui succède à son père.   860
En adoptant Néron, Claudius par son choix
De son fils et du vôtre a confondu les droits.
Rome l'a pu choisir. Ainsi, sans être injuste,
Elle choisit Tibère adopté par Auguste;
Et le jeune Agrippa, de son sang descendu,
Se vit exclu du rang vainement prétendu.
Sur tant de fondements sa puissance établie
Par vous-même aujourd'hui ne peut être affaiblie :
Et s'il m'écoute encor, madame, sa bonté
Vous en fera bientôt perdre la volonté.   870
J'ai commencé, je vais poursuivre mon ouvrage.

SCÈNE IV.

AGRIPPINE, ALBINE.

ALBINE.
Dans quel emportement la douleur vous engage,
Madame! L'empereur puisse-t-il l'ignorer!
AGRIPPINE.
Ah! lui-même à mes yeux puisse-t-il se montrer!
ALBINE.
Madame, au nom des dieux, cachez votre colère.
Quoi! pour les intérêts de la sœur ou du frère,
Faut-il sacrifier le repos de vos jours?
Contraindrez-vous César jusque dans ses amours?
AGRIPPINE.
Quoi! tu ne vois donc pas jusqu'où l'on me ravale,
Albine? C'est à moi qu'on donne une rivale.   880
Bientôt, si je ne romps ce funeste lien,
Ma place est occupée, et je ne suis plus rien.
Jusqu'ici d'un vain titre Octavie honorée,
Inutile à la cour, en était ignorée :
Les grâces, les honneurs, par moi seule versés,
M'attiraient des mortels les vœux intéressés.
Une autre de César a surpris la tendresse :
Elle aura le pouvoir d'épouse et de maîtresse;
Le fruit de tant de soins, la pompe des Césars,
Tout deviendra le prix d'un seul de ses regards.   890
Que dis-je? l'on m'évite, et déjà délaissée....
Ah! je ne puis, Albine, en souffrir la pensée.
Quand je devrais du ciel hâter l'arrêt fatal,
Néron, l'ingrat Néron.... Mais voici son rival.

SCÈNE V.

BRITANNICUS, AGRIPPINE, NARCISSE, ALBINE.

BRITANNICUS.
Nos ennemis communs ne sont pas invincibles,
Madame; nos malheurs trouvent des cœurs sensibles:
Vos amis et les miens, jusqu'alors si secrets,
Tandis que nous perdions le temps en vains regrets,
Animés du courroux qu'allume l'injustice,
Viennent de confier leur douleur à Narcisse. 900
Néron n'est pas encor tranquille possesseur
De l'ingrate qu'il aime au mépris de ma sœur.
Si vous êtes toujours sensible à son injure,
On peut dans son devoir ramener le parjure.
La moitié du sénat s'intéresse pour nous:
Sylla, Pison, Plautus....
   AGRIPPINE. Prince, que dites-vous?
Sylla, Pison, Plautus, les chefs de la noblesse!
BRITANNICUS.
Madame, je vois bien que ce discours vous blesse,
Et que votre courroux, tremblant, irrésolu,
Craint déjà d'obtenir tout ce qu'il a voulu. 910
Non, vous avez trop bien établi ma disgrâce;
D'aucun ami pour moi ne redoutez l'audace:
Il ne m'en reste plus; et vos soins trop prudents
Les ont tous écartés ou séduits dès longtemps.
AGRIPPINE.
Seigneur, à vos soupçons donnez moins de créance;
Notre salut dépend de notre intelligence.
J'ai promis, il suffit: malgré vos ennemis,
Je ne révoque rien de ce que j'ai promis.
Le coupable Néron fuit en vain ma colère;
Tôt ou tard il faudra qu'il entende sa mère. 920
J'essaierai tour à tour la force et la douceur,

Ou moi-même, avec moi conduisant votre sœur,
J'irai semer partout ma crainte et ses alarmes
Et ranger tous les cœurs du parti de ses larmes.
Adieu. J'assiégerai Néron de toutes parts.
Vous, si vous m'en croyez, évitez ses regards.

SCÈNE VI.

BRITANNICUS, NARCISSE.

BRITANNICUS.
Ne m'as-tu point flatté d'une fausse espérance ?
Puis-je sur ton récit fonder quelque assurance,
Narcisse ?
    NARCISSE.
        Oui. Mais, seigneur, ce n'est pas en ces lieux
Qu'il faut développer ce mystère à vos yeux.   930
Sortons. Qu'attendez-vous ?
        BRITANNICUS. Ce que j'attends, Narcisse ?
Hélas !
    NARCISSE.
      Expliquez-vous.
        BRITANNICUS. Si par ton artifice
Je pouvais revoir....
      NARCISSE. Qui ?
        BRITANNICUS. J'en rougis. Mais enfin
D'un cœur moins agité j'attendrais mon destin.
    NARCISSE.
Après tous mes discours vous la croyez fidèle ?
    BRITANNICUS.
Non, je la crois, Narcisse, ingrate, criminelle,
Digne de mon courroux ; mais je sens, malgré moi,
Que je ne le crois pas autant que je le doi.
Dans ses égarements, mon cœur opiniâtre
Lui prête des raisons, l'excuse, l'idolâtre.   940
Je voudrais vaincre enfin mon incrédulité :

Je la voudrais haïr avec tranquillité.
Eh! qui croira qu'un cœur si grand en apparence,
D'une infidèle cour ennemi dès l'enfance,
Renonce à tant de gloire, et dès le premier jour
Trame une perfidie inouïe à la cour?
  NARCISSE.
Eh! qui sait si l'ingrate, en sa longue retraite,
N'a point de l'empereur médité la défaite?
Trop sûre que ses yeux ne pouvaient se cacher,
Peut-être elle fuyait pour se faire chercher, 950
Pour exciter Néron par la gloire pénible
De vaincre une fierté jusqu'alors invincible.
  BRITANNICUS.
Je ne la puis donc voir?
  NARCISSE. Seigneur, en ce moment
Elle reçoit les vœux de son nouvel amant.
  BRITANNICUS.
Eh bien! Narcisse, allons. Mais que vois-je? C'est elle.
  NARCISSE, *à part.*
Ah! dieux! A l'empereur portons cette nouvelle.

SCÈNE VII.

JUNIE, BRITANNICUS.

  JUNIE.
Retirez-vous, seigneur, et fuyez un courroux
Que ma persévérance allume contre vous.
Néron est irrité. Je me suis échappée,
Tandis qu'à l'arrêter sa mère est occupée. 960
Adieu; réservez-vous, sans blesser mon amour,
Au plaisir de me voir justifier un jour.
Votre image sans cesse est présente à mon âme:
Rien ne l'en peut bannir.
  BRITANNICUS. Je vous entends, madame:
Vous voulez que ma fuite assure vos désirs,

Que je laisse un champ libre à vos nouveaux soupirs.
Sans doute, en me voyant, une pudeur secrète
Ne vous laisse goûter qu'une joie inquiète.
Eh bien, il faut partir !

JUNIE. Seigneur, sans m'imputer....

BRITANNICUS.
Ah ! vous deviez du moins plus longtemps disputer. 970
Je ne murmure point qu'une amitié commune
Se range du parti que flatte la fortune ;
Que l'éclat d'un empire ait pu vous éblouir ;
Qu'aux dépens de ma sœur vous en vouliez jouir :
Mais que, de ces grandeurs comme une autre occupée,
Vous m'en ayez paru si longtemps détrompée ;
Non, je l'avoue encor, mon cœur désespéré
Contre ce seul malheur n'était point préparé.
J'ai vu sur ma ruine élever l'injustice ;
De mes persécuteurs j'ai vu le ciel complice : 980
Tant d'horreurs n'avaient point épuisé son courroux,
Madame ; il me restait d'être oublié de vous.

JUNIE.
Dans un temps plus heureux, ma juste impatience
Vous ferait repentir de votre défiance ;
Mais Néron vous menace : en ce pressant danger,
Seigneur, j'ai d'autres soins que de vous affliger.
Allez, rassurez-vous, et cessez de vous plaindre :
Néron nous écoutait, et m'ordonnait de feindre.

BRITANNICUS.
Quoi ! le cruel...

JUNIE. Témoin de tout notre entretien,
D'un visage sévère examinait le mien, 990
Prêt à faire sur vous éclater la vengeance
D'un geste confident de notre intelligence.

BRITANNICUS.
Néron nous écoutait, madame ! Mais, hélas !
Vos yeux auraient pu feindre et ne m'abuser pas.
Ils pouvaient me nommer l'auteur de cet outrage !

Act. III.]

L'amour est-il muet, ou n'a-t-il qu'un langage?
De quel trouble un regard pouvait me préserver !
Il fallait....
  JUNIE. Il fallait me taire et vous sauver.
Combien de fois, hélas! puisqu'il faut vous le dire,
Mon cœur de son désordre allait-il vous instruire ! 1000
De combien de soupirs interrompant le cours,
Ai-je évité vos yeux que je cherchais toujours!
Quel tourment de se taire en voyant ce qu'on aime,
De l'entendre gémir, de l'affliger soi-même,
Lorsque par un regard on peut le consoler !
Mais quels pleurs ce regard aurait-il fait couler !
Ah! dans ce souvenir, inquiète, troublée,
Je ne me sentais pas assez dissimulée :
De mon front effrayé je craignais la pâleur ;
Je trouvais mes regards trop pleins de ma douleur : 1010
Sans cesse il me semblait que Néron en colère
Me venait reprocher trop de soin de vous plaire ;
Je craignais mon amour vainement renfermé ;
Enfin, j'aurais voulu n'avoir jamais aimé.
Hélas! pour son bonheur, seigneur, et pour le nôtre,
Il n'est que trop instruit de mon cœur et du vôtre !
Allez, encore un coup, cachez-vous à ses yeux :
Mon cœur plus à loisir vous éclaircira mieux.
De mille autres secrets j'aurais compte à vous rendre.
  BRITANNICUS.
Ah! n'en voilà que trop ; c'est trop me faire entendre,
Madame, mon bonheur, mon crime, vos bontés. 1021
Et savez-vous pour moi tout ce que vous quittez?
    (*Se jetant aux pieds de Junie.*)
Quand pourrai-je à vos pieds expier ce reproche?
  JUNIE.
Que faites-vous? Hélas! votre rival s'approche.

SCÈNE VIII.

NÉRON, BRITANNICUS, JUNIE.

NÉRON.
Prince, continuez des transports si charmants.
Je conçois vos bontés par ses remercîments,
Madame; à vos genoux je viens de le surprendre.
Mais il aurait aussi quelque grâce à me rendre;
Ce lieu le favorise, et je vous y retiens
Pour lui faciliter de si doux entretiens.   1030

BRITANNICUS.
Je puis mettre à ses pieds ma douleur ou ma joie
Partout où sa bonté consent que je la voie;
Et l'aspect de ces lieux où vous la retenez
N'a rien dont mes regards doivent être étonnés.

NÉRON.
Et que vous montrent-ils qui ne vous avertisse
Qu'il faut qu'on me respecte et que l'on m'obéisse?

BRITANNICUS.
Ils ne nous ont pas vu l'un et l'autre élever,
Moi pour vous obéir, et vous pour me braver,
Et ne s'attendaient pas, lorsqu'ils nous virent naître,
Qu'un jour Domitius me dût parler en maître.   1040

NÉRON.
Ainsi par le destin nos vœux sont traversés;
J'obéissais alors, et vous obéissez.
Si vous n'avez appris à vous laisser conduire,
Vous êtes jeune encore, et l'on peut vous instruire.

BRITANNICUS.
Et qui m'en instruira?

           NÉRON. Tout l'empire à la fois,
Rome.

BRITANNICUS.
      Rome met-elle au nombre de vos droits
Tout ce qu'a de cruel l'injustice et la force

Les emprisonnements, le rapt et le divorce?
NÉRON.
Rome ne porte point ses regards curieux
Jusque dans des secrets que je cache à ses yeux.
Imitez son respect.
BRITANNICUS. On sait ce qu'elle en pense.
NÉRON.
Elle se tait du moins : imitez son silence.
BRITANNICUS.
Ainsi Néron commence à ne se plus forcer.
NÉRON.
Néron de vos discours commence à se lasser.
BRITANNICUS.
Chacun devait bénir le bonheur de son règne.
NÉRON.
Heureux ou malheureux, il suffit qu'on me craigne.
BRITANNICUS.
Je connais mal Junie, ou de tels sentiments
Ne mériteront pas ses applaudissements.
NÉRON.
Du moins, si je ne sais le secret de lui plaire,
Je sais l'art de punir un rival téméraire.
BRITANNICUS.
Pour moi, quelque péril qui me puisse accabler,
Sa seule inimitié peut me faire trembler.
NÉRON.
Souhaitez-la; c'est tout ce que je vous puis dire.
BRITANNICUS.
Le bonheur de lui plaire est le seul où j'aspire.
NÉRON.
Elle vous l'a promis, vous lui plairez toujours.
BRITANNICUS.
Je ne sais pas du moins épier ses discours :
Je la laisse expliquer sur tout ce qui me touche,
Et ne me cache point pour lui fermer la bouche.

NÉRON.
Je vous entends. Eh bien, gardes!

JUNIE. Que faites-vous?
C'est votre frère. Hélas! c'est un amant jaloux! 1070
Seigneur, mille malheurs persécutent sa vie :
Ah! son bonheur peut-il exciter votre envie?
Souffrez que, de vos cœurs rapprochant les liens,
Je me cache à vos yeux et me dérobe aux siens.
Ma fuite arrêtera vos discordes fatales;
Seigneur, j'irai remplir le nombre des vestales.
Ne lui disputez plus mes vœux infortunés;
Souffrez que les dieux seuls en soient importunés.

NÉRON.
L'entreprise, madame, est étrange et soudaine.
Dans son appartement, gardes, qu'on la remène. 1080
Gardez Britannicus dans celui de sa sœur.

BRITANNICUS.
C'est ainsi que Néron sait disputer un cœur!

JUNIE.
Prince, sans l'irriter, cédons à cet orage.

NÉRON.
Gardes, obéissez sans tarder davantage.

SCÈNE IX.

NÉRON, BURRHUS.

BURRHUS.
Que vois-je? ô ciel!

NÉRON, *sans voir Burrhus.*
Ainsi leurs feux sont redoublés :
Je reconnais la main qui les a rassemblés.
Agrippine ne s'est présentée à ma vue,
Ne s'est dans ses discours si longtemps étendue,
Que pour faire jouer ce ressort odieux.
(Apercevant Burrhus.)
Qu'on sache si ma mère est encore en ces lieux. 1090

5.

Burrhus, dans ce palais je veux qu'on la retienne,
Et qu'au lieu de sa garde on lui donne la mienne.
  BURRHUS.
Quoi, seigneur! sans l'ouïr? une mère?
          NÉRON. Arrêtez :
J'ignore quel projet, Burrhus, vous méditez;
Mais, depuis quelques jours, tout ce que je désire
Trouve en vous un censeur prêt à me contredire.
Répondez-m'en, vous dis-je; ou, sur votre refus,
D'autres me répondront et d'elle et de Burrhus.

ACTE QUATRIÈME.

SCÈNE I.

AGRIPPINE, BURRHUS.

BURRHUS.
Oui, madame, à loisir vous pourrez vous défendre :
César lui-même ici consent de vous entendre. 1100
Si son ordre au palais vous a fait retenir,
C'est peut-être à dessein de vous entretenir.
Quoi qu'il en soit, si j'ose expliquer ma pensée,
Ne vous souvenez plus qu'il vous ait offensée;
Préparez-vous plutôt à lui tendre les bras :
Défendez-vous, madame, et ne l'accusez pas.
Vous voyez, c'est lui seul que la cour envisage.
Quoiqu'il soit votre fils, et même votre ouvrage,
Il est votre empereur : vous êtes, comme nous,
Sujette à ce pouvoir qu'il a reçu de vous. 1110
Selon qu'il vous menace ou bien qu'il vous caresse,

La cour autour de vous ou s'écarte ou s'empresse.
C'est son appui qu'on cherche en cherchant votre ap-
Mais voici l'empereur. [pui.
    AGRIPPINE. Qu'on me laisse avec lui.

SCÈNE II.

NÉRON, AGRIPPINE.

    AGRIPPINE, *s'asseyant.*
Approchez-vous, Néron, et prenez votre place.
On veut sur vos soupçons que je vous satisfasse.
J'ignore de quel crime on a pu me noircir :
De tous ceux que j'ai faits je vais vous éclaircir.
Vous régnez : vous savez combien votre naissance
Entre l'empire et vous avait mis de distance.   1120
Les droits de mes aïeux, que Rome a consacrés,
Étaient même sans moi d'inutiles degrés.
Quand de Britannicus la mère condamnée
Laissa de Claudius disputer l'hyménée,
Parmi tant de beautés qui briguèrent son choix,
Qui de ses affranchis mendièrent les voix,
Je souhaitai son lit, dans la seule pensée
De vous laisser au trône où je serais placée.
Je fléchis mon orgueil ; j'allai prier Pallas.
Son maître, chaque jour caressé dans mes bras, 1130
Prit insensiblement dans les yeux de sa nièce
L'amour où je voulais amener sa tendresse.
Mais ce lien du sang qui nous joignait tous deux
Écartait Claudius d'un lit incestueux :
Il n'osait épouser la fille de son frère.
Le sénat fut séduit : une loi moins sévère
Mit Claude dans mon lit et Rome à mes genoux.
C'était beaucoup pour moi : ce n'était rien pour vous.
Je vous fis sur mes pas entrer dans sa famille ;
Je vous nommai son gendre et vous donnai sa fille : 1140

Silanus, qui l'aimait, s'en vit abandonné
Et marqua de son sang ce jour infortuné.
Ce n'était rien encore. Eussiez-vous pu prétendre
Qu'un jour Claude à son fils dût préférer son gendre?
De ce même Pallas j'implorai le secours :
Claude vous adopta, vaincu par ses discours,
Vous appela Néron, et du pouvoir suprême
Voulut avant le temps vous faire part lui-même.
C'est alors que chacun, rappelant le passé,
Découvrit mon dessein déjà trop avancé ; 1150
Que de Britannicus la disgrâce future
Des amis de son père excita le murmure.
Mes promesses aux uns éblouirent les yeux ;
L'exil me délivra des plus séditieux ;
Claude même, lassé de ma plainte éternelle,
Éloigna de son fils tous ceux de qui le zèle,
Engagé dès longtemps à suivre son destin,
Pouvait du trône encor lui rouvrir le chemin.
Je fis plus : je choisis moi-même dans ma suite
Ceux à qui je voulais qu'on livrât sa conduite. 1160
J'eus soin de vous nommer, par un contraire choix,
Des gouverneurs que Rome honorait de sa voix :
Je fus sourde à la brigue, et crus la renommée ;
J'appelai de l'exil, je tirai de l'armée
Et ce même Sénèque, et ce même Burrhus,
Qui depuis... Rome alors estimait leurs vertus.
De Claude en même temps épuisant les richesses,
Ma main sous votre nom répandait ses largesses.
Les spectacles, les dons, invincibles appas,
Vous attiraient les cœurs du peuple et des soldats, 1170
Qui d'ailleurs, réveillant leur tendresse première,
Favorisaient en vous Germanicus mon père.
Cependant Claudius penchait vers son déclin.
Ses yeux, longtemps fermés, s'ouvrirent à la fin :
Il connut son erreur. Occupé de sa crainte,
Il laissa pour son fils échapper quelque plainte,

Et voulut, mais trop tard, assembler ses amis :
Ses gardes, son palais, son lit, m'étaient soumis.
Je lui laissai sans fruit consumer sa tendresse ;
De ses derniers soupirs je me rendis maîtresse : 1180
Mes soins, en apparence épargnant ses douleurs,
De son fils, en mourant, lui cachèrent les pleurs.
Il mourut. Mille bruits en courent à ma honte.
J'arrêtai de sa mort la nouvelle trop prompte ;
Et tandis que Burrhus allait secrètement
De l'armée en vos mains exiger le serment,
Que vous marchiez au camp, conduit sous mes aus-
Dans Rome les autels fumaient de sacrifices : [pices,
Par mes ordres trompeurs tout le peuple excité
Du prince déjà mort demandait la santé. 1190
Enfin, des légions l'entière obéissance
Ayant de votre empire affermi la puissance,
On vit Claude ; et le peuple, étonné de son sort,
Apprit en même temps votre règne et sa mort.
C'est le sincère aveu que je voulais vous faire.
Voilà tous mes forfaits. En voici le salaire :
Du fruit de tant de soins à peine jouissant
En avez-vous six mois paru reconnaissant,
Que, lassé d'un respect qui vous gênait peut-être,
Vous avez affecté de ne me plus connaître. 1200
J'ai vu Burrhus, Sénèque, aigrissant vos soupçons,
De l'infidélité vous tracer des leçons,
Ravis d'être vaincus dans leur propre science.
J'ai vu favoriser de votre confiance
Othon, Sénécion, jeunes voluptueux,
Et de tous vos plaisirs flatteurs respectueux ;
Et lorsque, vos mépris excitant mes murmures,
Je vous ai demandé raison de tant d'injures
(Seul recours d'un ingrat qui se voit confondu),
Par de nouveaux affronts vous m'avez répondu. 1210
Aujourd'hui je promets Junie à votre frère ;
Ils se flattent tous deux du choix de votre mère :

Que faites-vous? Junie, enlevée à la cour,
Devient en une nuit l'objet de votre amour;
Je vois de votre cœur Octavie effacée
Prête à sortir du lit où je l'avais placée;
Je vois Pallas banni, votre frère arrêté;
Vous attentez enfin jusqu'à ma liberté;
Burrhus ose sur moi porter ses mains hardies.
Et lorsque, convaincu de tant de perfidies, 1220
Vous deviez ne me voir que pour les expier,
C'est vous qui m'ordonnez de me justifier.

　　　NÉRON.
Je me souviens toujours que je vous dois l'empire;
Et, sans vous fatiguer du soin de le redire,
Votre bonté, madame, avec tranquillité
Pouvait se reposer sur ma fidélité.
Aussi bien ces soupçons, ces plaintes assidues,
Ont fait croire à tous ceux qui les ont entendues,
Que jadis, j'ose ici vous le dire entre nous,
Vous n'aviez sous mon nom travaillé que pour vous. 1230
« Tant d'honneurs, disaient-ils, et tant de déférences,
Sont-ce de ses bienfaits de faibles récompenses?
Quel crime a donc commis ce fils tant condamné?
Est-ce pour obéir qu'elle l'a couronné?
N'est-il de son pouvoir que le dépositaire? »
Non que, si jusque-là j'avais pu vous complaire,
Je n'eusse pris plaisir, madame, à vous céder
Ce pouvoir que vos cris semblaient redemander;
Mais Rome veut un maître, et non une maîtresse.
Vous entendiez les bruits qu'excitait ma faiblesse: 1240
Le sénat chaque jour et le peuple, irrités
De s'ouïr par ma voix dicter vos volontés,
Publiaient qu'en mourant Claude avec sa puissance
M'avait encor laissé sa simple obéissance.
Vous avez vu cent fois nos soldats en courroux
Porter en murmurant leurs aigles devant vous;
Honteux de rabaisser par cet indigne usage

Les héros dont encore elles portent l'image.
Toute autre se serait rendue à leurs discours ;
Mais, si vous ne régnez, vous vous plaignez toujours.
Avec Britannicus contre moi réunie, 1251
Vous le fortifiez du parti de Junie ;
Et la main de Pallas trame tous ces complots.
Et, lorsque malgré moi j'assure mon repos,
On vous voit de colère et de haine animée :
Vous voulez présenter mon rival à l'armée ;
Déjà jusques au camp le bruit en a couru.

AGRIPPINE.

Moi ! le faire empereur ? Ingrat ! l'avez-vous cru ?
Quel serait mon dessein ? qu'aurais-je pu prétendre ?
Quels honneurs dans sa cour, quel rang pourrais-je
[attendre ? 1260
Ah ! si sous votre empire on ne m'épargne pas,
Si mes accusateurs observent tous mes pas,
Si de leur empereur ils poursuivent la mère,
Que ferais-je au milieu d'une cour étrangère ?
Ils me reprocheraient, non des cris impuissants,
Des desseins étouffés aussitôt que naissants,
Mais des crimes pour vous commis à votre vue,
Et dont je ne serais que trop tôt convaincue.
Vous ne me trompez point, je vois tous vos détours,
Vous êtes un ingrat, vous le fûtes toujours : 1270
Dès vos plus jeunes ans mes soins et mes tendresses
N'ont arraché de vous que de feintes caresses.
Rien ne vous a pu vaincre ; et votre dureté
Aurait dû dans son cours arrêter ma bonté.
Que je suis malheureuse ! Et par quelle infortune
Faut-il que tous mes soins me rendent importune !
Je n'ai qu'un fils : ô ciel ! qui m'entends aujourd'hui,
T'ai-je fait quelques vœux qui ne fussent pour lui ?
Remords, craintes, périls, rien ne m'a retenue ;
J'ai vaincu ses mépris ; j'ai détourné ma vue 1280
Des malheurs qui dès lors me furent annoncés ;

J'ai fait ce que j'ai pu : vous régnez, c'est assez.
Avec ma liberté, que vous m'avez ravie,
Si vous le souhaitez, prenez encor ma vie,
Pourvu que par ma mort tout le peuple irrité
Ne vous ravisse pas ce qui m'a tant coûté.
    NÉRON.
Eh bien donc, prononcez. Que voulez-vous qu'on fasse?
    AGRIPPINE.
De mes accusateurs qu'on punisse l'audace;
Que de Britannicus on calme le courroux;
Que Junie à son choix puisse prendre un époux; 1290
Qu'ils soient libres tous deux, et que Pallas demeure;
Que vous me permettiez de vous voir à toute heure;
    (Apercevant Burrhus dans le fond du théâtre.)
Que ce même Burrhus, qui nous vient écouter,
A votre porte enfin n'ose plus m'arrêter.
    NÉRON.
Oui, madame, je veux que ma reconnaissance
Désormais dans les cœurs grave votre puissance;
Et je bénis déjà cette heureuse froideur
Qui de notre amitié va rallumer l'ardeur.
Quoi que Pallas ait fait, il suffit, je l'oublie;
Avec Britannicus je me réconcilie; 1300
Et, quant à cet amour qui nous a séparés,
Je vous fais notre arbitre, et vous nous jugerez.
Allez donc, et portez cette joie à mon frère.
Gardes, qu'on obéisse aux ordres de ma mère.

SCÈNE III.

NÉRON, BURRHUS.

    BURRHUS.
Que cette paix, seigneur, et ces embrassements
Vont offrir à mes yeux de spectacles charmants!
Vous savez si jamais ma voix lui fut contraire,

Si de son amitié j'ai voulu vous distraire,
Et si j'ai mérité cet injuste courroux.
．．．．．．．．．．NÉRON.
Je ne vous flatte point, je me plaignais de vous, 1310
Burrhus; je vous ai crus tous deux d'intelligence;
Mais son inimitié vous rend ma confiance.
Elle se hâte trop, Burrhus, de triompher:
J'embrasse mon rival, mais c'est pour l'étouffer.
．．．．．．．．．．BURRHUS.
Quoi, seigneur!
．．．．．．．．．．NÉRON. C'en est trop; il faut que sa ruine
Me délivre à jamais des fureurs d'Agrippine:
Tant qu'il respirera, je ne vis qu'à demi.
Elle m'a fatigué de ce nom ennemi;
Et je ne prétends pas que sa coupable audace
Une seconde fois lui promette ma place. 1320
．．．．．．．．．．BURRHUS.
Elle va donc bientôt pleurer Britannicus?
．．．．．．．．．．NÉRON.
Avant la fin du jour je ne le craindrai plus.
．．．．．．．．．．BURRHUS.
Et qui de ce dessein vous inspire l'envie?
．．．．．．．．．．NÉRON.
Ma gloire, mon amour, ma sûreté, ma vie.
．．．．．．．．．．BURRHUS.
Non, quoi que vous disiez, cet horrible dessein
Ne fut jamais, seigneur, conçu dans votre sein.
．．．．．．．．．．NÉRON.
Burrhus!
BURRHUS. De votre bouche, ô ciel! puis-je l'appren-
Vous-même, sans frémir, avez-vous pu l'entendre?[dre?
Songez-vous dans quel sang vous allez vous baigner?
Néron dans tous les cœurs est-il las de régner? 1330
Que dira-t-on de vous? Quelle est votre pensée?
．．．．．．．．．．NÉRON.
Quoi! toujours enchaîné de ma gloire passée,

J'aurai devant les yeux je ne sais quel amour
Que le hasard nous donne et nous ôte en un jour?
Soumis à tous leurs vœux, à mes désirs contraire,
Suis-je leur empereur seulement pour leur plaire?
  BURRHUS.
Eh! ne suffit-il pas, seigneur, à vos souhaits
Que le bonheur public soit un de vos bienfaits?
C'est à vous à choisir, vous êtes encor maître :
Vertueux jusqu'ici, vous pouvez toujours l'être ; 1340
Le chemin est tracé, rien ne vous retient plus ;
Vous n'avez qu'à marcher de vertus en vertus.
Mais si de vos flatteurs vous suivez la maxime,
Il vous faudra, seigneur, courir de crime en crime,
Soutenir vos rigueurs par d'autres cruautés,
Et laver dans le sang vos bras ensanglantés.
Britannicus mourant excitera le zèle
De ses amis, tout prêts à prendre sa querelle.
Ces vengeurs trouveront de nouveaux défenseurs,
Qui, même après leur mort, auront des successeurs: 1350
Vous allumez un feu qui ne pourra s'éteindre.
Craint de tout l'univers, il vous faudra tout craindre,
Toujours punir, toujours trembler dans vos projets,
Et pour vos ennemis compter tous vos sujets.
Ah! de vos premiers ans l'heureuse expérience
Vous fait-elle, seigneur, haïr votre innocence?
Songez-vous au bonheur qui les a signalés?
Dans quel repos, ô ciel, les avez-vous coulés!
Quel plaisir de penser et de dire en vous-même :
« Partout en ce moment on me bénit, on m'aime ; 1360
On ne voit point le peuple à mon nom s'alarmer ;
Le ciel dans tous leurs pleurs ne m'entend point nom-
Leur sombre inimitié ne fuit point mon visage ; [mer ;
Je vois voler partout les cœurs à mon passage ! »
Tels étaient vos plaisirs. Quel changement, ô dieux !
Le sang le plus abject vous était précieux :
Un jour, il m'en souvient, le sénat équitable

Vous pressait de souscrire à la mort d'un coupable ;
Vous résistiez, seigneur, à leur sévérité ;
Votre cœur s'accusait de trop de cruauté ; 1370
Et, plaignant les malheurs attachés à l'empire :
« Je voudrais, disiez-vous, ne savoir pas écrire. »
Non, ou vous me croirez, ou bien de ce malheur
Ma mort m'épargnera la vue et la douleur :
On ne me verra point survivre à votre gloire.
Si vous allez commettre une action si noire,
(Se jetant aux pieds de Néron.)
Me voilà prêt, seigneur ; avant que de partir,
Faites percer ce cœur qui n'y peut consentir ;
Appelez les cruels qui vous l'ont inspirée ;
Qu'ils viennent essayer leur main mal assurée... 1380
Mais je vois que mes pleurs touchent mon empereur ;
Je vois que sa vertu frémit de leur fureur.
Ne perdez point de temps, nommez-moi les perfides
Qui vous osent donner ces conseils parricides ;
Appelez votre frère, oubliez dans ses bras...

  NÉRON.
Ah ! que demandez-vous ?
      BURRHUS. Non, il ne vous hait pas,
Seigneur ; on le trahit : je sais son innocence ;
Je vous réponds pour lui de son obéissance.
J'y cours. Je vais presser un entretien si doux.

  NÉRON.
Dans mon appartement qu'il m'attende avec vous. 1390

SCÈNE IV.

NÉRON, NARCISSE.

  NARCISSE.
Seigneur, j'ai tout prévu pour une mort si juste :
Le poison est tout prêt. La fameuse Locuste
A redoublé pour moi ses soins officieux :

Elle a fait expirer un esclave à mes yeux :
Et le fer est moins prompt pour trancher une vie,
Que le nouveau poison que sa main me confie.
NÉRON.
Narcisse, c'est assez : je reconnais ce soin,
Et ne souhaite pas que vous alliez plus loin.
NARCISSE.
Quoi! pour Britannicus votre haine affaiblie
Me défend...
NÉRON. Oui, Narcisse, on nous réconcilie.
NARCISSE.
Je me garderai bien de vous en détourner,
Seigneur. Mais il s'est vu tantôt emprisonner :
Cette offense en son cœur sera longtemps nouvelle.
Il n'est point de secrets que le temps ne révèle :
Il saura que ma main lui devait présenter
Un poison que votre ordre avait fait apprêter.
Les dieux de ce dessein puissent-ils le distraire!
Mais peut-être il fera ce que vous n'osez faire.
NÉRON.
On répond de son cœur; et je vaincrai le mien.
NARCISSE.
Et l'hymen de Junie en est-il le lien?
Seigneur, lui faites-vous encor ce sacrifice?
NÉRON.
C'est prendre trop de soin. Quoi qu'il en soit, Narcisse,
Je ne le compte plus parmi mes ennemis.
NARCISSE.
Agrippine, seigneur, se l'était bien promis :
Elle a repris sur vous son souverain empire.
NÉRON.
Quoi donc? Qu'a-t-elle dit? Et que voulez-vous dire?
NARCISSE.
Elle s'en est vantée assez publiquement.
NÉRON.
De quoi?

NARCISSE. Qu'elle n'avait qu'à vous voir un moment ;
Qu'à tout ce grand éclat, à ce courroux funeste,
On verrait succéder un silence modeste ; 1420
Que vous-même à la paix souscririez le premier :
Heureux que sa bonté daignât tout oublier !
  NÉRON.
Mais, Narcisse, dis-moi, que veux-tu que je fasse ?
Je n'ai que trop de pente à punir son audace ;
Et, si je m'en croyais, ce triomphe indiscret
Serait bientôt suivi d'un éternel regret.
Mais de tout l'univers quel sera le langage ?
Sur les pas des tyrans veux-tu que je m'engage,
Et que Rome, effaçant tant de titres d'honneur,
Me laisse pour tout nom celui d'empoisonneur ? 1430
Ils mettront ma vengeance au rang des parricides.
  NARCISSE.
Et prenez-vous, seigneur, leurs caprices pour guides ?
Avez-vous prétendu qu'ils se tairaient toujours ?
Est-ce à vous de prêter l'oreille à leurs discours ?
De vos propres désirs perdrez-vous la mémoire ?
Et serez-vous le seul que vous n'oserez croire ?
Mais, seigneur, les Romains ne vous sont pas connus ;
Non, non : dans leurs discours ils sont plus retenus.
Tant de précaution affaiblit votre règne :
Ils croiront, en effet, mériter qu'on les craigne. 1440
Au joug, depuis longtemps, ils se sont façonnés ;
Ils adorent la main qui les tient enchaînés.
Vous les verrez toujours ardents à vous complaire
Leur prompte servitude a fatigué Tibère.
Moi-même, revêtu d'un pouvoir emprunté
Que je reçus de Claude avec la liberté,
J'ai cent fois, dans le cours de ma gloire passée,
Tenté leur patience, et ne l'ai point lassée.
D'un empoisonnement vous craignez la noirceur ?
Faites périr le frère, abandonnez la sœur : 1450
Rome sur les autels prodiguant les victimes,

Fussent-ils innocents, leur trouvera des crimes ;
Vous verrez mettre au rang des jours infortunés
Ceux où jadis la sœur et le frère sont nés.

    NÉRON.

Narcisse, encore un coup, je ne puis l'entreprendre.
J'ai promis à Burrhus, il a fallu me rendre.
Je ne veux point encore, en lui manquant de foi,
Donner à sa vertu des armes contre moi.
J'oppose à ses raisons un courage inutile :
Je ne l'écoute point avec un cœur tranquille.   1460

    NARCISSE.

Burrhus ne pense pas, seigneur, tout ce qu'il dit :
Son adroite vertu ménage son crédit ;
Ou plutôt ils n'ont tous qu'une même pensée.
Ils verraient par ce coup leur puissance abaissée :
Vous seriez libre alors, seigneur ; et, devant vous,
Ces maîtres orgueilleux fléchiraient comme nous.
Quoi donc! ignorez-vous tout ce qu'ils osent dire?
« Néron, s'ils en sont crus, n'est point né pour l'empire :
Il ne dit, il ne fait que ce qu'on lui prescrit ;
Burrhus conduit son cœur, Sénèque son esprit.   1470
Pour toute ambition, pour vertu singulière,
Il excelle à conduire un char dans la carrière,
A disputer des prix indignes de ses mains,
A se donner lui-même en spectacle aux Romains,
A venir prodiguer sa voix sur un théâtre,
A réciter des chants qu'il veut qu'on idolâtre,
Tandis que des soldats, de moments en moments,
Vont arracher pour lui les applaudissements. »
Ah! ne voulez-vous pas les forcer à se taire ?   1479

    NÉRON.

Viens, Narcisse : allons voir ce que nous devons faire.

ACTE CINQUIÈME.

SCÈNE I.

BRITANNICUS, JUNIE.

BRITANNICUS.
Oui, madame, Néron, qui l'aurait pu penser?
Dans son appartement m'attend pour m'embrasser.
Il y fait de sa cour inviter la jeunesse :
Il veut que d'un festin la pompe et l'allégresse
Confirment à leurs yeux la foi de nos serments
Et réchauffent l'ardeur de nos embrassements.
Il éteint cet amour, source de tant de haine ;
Il vous fait de mon sort arbitre souveraine.
Pour moi, quoique banni du rang de mes aïeux,
Quoique de leur dépouille il se pare à mes yeux, 1490
Depuis qu'à mon amour cessant d'être contraire,
Il semble me céder la gloire de vous plaire,
Mon cœur, je l'avoûrai, lui pardonne en secret,
Et lui laisse le reste avec moins de regret.
Quoi! je ne serai plus séparé de vos charmes!
Quoi! même en ce moment, je puis voir sans alarmes
Ces yeux que n'ont émus ni soupirs ni terreur,
Qui m'ont sacrifié l'empire et l'empereur!
Ah, madame!... Mais quoi! quelle nouvelle crainte
Tient parmi mes transports votre joie en contrainte? 1500
D'où vient qu'en m'écoutant, vos yeux, vos tristes yeux
Avec de longs regards se tournent vers les cieux?
Qu'est-ce que vous craignez?
     JUNIE. Je l'ignore moi-même ;
Mais je crains.

BRITANNICUS. Vous m'aimez?
JUNIE. Hélas! si je vous aime!
BRITANNICUS.
Néron ne trouble plus notre félicité.
JUNIE.
Mais me répondez-vous de sa sincérité?
BRITANNICUS.
Quoi! vous le soupçonnez d'une haine couverte?
JUNIE.
Néron m'aimait tantôt, il jurait votre perte;
Il me fuit, il vous cherche : un si grand changement
Peut-il être, seigneur, l'ouvrage d'un moment? 1510
BRITANNICUS.
Cet ouvrage, madame, est un coup d'Agrippine.
Elle a cru que ma perte entraînait sa ruine.
Grâce aux préventions de son esprit jaloux,
Nos plus grands ennemis ont combattu pour nous.
Je m'en fie aux transports qu'elle m'a fait paraître;
Je m'en fie à Burrhus : j'en crois même son maître;
Je crois qu'à mon exemple, impuissant à trahir,
Il hait à cœur ouvert, ou cesse de haïr.
JUNIE.
Seigneur, ne jugez pas de son cœur par le vôtre.
Sur des pas différents vous marchez l'un et l'autre. 1520
Je ne connais Néron et la cour que d'un jour;
Mais, si je l'ose dire, hélas! dans cette cour
Combien tout ce qu'on dit est loin de ce qu'on pense!
Que la bouche et le cœur sont peu d'intelligence!
Avec combien de joie on y trahit sa foi!
Quel séjour étranger et pour vous et pour moi!
BRITANNICUS.
Mais que son amitié soit véritable ou feinte,
Si vous craignez Néron, lui-même est-il sans crainte?
Non, non, il n'ira point, par un lâche attentat,
Soulever contre lui le peuple et le sénat. 1530
Que dis-je? il reconnaît sa dernière injustice;

Ses remords ont paru, même aux yeux de Narcisse.
Ah! s'il vous avait dit, ma princesse, à quel point...
   JUNIE.
Mais Narcisse, seigneur, ne vous trahit-il point?
   BRITANNICUS.
Et pourquoi voulez-vous que mon cœur s'en défie?
   JUNIE.
Et que sais-je? il y va, seigneur, de votre vie :
Tout m'est suspect : je crains que tout ne soit séduit.
Je crains Néron; je crains le malheur qui me suit.
D'un noir pressentiment malgré moi prévenue,
Je vous laisse à regret éloigner de ma vue.   1540
Hélas! si cette paix dont vous vous repaissez
Couvrait contre vos jours quelques piéges dressés;
Si Néron, irrité de notre intelligence,
Avait choisi la nuit pour cacher sa vengeance;
S'il préparait ses coups tandis que je vous vois;
Et si je vous parlais pour la dernière fois!
Ah, prince!
   BRITANNICUS.
     Vous pleurez! ah, ma chère princesse!
Et pour moi jusque-là votre cœur s'intéresse!
Quoi, madame! en un jour, où, plein de sa grandeur,
Néron croit éblouir vos yeux de sa splendeur,   1550
Dans des lieux où chacun me fuit et le révère,
Aux pompes de sa cour préférer ma misère!
Quoi! dans ce même jour et dans ces mêmes lieux,
Refuser un empire et pleurer à mes yeux!
Mais, madame, arrêtez ces précieuses larmes;
Mon retour va bientôt dissiper vos alarmes.
Je me rendrais suspect par un plus long séjour :
Adieu. Je vais, le cœur tout plein de mon amour.
Au milieu des transports d'une aveugle jeunesse,
Ne voir, n'entretenir que ma belle princesse :   1560
Adieu.
JUNIE. Prince....

BRITANNICUS. On m'attend, madame, il faut partir.
JUNIE.
Mais, du moins, attendez qu'on vous vienne avertir.

SCÈNE II.

AGRIPPINE, BRITANNICUS, JUNIE.

AGRIPPINE.
Prince, que tardez-vous? Partez en diligence.
Néron impatient se plaint de votre absence.
La joie et le plaisir de tous les conviés
Attend, pour éclater, que vous vous embrassiez.
Ne faites point languir une si juste envie;
Allez. Et nous, madame, allons chez Octavie.
BRITANNICUS.
Allez, belle Junie, et, d'un esprit content,
Hâtez-vous d'embrasser ma sœur qui vous attend. 1570
Dès que je le pourrai, je reviens sur vos traces,
Madame, et de vos soins j'irai vous rendre grâces.

SCÈNE III.

AGRIPPINE, JUNIE.

AGRIPPINE.
Madame, ou je me trompe, ou durant vos adieux
Quelques pleurs répandus ont obscurci vos yeux.
Puis-je savoir quel trouble a formé ce nuage?
Doutez-vous d'une paix dont je fais mon ouvrage?
JUNIE.
Après tous les ennuis que ce jour m'a coûtés,
Ai-je pu rassurer mes esprits agités?
Hélas! à peine encor je conçois ce miracle. 1579

Quand même à vos bontés je craindrais quelque obsta-
Le changement, madame, est commun à la cour, [cle,
Et toujours quelque crainte accompagne l'amour.
   AGRIPPINE.
Il suffit, j'ai parlé : tout a changé de face ;
Mes soins à vos soupçons ne laissent point de place :
Je réponds d'une paix jurée entre mes mains ;
Néron m'en a donné des gages trop certains.
Ah! si vous aviez vu par combien de caresses
Il m'a renouvelé la foi de ses promesses !
Par quels embrassements il vient de m'arrêter !
Ses bras dans nos adieux ne pouvaient me quitter. 1590
Sa facile bonté, sur son front répandue,
Jusqu'aux moindres secrets est d'abord descendue.
Il s'épanchait en fils qui vient en liberté
Dans le sein de sa mère oublier sa fierté.
Mais bientôt, reprenant un visage sévère,
Tel que d'un empereur qui consulte sa mère,
Sa confidence auguste a mis entre mes mains
Des secrets d'où dépend le destin des humains.
Non, il le faut ici confesser à sa gloire,
Son cœur n'enferme point une malice noire ;   1600
Et nos seuls ennemis, altérant sa bonté,
Abusaient contre nous de sa facilité.
Mais enfin, à son tour, leur puissance décline :
Rome encore une fois va connaître Agrippine :
Déjà de ma faveur on adore le bruit.
Cependant en ces lieux n'attendons pas la nuit :
Passons chez Octavie, et donnons-lui le reste
D'un jour autant heureux que je l'ai cru funeste.
Mais qu'est-ce que j'entends ? quel tumulte confus ?
Que peut-on faire ?
   JUNIE. O ciel, sauvez Britannicus ! 1610

SCÈNE IV.

AGRIPPINE, JUNIE, BURRHUS.

AGRIPPINE.
Burrhus, où courez-vous? arrêtez. Que veut dire...
BURRHUS.
Madame, c'en est fait, Britannicus expire.
JUNIE.
Ah, mon prince!
AGRIPPINE. Il expire?
BURRHUS. Ou plutôt il est mort,
Madame.
JUNIE. Pardonnez, madame, à ce transport :
Je vais le secourir, si je puis, ou le suivre.

SCÈNE V.

AGRIPPINE, BURRHUS.

AGRIPPINE.
Quel attentat, Burrhus!
BURRHUS. Je n'y pourrai survivre,
Madame; il faut quitter la cour et l'empereur.
AGRIPPINE.
Quoi! du sang de son frère il n'a point eu d'horreur!
BURRHUS.
Ce dessein s'est conduit avec plus de mystère.
A peine l'empereur a vu venir son frère, 1620
Il se lève, il l'embrasse, on se tait; et soudain
César prend le premier une coupe à la main :
« Pour achever ce jour sous de meilleurs auspices,
Ma main de cette coupe épanche les prémices,
Dit-il; dieux, que j'appelle à cette effusion,
Venez favoriser notre réunion. »

Par les mêmes serments Britannicus se lie.
La coupe dans ses mains par Narcisse est remplie;
Mais ses lèvres à peine en ont touché les bords,
Le fer ne produit point de si puissants efforts, 1630
Madame : la lumière à ses yeux est ravie,
Il tombe sur son lit sans chaleur et sans vie.
Jugez combien ce coup frappe tous les esprits :
La moitié s'épouvante et sort avec des cris;
Mais ceux qui de la cour ont un plus long usage
Sur les yeux de César composent leur visage.
Cependant sur son lit il demeure penché;
D'aucun étonnement il ne paraît touché :
« Ce mal dont vous craignez, dit-il, la violence,
A souvent sans péril attaqué son enfance. » 1640
Narcisse veut en vain affecter quelque ennui,
Et sa perfide joie éclate malgré lui.
Pour moi, dût l'empereur punir ma hardiesse,
D'une odieuse cour j'ai traversé la presse;
Et j'allais, accablé de cet assassinat,
Pleurer Britannicus, César et tout l'État.

  AGRIPPINE.
Le voici. Vous verrez si c'est moi qui l'inspire.

SCÈNE VI.

AGRIPPINE, NÉRON, BURRHUS, NARCISSE.

  NÉRON, *voyant Agrippine.*
Dieux!
AGRIPPINE. Arrêtez, Néron; j'ai deux mots à vous dire.
Britannicus est mort : je reconnais les coups;
Je connais l'assassin.
    NÉRON. Et qui, madame?
        AGRIPPINE. Vous. 1650
  NÉRON.
Moi! voilà les soupçons dont vous êtes capable :

Il n'est point de malheur dont je ne sois coupable ;
Et si l'on veut, madame, écouter vos discours,
Ma main de Claude même aura tranché les jours.
Son fils vous était cher, sa mort peut vous confondre ;
Mais des coups du destin je ne puis pas répondre.
AGRIPPINE.
Non, non ; Britannicus est mort empoisonné :
Narcisse a fait le coup ; vous l'avez ordonné.
NÉRON.
Madame !... Mais qui peut vous tenir ce langage ?
NARCISSE.
Eh seigneur ! ce soupçon vous fait-il tant d'outrage ?
Britannicus, madame, eut des desseins secrets 1661
Qui vous auraient coûté de plus justes regrets :
Il aspirait plus loin qu'à l'hymen de Junie ;
De vos propres bontés il vous aurait punie.
Il vous trompait vous-même, et son cœur offensé
Prétendait tôt ou tard rappeler le passé.
Soit donc que malgré vous le sort vous ait servie,
Soit qu'instruit des complots qui menaçaient sa vie
Sur ma fidélité César s'en soit remis,
Laissez les pleurs, madame, à vos seuls ennemis ; 1670
Qu'ils mettent ce malheur au rang des plus sinistres :
Mais vous...
AGRIPPINE. Poursuis, Néron ; avec de tels ministres,
Par des faits glorieux tu te vas signaler ;
Poursuis : tu n'as pas fait ce pas pour reculer.
Ta main a commencé par le sang de ton frère ;
Je prévois que tes coups viendront jusqu'à ta mère :
Dans le fond de ton cœur je sais que tu me hais ;
Tu voudras t'affranchir du joug de mes bienfaits.
Mais je veux que ma mort te soit même inutile :
Ne crois pas qu'en mourant je te laisse tranquille ; 1680
Rome, ce ciel, ce jour que tu reçus de moi,
Partout, à tout moment, m'offriront devant toi.
Tes remords te suivront comme autant de furies :

Tu croiras les calmer par d'autres barbaries ;
Ta fureur, s'irritant soi-même dans son cours,
D'un sang toujours nouveau marquera tous tes jours.
Mais j'espère qu'enfin le ciel, las de tes crimes,
Ajoutera ta perte à tant d'autres victimes ;
Qu'après t'être couvert de leur sang et du mien,
Tu te verras forcé de répandre le tien ; 1690
Et ton nom paraîtra, dans la race future,
Aux plus cruels tyrans une cruelle injure.
Voilà ce que mon cœur se présage de toi.
Adieu : tu peux sortir.
    NÉRON. Narcisse, suivez-moi.

SCÈNE VII.

AGRIPPINE, BURRHUS.

AGRIPPINE.
Ah ciel ! de mes soupçons quelle était l'injustice !
Je condamnais Burrhus pour écouter Narcisse !
Burrhus, avez-vous vu quels regards furieux
Néron en me quittant m'a laissés pour adieux ?
C'en est fait, le cruel n'a plus rien qui l'arrête ;
Le coup qu'on m'a prédit va tomber sur ma tête. 1700
Il vous accablera vous-même à votre tour.
  BURRHUS.
Ah, madame ! pour moi j'ai vécu trop d'un jour.
Plût au ciel que sa main, heureusement cruelle,
Eût fait sur moi l'essai de sa fureur nouvelle !
Qu'il ne m'eût pas donné, par ce triste attentat,
Un gage trop certain des malheurs de l'État !
Son crime seul n'est pas ce qui me désespère,
Sa jalousie a pu l'armer contre son frère :
Mais, s'il vous faut, madame, expliquer ma douleur,
Néron l'a vu mourir sans changer de couleur : 1710
Ses yeux indifférents ont déjà la constance

D'un tyran dans le crime endurci dès l'enfance.
Qu'il achève, madame, et qu'il fasse périr
Un ministre importun qui ne le peut souffrir.
Hélas! loin de vouloir éviter sa colère,
La plus soudaine mort me sera la plus chère.

SCÈNE VIII.

AGRIPPINE, BURRHUS, ALBINE.

ALBINE.
Ah, madame! ah, seigneur! courez vers l'empereur,
Venez sauver César de sa propre fureur :
Il se voit pour jamais séparé de Junie.
AGRIPPINE.
Quoi! Junie elle-même a terminé sa vie? 1720
ALBINE.
Pour accabler César d'un éternel ennui,
Madame, sans mourir elle est morte pour lui.
Vous savez de ces lieux comme elle s'est ravie :
Elle a feint de passer chez la triste Octavie;
Mais bientôt elle a pris des chemins écartés,
Où mes yeux ont suivi ses pas précipités.
Des portes du palais elle sort éperdue:
D'abord elle a d'Auguste aperçu la statue;
Et mouillant de ses pleurs le marbre de ses pieds
Que de ses bras pressants elle tenait liés : 1730
« Prince, par ces genoux, dit-elle, que j'embrasse,
Protége en ce moment le reste de ta race.
Rome dans ton palais vient de voir immoler
Le seul de tes neveux qui te pût ressembler :
On veut après sa mort que je lui sois parjure;
Mais, pour lui conserver une foi toujours pure,
Prince, je me dévoue à ces dieux immortels
Dont ta vertu t'a fait partager les autels. »
Le peuple cependant, que ce spectacle étonne,

Vole de toutes parts, se presse, l'environne, 1740
S'attendrit à ses pleurs, et, plaignant son ennui,
D'une commune voix la prend sous son appui.
Ils la mènent au temple, où depuis tant d'années
Au culte des autels nos vierges destinées
Gardent fidèlement le dépôt précieux
Du feu toujours ardent qui brûle pour nos dieux.
César les voit partir sans oser les distraire.
Narcisse, plus hardi, s'empresse pour lui plaire :
Il vole vers Junie, et, sans s'épouvanter,
D'une profane main commence à l'arrêter. 1750
De mille coups mortels son audace est punie ;
Son infidèle sang rejaillit sur Junie.
César, de tant d'objets en même temps frappé,
Le laisse entre les mains qui l'ont enveloppé.
Il rentre. Chacun fuit son silence farouche :
Le seul nom de Junie échappe de sa bouche.
Il marche sans dessein ; ses yeux mal assurés
N'osent lever au ciel leurs regards égarés ;
Et l'on craint, si la nuit jointe à la solitude
Vient de son désespoir aigrir l'inquiétude, 1760
Si vous l'abandonnez plus longtemps sans secours,
Que sa douleur bientôt n'attente sur ses jours.
Le temps presse : courez. Il ne faut qu'un caprice ;
Il se perdrait, madame.
           AGRIPPINE. Il se ferait justice.
Mais, Burrhus, allons voir jusqu'où vont ses transports :
Voyons quel changement produiront ses remords ;
S'il voudra désormais suivre d'autres maximes.
    BURRHUS.
Plût aux dieux que ce fût le dernier de ses crimes !

MITHRIDATE.

TRAGÉDIE.

(1673.)

PERSONNAGES. — Mithridate, roi de Pont et de quantité d'autres royaumes. — Monime, accordée avec Mithridate, et déjà déclarée reine. — Pharnace, Xipharès, fils de Mithridate, mais de différentes mères. — Arbate, confident de Mithridate et gouverneur de la place de Nymphée. — Phœdime, confidente de Monime. — Arcas, domestique de Mithridate. — Gardes.

La scène est à Nymphée, port de mer sur le Bosphore Cimmérien dans la Chersonèse Taurique.

ACTE PREMIER.

SCÈNE I.

XIPHARÈS, ARBATE.

XIPHARÈS.

On nous faisait, Arbate, un fidèle rapport :
Rome en effet triomphe, et Mithridate est mort.
Les Romains, vers l'Euphrate, ont attaqué mon père
Et trompé dans la nuit sa prudence ordinaire.
Après un long combat, tout son camp dispersé
Dans la foule des morts, en fuyant, l'a laissé ;
Et j'ai su qu'un soldat dans les mains de Pompée
Avec son diadème a remis son épée.
Ainsi ce roi qui, seul, a, durant quarante ans,

Lassé tout ce que Rome eut de chefs importants, 10
Et qui, dans l'Orient balançant la fortune,
Vengeait de tous les rois la querelle commune,
Meurt, et laisse après lui, pour venger son trépas,
Deux fils infortunés qui ne s'accordent pas.

ARBATE.

Vous, seigneur! Quoi! l'ardeur de régner en sa place
Rend déjà Xipharès ennemi de Pharnace?

XIPHARÈS.

Non, je ne prétends point, cher Arbate, à ce prix,
D'un malheureux empire acheter les débris.
Je sais en lui des ans respecter l'avantage;
Et, content des États marqués pour mon partage, 20
Je verrai sans regret tomber entre ses mains
Tout ce que lui promet l'amitié des Romains.

ARBATE.

L'amitié des Romains! Le fils de Mithridate,
Seigneur! Est-il bien vrai?
      XIPHARÈS. N'en doute point, Arbate;
Pharnace, dès longtemps tout Romain dans le cœur,
Attend tout maintenant de Rome et du vainqueur.
Et moi, plus que jamais à mon père fidèle,
Je conserve aux Romains une haine immortelle.
Cependant et ma haine et ses prétentions
Sont les moindres sujets de nos divisions. 30

ARBATE.

Et quel autre intérêt contre lui vous anime?

XIPHARÈS.

Je m'en vais t'étonner : cette belle Monime,
Qui du roi notre père attira tous les vœux,
Dont Pharnace après lui se déclare amoureux...

ARBATE.

Eh bien, seigneur?
   XIPHARÈS. Je l'aime, et ne veux plus m'en taire,
Puisque enfin pour rival je n'ai plus que mon frère.
Tu ne t'attendais pas, sans doute, à ce discours;

Mais ce n'est point, Arbate, un secret de deux jours.
Cet amour s'est longtemps accru dans le silence.
Que n'en puis-je à tes yeux marquer la violence, 40
Et mes premiers soupirs, et mes derniers ennuis !
Mais, en l'état funeste où nous sommes réduits,
Ce n'est guère le temps d'occuper ma mémoire
A rappeler le cours d'une amoureuse histoire.
Qu'il te suffise donc, pour me justifier,
Que je vis, que j'aimai la reine le premier ;
Que mon père ignorait jusqu'au nom de Monime
Quand je conçus pour elle un amour légitime.
Il la vit. Mais, au lieu d'offrir à ses beautés
Un hymen, et des vœux dignes d'être écoutés, 50
Il crut que, sans prétendre une plus haute gloire,
Elle lui céderait une indigne victoire.
Tu sais par quels efforts il tenta sa vertu ;
Et que, lassé d'avoir vainement combattu,
Absent, mais toujours plein de son amour extrême,
Il lui fit par tes mains porter son diadème.
Juge de mes douleurs, quand des bruits trop certains
M'annoncèrent du roi l'amour et les desseins ;
Quand je sus qu'à son lit Monime réservée
Avait pris avec toi le chemin de Nymphée ! 60
Hélas ! ce fut encor dans ce temps odieux
Qu'aux offres des Romains ma mère ouvrit les yeux :
Ou pour venger sa foi par cet hymen trompée,
Ou ménageant pour moi la faveur de Pompée,
Elle trahit mon père, et rendit aux Romains
La place et les trésors confiés en ses mains.
Que devins-je au récit du crime de ma mère !
Je ne regardai plus mon rival dans mon père ;
J'oubliai mon amour par le sien traversé :
Je n'eus devant les yeux que mon père offensé. 70
J'attaquai les Romains ; et ma mère, éperdue,
Me vit, en reprenant cette place rendue,
A mille coups mortels contre eux me dévouer,

Et chercher, en mourant, à la désavouer.
L'Euxin, depuis ce temps, fut libre, et l'est encore;
Et, des rives du Pont aux rives du Bosphore,
Tout reconnut mon père; et ses heureux vaisseaux
N'eurent plus d'ennemis que les vents et les eaux.
Je voulais faire plus : je prétendais, Arbate,
Moi-même à son secours m'avancer vers l'Euphrate. 80
Je fus soudain frappé du bruit de son trépas.
Au milieu de mes pleurs, je ne le cèle pas,
Monime, qu'en tes mains mon père avait laissée,
Avec tous ses attraits revint en ma pensée.
Que dis-je? en ce malheur je tremblai pour ses jours;
Je redoutai du roi les cruelles amours :
Tu sais combien de fois ses jalouses tendresses
Ont pris soin d'assurer la mort de ses maîtresses.
Je volai vers Nymphée; et mes tristes regards
Rencontrèrent Pharnace au pied de ses remparts : 90
J'en conçus, je l'avoue, un présage funeste.
Tu nous reçus tous deux, et tu sais tout le reste.
Pharnace, en ses desseins toujours impétueux,
Ne dissimula point ses vœux présomptueux :
De mon père à la reine il conta la disgrâce,
L'assura de sa mort, et s'offrit en sa place.
Comme il le dit, Arbate, il veut l'exécuter.
Mais enfin à mon tour je prétends éclater :
Autant que mon amour respecta la puissance
D'un père à qui je fus dévoué dès l'enfance, 100
Autant ce même amour, maintenant révolté,
De ce nouveau rival brave l'autorité.
Ou Monime, à ma flamme elle-même contraire,
Condamnera l'aveu que je prétends lui faire;
Ou bien, quelque malheur qu'il en puisse avenir,
Ce n'est que par ma mort qu'on la peut obtenir.
Voilà tous les secrets que je voulais t'apprendre;
C'est à toi de choisir quel parti tu dois prendre;
Qui des deux te paraît plus digne de ta foi,

L'esclave des Romains, ou le fils de ton roi. 110
Fier de leur amitié, Pharnace croit peut-être
Commander dans Nymphée et me parler en maître.
Mais ici mon pouvoir ne connaît point le sien :
Le Pont est son partage, et Colchos est le mien ;
Et l'on sait que toujours la Colchide et ses princes
Ont compté le Bosphore au rang de leurs provinces.

ARBATE.

Commandez-moi, seigneur. Si j'ai quelque pouvoir,
Mon choix est déjà fait, je ferai mon devoir :
Avec le même zèle, avec la même audace
Que je servais le père, et gardais cette place 120
Et contre votre frère, et même contre vous,
Après la mort du roi, je vous sers contre tous.
Sans vous, ne sais-je pas que ma mort assurée
De Pharnace en ces lieux allait suivre l'entrée?
Sais-je pas que mon sang, par ses mains répandu,
Eût souillé ce rempart contre lui défendu?
Assurez-vous du cœur et du choix de la reine :
Du reste, ou mon crédit n'est plus qu'une ombre vaine,
Ou Pharnace, laissant le Bosphore en vos mains,
Ira jouir ailleurs des bontés des Romains. 130

XIPHARÈS.

Que ne devrai-je point à cette ardeur extrême!
Mais on vient. Cours, ami. C'est Monime elle-même.

SCÈNE II.

MONIME, XIPHARÈS.

MONIME.

Seigneur, je viens à vous : car enfin, aujourd'hui,
Si vous m'abandonnez, quel sera mon appui?
Sans parents, sans amis, désolée et craintive,
Reine longtemps de nom, mais en effet captive,
Et veuve maintenant sans avoir eu d'époux,

Seigneur, de mes malheurs ce sont là les plus doux.
Je tremble à vous nommer l'ennemi qui m'opprime :
J'espère toutefois qu'un cœur si magnanime 140
Ne sacrifiera point les pleurs des malheureux
Aux intérêts du sang qui vous unit tous deux.
Vous devez à ces mots reconnaître Pharnace :
C'est lui, seigneur, c'est lui dont la coupable audace
Veut, la force à la main, m'attacher à son sort
Par un hymen pour moi plus cruel que la mort.
Sous quel astre ennemi faut-il que je sois née !
Au joug d'un autre hymen sans amour destinée,
A peine suis-je libre et goûte quelque paix,
Qu'il faut que je me livre à tout ce que je hais. 150
Peut-être je devrais, plus humble en ma misère,
Me souvenir du moins que je parle à son frère :
Mais, soit raison, destin, soit que ma haine en lui
Confonde les Romains, dont il cherche l'appui,
Jamais hymen formé sous le plus noir auspice
De l'hymen que je crains n'égala le supplice.
Et si Monime en pleurs ne vous peut émouvoir,
Si je n'ai plus pour moi que mon seul désespoir,
Au pied du même autel où je suis attendue,
Seigneur, vous me verrez, à moi-même rendue, 160
Percer ce triste cœur qu'on veut tyranniser,
Et dont jamais encor je n'ai pu disposer.

  XIPHARÈS.

Madame, assurez-vous de mon obéissance ;
Vous avez dans ces lieux une entière puissance :
Pharnace ira, s'il veut, se faire craindre ailleurs.
Mais vous ne savez pas encor tous vos malheurs.

  MONIME.

Eh ! quel nouveau malheur peut affliger Monime,
Seigneur ?

  XIPHARÈS.

    Si vous aimer c'est faire un si grand crime,
Pharnace n'en est pas seul coupable aujourd'hui ;

Et je suis mille fois plus criminel que lui. 170
   MONIME.
Vous !
   XIPHARÈS.
      Mettez ce malheur au rang des plus funestes ;
Attestez, s'il le faut, les puissances célestes
Contre un sang malheureux, né pour vous tourmenter,
Père, enfants, animés à vous persécuter ;
Mais avec quelque ennui que vous puissiez apprendre
Cet amour criminel qui vient de vous surprendre,
Jamais tous vos malheurs ne sauraient approcher
Des maux que j'ai soufferts en le voulant cacher.
Ne croyez point pourtant que, semblable à Pharnace,
Je vous serve aujourd'hui pour me mettre en sa place.
Vous voulez être à vous, j'en ai donné ma foi, 181
Et vous ne dépendrez ni de lui ni de moi.
Mais, quand je vous aurai pleinement satisfaite,
En quels lieux avez-vous choisi votre retraite ?
Sera-ce loin, madame, ou près de mes États ?
Me sera-t-il permis d'y conduire vos pas ?
Verrez-vous d'un même œil le crime et l'innocence ?
En fuyant mon rival, fuirez-vous ma présence ?
Pour prix d'avoir si bien secondé vos souhaits,
Faudra-t-il me résoudre à ne vous voir jamais ? 190
   MONIME.
Ah ! que m'apprenez-vous !
            XIPHARÈS. Eh quoi ! belle Monime,
Si le temps peut donner quelque droit légitime,
Faut-il vous dire ici que le premier de tous
Je vous vis, je formai le dessein d'être à vous,
Quand vos charmes naissants, inconnus à mon père,
N'avaient encor paru qu'aux yeux de votre mère ?
Ah ! si, par mon devoir forcé de vous quitter,
Tout mon amour alors ne put pas éclater,
Ne vous souvient-il plus, sans compter tout le reste,
Combien je me plaignis de ce devoir funeste ? 200

Ne vous souvient-il plus, en quittant vos beaux yeux,
Quelle vive douleur attendrit mes adieux?
Je m'en souviens tout seul : avouez-le, madame,
Je vous rappelle un songe effacé de votre âme.
Tandis que, loin de vous, sans espoir de retour,
Je nourrissais encore un malheureux amour,
Contente, et résolue à l'hymen de mon père,
Tous les malheurs du fils ne vous affligeaient guère.
  MONIME.
Hélas!
XIPHARÈS. Avez-vous plaint un moment mes ennuis?
  MONIME.
Prince... n'abusez point de l'état où je suis.
  XIPHARÈS.
En abuser, ô ciel! quand je cours vous défendre,
Sans vous demander rien, sans oser rien prétendre;
Que vous dirai-je enfin? lorsque je vous promets
De vous mettre en état de ne me voir jamais!
  MONIME.
C'est me promettre plus que vous ne sauriez faire.
  XIPHARÈS.
Quoi! malgré mes serments, vous croyez le contraire?
Vous croyez qu'abusant de mon autorité,
Je prétends attenter à votre liberté?
On vient, madame, on vient: expliquez-vous, de grâce.
Un mot.
MONIME. Défendez-moi des fureurs de Pharnace :
Pour me faire, seigneur, consentir à vous voir,
Vous n'aurez pas besoin d'un injuste pouvoir.
  XIPHARÈS.
Ah, madame!
  MONIME. Seigneur, vous voyez votre frère.

SCÈNE III.

MONIME, PHARNACE, XIPHARÈS.

PHARNACE.

Jusques à quand, madame, attendrez-vous mon père?
Des témoins de sa mort viennent à tous moments
Condamner votre doute et vos retardements.
Venez, fuyez l'aspect de ce climat sauvage,
Qui ne parle à vos yeux que d'un triste esclavage :
Un peuple obéissant vous attend à genoux,
Sous un ciel plus heureux et plus digne de vous. 230
Le Pont vous reconnaît dès longtemps pour sa reine :
Vous en portez encor la marque souveraine ;
Et ce bandeau royal fut mis sur votre front
Comme un gage assuré de l'empire du Pont.
Maître de cet État que mon père me laisse,
Madame, c'est à moi d'accomplir sa promesse.
Mais il faut, croyez-moi, sans attendre plus tard,
Ainsi que notre hymen, presser notre départ :
Nos intérêts communs et mon cœur le demandent.
Prêts à vous recevoir, mes vaisseaux vous attendent ;
Et du pied de l'autel vous y pouvez monter, 240
Souveraine des mers qui vous doivent porter.

MONIME.

Seigneur, tant de bontés ont lieu de me confondre.
Mais, puisque le temps presse, et qu'il faut vous ré-
Puis-je, laissant la feinte et les déguisements, [pondre
Vous découvrir ici mes secrets sentiments?

PHARNACE.

Vous pouvez tout.

    MONIME. Je crois que je vous suis connue.
Éphèse est mon pays ; mais je suis descendue
D'aïeux, ou rois, seigneur, ou héros qu'autrefois
Leur vertu, chez les Grecs, mit au-dessus des rois. 250

Mithridate me vit; Éphèse et l'Ionie
A son heureux empire était alors unie :
Il daigna m'envoyer ce gage de sa foi.
Ce fut pour ma famille une suprême loi :
Il fallut obéir. Esclave couronnée,
Je partis pour l'hymen où j'étais destinée.
Le roi, qui m'attendait au sein de ses États,
Vit emporter ailleurs ses desseins et ses pas,
Et, tandis que la guerre occupait son courage,
M'envoya dans ces lieux éloignés de l'orage. 260
J'y vins : j'y suis encor. Mais cependant, seigneur,
Mon père paya cher ce dangereux honneur :
Et les Romains vainqueurs, pour première victime,
Prirent Philopœmen, le père de Monime.
Sous ce titre funeste il se vit immoler ;
Et c'est de quoi, seigneur, j'ai voulu vous parler.
Quelque juste fureur dont je sois animée,
Je ne puis point à Rome opposer une armée :
Inutile témoin de tous ses attentats,
Je n'ai pour me venger ni sceptre ni soldats ; 270
Enfin, je n'ai qu'un cœur. Tout ce que je puis faire,
C'est de garder la foi que je dois à mon père,
De ne point dans son sang aller tremper mes mains,
En épousant en vous l'allié des Romains.

    PHARNACE.

Que parlez-vous de Rome et de son alliance?
Pourquoi tout ce discours et cette défiance?
Qui vous dit qu'avec eux je prétends m'allier?

    MONIME.

Mais vous-même, seigneur, pouvez-vous le nier?
Comment m'offririez-vous l'entrée et la couronne
D'un pays que partout leur armée environne, 280
Si le traité secret qui vous lie aux Romains
Ne vous en assurait l'empire et les chemins?

    PHARNACE.

De mes intentions je pourrais vous instruire,

Et je sais les raisons que j'aurais à vous dire,
Si, laissant en effet les vains déguisements,
Vous m'aviez expliqué vos secrets sentiments;
Mais enfin je commence, après tant de traverses,
Madame, à rassembler vos excuses diverses;
Je crois voir l'intérêt que vous voulez celer,
Et qu'un autre qu'un père ici vous fait parler. 290
  XIPHARÈS.
Quel que soit l'intérêt qui fait parler la reine,
La réponse, seigneur, doit-elle être incertaine?
Et contre les Romains votre ressentiment
Doit-il pour éclater balancer un moment?
Quoi! nous aurons d'un père entendu la disgrâce,
Et, lents à le venger, prompts à remplir sa place,
Nous mettrons notre honneur et son sang en oubli!
Il est mort : savons-nous s'il est enseveli?
Qui sait si, dans le temps que votre âme empressée
Forme d'un doux hymen l'agréable pensée, 300
Ce roi, que l'Orient, tout plein de ses exploits,
Peut nommer justement le dernier de ses rois,
Dans ses propres États, privé de sépulture,
Ou couché sans honneur dans une foule obscure,
N'accuse point le ciel qui le laisse outrager,
Et des indignes fils qui n'osent le venger?
Ah! ne languissons plus dans un coin du Bosphore :
Si dans tout l'univers quelque roi libre encore,
Parthe, Scythe ou Sarmate, aime sa liberté,
Voilà nos alliés : marchons de ce côté. 310
Vivons ou périssons dignes de Mithridate;
Et songeons bien plutôt, quelque amour qui nous flatte,
A défendre du joug et nous et nos États,
Qu'à contraindre des cœurs qui ne se donnent pas.
  PHARNACE.
Il sait vos sentiments. Me trompais-je, madame?
Voilà cet intérêt si puissant sur votre âme,
Ce père, ces Romains que vous me reprochez.

XIPHARÈS.
J'ignore de son cœur les sentiments cachés ;
Mais je m'y soumettrais sans vouloir rien prétendre,
Si, comme vous, seigneur, je croyais les entendre. 320
PHARNACE.
Vous feriez bien ; et moi, je fais ce que je doi :
Votre exemple n'est pas une règle pour moi.
XIPHARÈS.
Toutefois en ces lieux je ne connais personne
Qui ne doive imiter l'exemple que je donne.
PHARNACE.
Vous pourriez à Colchos vous expliquer ainsi.
XIPHARÈS.
Je le puis à Colchos, et je le puis ici.
PHARNACE.
Ici ! vous y pourriez rencontrer votre perte....

SCÈNE IV.

MONIME, PHARNACE, XIPHARÈS, PHOEDIME.

PHOEDIME.
Princes, toute la mer est de vaisseaux couverte ;
Et bientôt, démentant le faux bruit de sa mort,
Mithridate lui-même arrive dans le port. 330
MONIME.
Mithridate !
XIPHARÈS. Mon père !
PHARNACE. Ah ! que viens-je d'entendre !
PHOEDIME.
Quelques vaisseaux légers sont venus nous l'apprendre.
C'est lui-même : et déjà, pressé de son devoir,
Arbate loin du bord l'est allé recevoir.
XIPHARÈS, *à Monime*.
Qu'avons-nous fait !
MONIME, *à Xipharès*.
Adieu, prince. Quelle nouvelle !

SCÈNE V.

PHARNACE, XIPHARÈS.

PHARNACE, *à part.*
Mithridate revient! Ah, fortune cruelle!
Ma vie et mon amour tous deux courent hasard :
Les Romains, que j'attends, arriveront trop tard.
(*A Xipharès.*)
Comment faire? j'entends que votre cœur soupire,
Et j'ai conçu l'adieu qu'elle vient de vous dire, 340
Prince ; mais ce discours demande un autre temps :
Nous avons aujourd'hui des soins plus importants.
Mithridate revient peut-être inexorable ;
Plus il est malheureux, plus il est redoutable.
Le péril est pressant plus que vous ne pensez.
Nous sommes criminels, et vous le connaissez :
Rarement l'amitié désarme sa colère ;
Ses propres fils n'ont point de juge plus sévère ;
Et nous l'avons vu même à ses cruels soupçons
Sacrifier deux fils pour de moindres raisons. 350
Craignons pour vous, pour moi, pour la reine elle-même.
Je la plains d'autant plus que Mithridate l'aime.
Amant avec transport, mais jaloux sans retour,
Sa haine va toujours plus loin que son amour.
Ne vous assurez point sur l'amour qu'il vous porte :
Sa jalouse fureur n'en sera que plus forte.
Songez-y. Vous avez la faveur des soldats ;
Et j'aurai des secours que je n'explique pas.
M'en croirez-vous? courons assurer notre grâce :
Rendons-nous, vous et moi, maîtres de cette place ; 360
Et faisons qu'à ses fils il ne puisse dicter
Que les conditions qu'ils voudront accepter.

XIPHARÈS.
Je sais quel est mon crime, et je connais mon père ;

Et j'ai par-dessus vous le crime de ma mère ;
Mais quelque amour encor qui me pût éblouir,
Quand mon père paraît, je ne sais qu'obéir.
  PHARNACE.
Soyons-nous donc au moins fidèles l'un à l'autre :
Vous savez mon secret, j'ai pénétré le vôtre.
Le roi, toujours fertile en dangereux détours,
S'armera contre nous de nos moindres discours : 370
Vous savez sa coutume, et sous quelles tendresses
Sa haine sait cacher ses trompeuses adresses.
Allons : puisqu'il le faut, je marche sur vos pas :
Mais, en obéissant, ne nous trahissons pas.

ACTE DEUXIÈME.

SCÈNE I.

MONIME, PHŒDIME.

PHŒDIME.
Quoi ! vous êtes ici quand Mithridate arrive,
Quand, pour le recevoir, chacun court sur la rive !
Que faites-vous, madame? et quel ressouvenir
Tout à coup vous arrête, et vous fait revenir?
N'offenserez-vous point un roi qui vous adore,
Qui, presque votre époux....
      MONIME. Il ne l'est pas encore, 380
Phœdime ; et jusque-là je crois que mon devoir
Est de l'attendre ici sans l'aller recevoir.
  PHŒDIME.
Mais ce n'est point, madame, un amant ordinaire.
Songez qu'à ce grand roi promise par un père,
Vous avez de ses feux un gage solennel

Qu'il peut, quand il voudra, confirmer à l'autel.
Croyez-moi, montrez-vous ; venez à sa rencontre.
    MONIME.
Regarde en quel état tu veux que je me montre :
Vois ce visage en pleurs ; et, loin de le chercher,
Dis-moi plutôt, dis-moi que je m'aille cacher.   390
    PHŒDIME.
Que dites-vous? O dieux!
                   MONIME. Ah! retour qui me tue!
Malheureuse! comment paraîtrai-je à sa vue,
Son diadème au front, et dans le fond du cœur,
Phœdime.... Tu m'entends, et tu vois ma rougeur.
    PHŒDIME.
Ainsi vous retombez dans les mêmes alarmes
Qui vous ont dans la Grèce arraché tant de larmes ;
Et toujours Xipharès revient vous traverser.
    MONIME.
Mon malheur est plus grand que tu ne peux penser :
Xipharès ne s'offrait alors à ma mémoire
Que tout plein de vertus, que tout brillant de gloire ;
Et je ne savais pas que, pour moi plein de feux,   401
Xipharès des mortels fût le plus amoureux....
    PHŒDIME.
Il vous aime, madame? Et ce héros aimable....
    MONIME.
Est aussi malheureux que je suis misérable.
Il m'adore, Phœdime ; et les mêmes douleurs,
Qui m'affligeaient ici, le tourmentaient ailleurs.
    PHŒDIME.
Sait-il en sa faveur jusqu'où va votre estime?
Sait-il que vous l'aimez?
                 MONIME. Il l'ignore, Phœdime.
Les dieux m'ont secourue ; et mon cœur, affermi,
N'a rien dit, ou du moins n'a parlé qu'à demi.   410
Hélas! si tu savais, pour garder le silence,
Combien ce triste cœur s'est fait de violence,

Quels assauts, quels combats j'ai tantôt soutenus!
Phœdime, si je puis, je ne le verrai plus :
Malgré tous les efforts que je pourrais me faire,
Je verrais ses douleurs, je ne pourrais me taire.
Il viendra malgré moi m'arracher cet aveu;
Mais n'importe, s'il m'aime, il en jouira peu :
Je lui vendrai si cher ce bonheur qu'il ignore,
Qu'il vaudrait mieux pour lui qu'il l'ignorât encore. 420
   PHŒDIME.
On vient. Que faites-vous, madame?
         MONIME. Je ne puis :
Je ne paraîtrai point dans le trouble où je suis.

SCÈNE II.

MITHRIDATE, PHARNACE, XIPHARÈS, ARBATE, *gardes.*

   MITHRIDATE.
Princes, quelques raisons que vous me puissiez dire,
Votre devoir ici n'a point dû vous conduire,
Ni vous faire quitter, en de si grands besoins,
Vous, le Pont; vous, Colchos, confiés à vos soins.
Mais vous avez pour juge un père qui vous aime.
Vous avez cru des bruits que j'ai semés moi-même;
Je vous crois innocents, puisque vous le voulez,
Et je rends grâce au ciel qui nous a rassemblés. 430
Tout vaincu que je suis, et voisin du naufrage,
Je médite un dessein digne de mon courage.
Vous en serez tantôt instruits plus amplement.
Allez, et laissez-moi reposer un moment.

SCÈNE III.

MITHRIDATE, ARBATE.

MITHRIDATE.
Enfin, après un an, tu me revois, Arbate :
Non plus, comme autrefois, cet heureux Mithridate
Qui, de Rome toujours balançant le destin,
Tenait entre elle et moi l'univers incertain :
Je suis vaincu. Pompée a saisi l'avantage
D'une nuit qui laissait peu de place au courage : 440
Mes soldats presque nus, dans l'ombre intimidés,
Les rangs de toutes parts mal pris et mal gardés,
Le désordre partout redoublant les alarmes,
Nous-mêmes contre nous tournant nos propres armes,
Les cris que les rochers renvoyaient plus affreux,
Enfin toute l'horreur d'un combat ténébreux :
Que pouvait la valeur dans ce trouble funeste ?
Les uns sont morts, la fuite a sauvé tout le reste ;
Et je ne dois la vie, en ce commun effroi,
Qu'au bruit de mon trépas que je laisse après moi. 450
Quelque temps inconnu, j'ai traversé le Phase :
Et de là, pénétrant jusqu'au pied du Caucase,
Bientôt dans des vaisseaux sur l'Euxin préparés,
J'ai rejoint de mon camp les restes séparés.
Voilà par quels malheurs poussé dans le Bosphore,
J'y trouve des malheurs qui m'attendaient encore.
Toujours du même amour tu me vois enflammé :
Ce cœur nourri de sang, et de guerre affamé,
Malgré le faix des ans et du sort qui m'opprime,
Traîne partout l'amour qui l'attache à Monime, 460
Et n'a point d'ennemis qui lui soient odieux
Plus que deux fils ingrats que je trouve en ces lieux.

ARBATE.
Deux fils, seigneur ?

MITHRIDATE. Écoute. A travers ma colère,
Je veux bien distinguer Xipharès de son frère :
Je sais que, de tout temps à mes ordres soumis,
Il hait autant que moi nos communs ennemis ;
Et j'ai vu sa valeur, à me plaire attachée,
Justifier pour lui ma tendresse cachée ;
Je sais même, je sais avec quel désespoir,
A tout autre intérêt préférant son devoir, 470
Il courut démentir une mère infidèle
Et tira de son crime une gloire nouvelle ;
Et je ne puis encor ni n'oserais penser
Que ce fils si fidèle ait voulu m'offenser.
Mais tous deux en ces lieux que pouvaient-ils attendre ?
L'un et l'autre à la reine ont-ils osé prétendre ?
Avec qui semble-t-elle en secret s'accorder ?
Moi-même de quel œil dois-je ici l'aborder ?
Parle : quelque désir qui m'entraîne auprès d'elle,
Il me faut de leurs cœurs rendre un compte fidèle. 480
Qu'est-ce qui s'est passé ? Qu'as-tu vu ? Que sais-tu ?
Depuis quel temps, pourquoi, comment t'es-tu rendu ?

    ARBATE.

Seigneur, depuis huit jours l'impatient Pharnace
Aborda le premier au pied de cette place,
Et, de votre trépas autorisant le bruit,
Dans ces murs aussitôt voulut être introduit.
Je ne m'arrêtai point à ce bruit téméraire,
Et je n'écoutais rien, si le prince son frère,
Bien moins par ses discours, seigneur, que par ses
Ne m'eût en arrivant confirmé vos malheurs. [pleurs,

    MITHRIDATE.

Enfin que firent-ils ?

        ARBATE. Pharnace entrait à peine, 491
Qu'il courut de ses feux entretenir la reine,
Et s'offrit d'assurer, par un hymen prochain,
Le bandeau qu'elle avait reçu de votre main.

MITHRIDATE.
Traître! sans lui donner le loisir de répandre
Les pleurs que son amour aurait dus à ma cendre!
Et son frère?
ARBATE. Son frère, au moins jusqu'à ce jour,
Seigneur, dans ses desseins n'a point marqué d'amour,
Et toujours avec vous son cœur d'intelligence
N'a semblé respirer que guerre et que vengeance. 500
MITHRIDATE.
Mais encor quel dessein le conduisait ici?
ARBATE.
Seigneur, vous en serez tôt ou tard éclairci.
MITHRIDATE.
Parle, je te l'ordonne, et je veux tout apprendre.
ARBATE.
Seigneur, jusqu'à ce jour ce que j'ai pu comprendre,
Ce prince a cru pouvoir, après votre trépas,
Compter cette province au rang de ses États;
Et, sans connaître ici de lois que son courage,
Il venait par la force appuyer son partage.
MITHRIDATE.
Ah! c'est le moindre prix qu'il se doit proposer,
Si le ciel de mon sort me laisse disposer. 510
Oui, je respire, Arbate, et ma joie est extrême :
Je tremblais, je l'avoue, et pour un fils que j'aime,
Et pour moi, qui craignais de perdre un tel appui,
Et d'avoir à combattre un rival tel que lui.
Que Pharnace m'offense, il offre à ma colère
Un rival dès longtemps soigneux de me déplaire,
Qui, toujours des Romains admirateur secret,
Ne s'est jamais contre eux déclaré qu'à regret;
Et s'il faut que pour lui Monime prévenue
Ait pu porter ailleurs une amour qui m'est due, 520
Malheur au criminel qui vient me la ravir,
Et qui m'ose offenser et n'ose me servir!
L'aime-t-elle?

ARBATE. Seigneur, je vois venir la reine.
MITHRIDATE.
Dieux, qui voyez ici mon amour et ma haine,
Épargnez mes malheurs et daignez empêcher
Que je ne trouve encor ceux que je vais chercher !
Arbate, c'est assez : qu'on me laisse avec elle.

SCÈNE IV.

MITHRIDATE, MONIME.

MITHRIDATE.
Madame, enfin le ciel près de vous me rappelle,
Et, secondant du moins mes plus tendres souhaits,
Vous rend à mon amour plus belle que jamais. 530
Je ne m'attendais pas que de notre hyménée
Je dusse voir si tard arriver la journée :
Ni qu'en vous retrouvant, mon funeste retour
Fît voir mon infortune, et non pas mon amour.
C'est pourtant cet amour, qui, de tant de retraites,
Ne me laisse choisir que les lieux où vous êtes ;
Et les plus grands malheurs pourront me sembler doux,
Si ma présence ici n'en est point un pour vous.
C'est vous en dire assez, si vous voulez m'entendre.
Vous devez à ce jour dès longtemps vous attendre : 540
Et vous portez, madame, un gage de ma foi
Qui vous dit tous les jours que vous êtes à moi.
Allons donc assurer cette foi mutuelle.
Ma gloire loin d'ici vous et moi nous appelle ;
Et, sans perdre un moment pour ce noble dessein,
Aujourd'hui votre époux, il faut partir demain.
MONIME.
Seigneur, vous pouvez tout : ceux par qui je respire
Vous ont cédé sur moi leur souverain empire ;
Et quand vous userez de ce droit tout-puissant,
Je ne vous répondrai qu'en vous obéissant. 550

MITHRIDATE.

Ainsi, prête à subir un joug qui vous opprime,
Vous n'allez à l'autel que comme une victime;
Et moi, tyran d'un cœur qui se refuse au mien,
Même en vous possédant, je ne vous devrai rien.
Ah, madame! est-ce là de quoi me satisfaire?
Faut-il que désormais, renonçant à vous plaire,
Je ne prétende plus qu'à vous tyranniser?
Mes malheurs, en un mot, me font-ils mépriser?
Ah! pour tenter encor de nouvelles conquêtes,
Quand je ne verrais pas des routes toutes prêtes, 560
Quand le sort ennemi m'aurait jeté plus bas,
Vaincu, persécuté, sans secours, sans États,
Errant de mers en mers, et moins roi que pirate,
Conservant pour tout bien le nom de Mithridate,
Apprenez que, suivi d'un nom si glorieux,
Partout de l'univers j'attacherais les yeux;
Et qu'il n'est point de rois, s'ils sont dignes de l'être,
Qui, sur le trône assis, n'enviassent peut-être
Au-dessus de leur gloire un naufrage élevé,
Que Rome et quarante ans ont à peine achevé. 570
Vous-même, d'un autre œil me verriez-vous, madame,
Si ces Grecs vos aïeux revivaient dans votre âme?
Et, puisqu'il faut enfin que je sois votre époux,
N'était-il pas plus noble, et plus digne de vous,
De joindre à ce devoir votre propre suffrage,
D'opposer votre estime au destin qui m'outrage,
Et de me rassurer, en flattant ma douleur,
Contre la défiance attachée au malheur?
Eh quoi! n'avez-vous rien, madame, à me répondre?
Tout mon empressement ne sert qu'à vous confondre.
Vous demeurez muette; et, loin de me parler, 581
Je vois, malgré vos soins, vos pleurs prêts à couler.

MONIME.

Moi, seigneur? Je n'ai point de larmes à répandre.
J'obéis : n'est-ce pas assez me faire entendre?

Et ne suffit-il pas....
          MITHRIDATE. Non, ce n'est pas assez.
Je vous entends ici mieux que vous ne pensez ;
Je vois qu'on m'a dit vrai. Ma juste jalousie
Par vos propres discours est trop bien éclaircie :
Je vois qu'un fils perfide, épris de vos beautés,
Vous a parlé d'amour, et que vous l'écoutez.   590
Je vous jette pour lui dans des craintes nouvelles ;
Mais il jouira peu de vos pleurs infidèles,
Madame ; et désormais tout est sourd à mes lois,
Ou bien vous l'avez vu pour la dernière fois.
Appelez Xipharès.
              MONIME. Ah ! que voulez-vous faire ?
Xipharès...
MITHRIDATE. Xipharès n'a point trahi son père :
Vous vous pressez en vain de le désavouer ;
Et ma tendre amitié ne peut que s'en louer.
Ma honte en serait moindre, ainsi que votre crime,
Si ce fils, en effet digne de votre estime,   600
A quelque amour encore avait pu vous forcer.
Mais un traître qui n'est hardi qu'à m'offenser,
De qui nulle vertu n'accompagne l'audace,
Que Pharnace, en un mot, ait pu prendre ma place,
Qu'il soit aimé, madame, et que je sois haï...

SCÈNE V.

MITHRIDATE, MONIME, XIPHARÈS.

MITHRIDATE.

Venez, mon fils ; venez, votre père est trahi.
Un fils audacieux insulte à ma ruine,
Traverse mes desseins, m'outrage, m'assassine,
Aime la reine enfin, lui plaît, et me ravit
Un cœur que son devoir à moi seul asservit.   610
Heureux pourtant, heureux que, dans cette disgrâce,

Je ne puisse accuser que la main de Pharnace ;
Qu'une mère infidèle, un frère audacieux,
Vous présentent en vain leur exemple odieux !
Oui, mon fils, c'est vous seul sur qui je me repose,
Vous seul qu'aux grands desseins que mon cœur se pro-
J'ai choisi dès longtemps pour digne compagnon, [pose
L'héritier de mon sceptre, et surtout de mon nom.
Pharnace, en ce moment, et ma flamme offensée
Ne peuvent pas tout seuls occuper ma pensée : 620
D'un voyage important les soins et les apprêts,
Mes vaisseaux qu'à partir il faut tenir tout prêts,
Mes soldats, dont je veux tenter la complaisance,
Dans ce même moment demandent ma présence.
Vous cependant ici veillez pour mon repos,
D'un rival insolent arrêtez les complots :
Ne quittez point la reine ; et, s'il se peut, vous-même
Rendez-la moins contraire aux vœux d'un roi qui l'aime.
Détournez-la, mon fils, d'un choix injurieux :
Juge sans intérêt, vous la convaincrez mieux. 630
En un mot, c'est assez éprouver ma faiblesse :
Qu'elle ne pousse point cette même tendresse,
Que sais-je ? à des fureurs dont mon cœur outragé
Ne se repentirait qu'après s'être vengé.

SCÈNE VI.

MONIME, XIPHARÈS.

XIPHARÈS.

Que dirai-je, madame ? et comment dois-je entendre
Cet ordre, ce discours que je ne puis comprendre ?
Serait-il vrai, grands dieux ! que, trop aimé de vous,
Pharnace eût en effet mérité ce courroux ?
Pharnace aurait-il part à ce désordre extrême ? 639

MONIME.

Pharnace? O ciel! Pharnace! Ah! qu'entends-je moi-
Ce n'est donc pas assez que ce funeste jour [même?
A tout ce que j'aimais m'arrache sans retour,
Et que, de mon devoir esclave infortunée,
A d'éternels ennuis je me voie enchaînée?
Il faut qu'on joigne encor l'outrage à mes douleurs!
A l'amour de Pharnace on impute mes pleurs!
Malgré toute ma haine on veut qu'il m'ait su plaire!
Je le pardonne au roi, qu'aveugle sa colère,
Et qui de mes secrets ne peut être éclairci ; 649
Mais vous, seigneur, mais vous, me traitez-vous ainsi?

XIPHARÈS.

Ah! madame, excusez un amant qui s'égare,
Qui lui-même, lié par un devoir barbare,
Se voit près de tout perdre, et n'ose se venger.
Mais des fureurs du roi que puis-je enfin juger?
Il se plaint qu'à ses vœux un autre amour s'oppose :
Quel heureux criminel en peut être la cause?
Qui? Parlez.

MONIME. Vous cherchez, prince, à vous tourmenter.
Plaignez votre malheur, sans vouloir l'augmenter.

XIPHARÈS.

Je sais trop quel tourment je m'apprête moi-même.
C'est peu de voir un père épouser ce que j'aime : 660
Voir encore un rival honoré de vos pleurs,
Sans doute, c'est pour moi le comble des malheurs ;
Mais dans mon désespoir je cherche à les accroître.
Madame, par pitié, faites-le-moi connoître.
Quel est-il, cet amant? Que dois-je soupçonner?

MONIME.

Avez-vous tant de peine à vous l'imaginer?
Tantôt, quand je fuyais une injuste contrainte,
A qui contre Pharnace ai-je adressé ma plainte?
Sous quel appui tantôt mon cœur s'est-il jeté?
Quel amour ai-je enfin sans colère écouté? 670

7.

XIPHARÈS.
O ciel ! Quoi ! je serais ce bienheureux coupable
Que vous avez pu voir d'un regard favorable ?
Vos pleurs pour Xipharès auraient daigné couler ?
MONIME.
Oui, prince : il n'est plus temps de le dissimuler ;
Ma douleur pour se taire a trop de violence.
Un rigoureux devoir me condamne au silence ;
Mais il faut bien enfin, malgré ses dures lois,
Parler pour la première et la dernière fois.
Vous m'aimez dès longtemps : une égale tendresse
Pour vous, depuis longtemps, m'afflige et m'intéresse.
Songez depuis quel jour ces funestes appas   681
Firent naître un amour qu'ils ne méritaient pas ;
Rappelez un espoir qui ne vous dura guère,
Le trouble où vous jeta l'amour de votre père,
Le tourment de me perdre et de le voir heureux,
Les rigueurs d'un devoir contraire à tous vos vœux :
Vous n'en sauriez, seigneur, retracer la mémoire,
Ni conter vos malheurs, sans conter mon histoire ;
Et lorsque ce matin j'en écoutais le cours,
Mon cœur vous répondait tous vos mêmes discours.
Inutile, ou plutôt funeste sympathie !   691
Trop parfaite union par le sort démentie !
Ah ! par quel soin cruel le ciel avait-il joint
Deux cœurs que l'un pour l'autre il ne destinait point ?
Car, quel que soit vers vous le penchant qui m'attire,
Je vous le dis, seigneur, pour ne plus vous le dire,
Ma gloire me rappelle et m'entraîne à l'autel,
Où je vais vous jurer un silence éternel.
J'entends, vous gémissez ; mais telle est ma misère,
Je ne suis point à vous, je suis à votre père.   700
Dans ce dessein vous-même il faut me soutenir,
Et de mon faible cœur m'aider à vous bannir.
J'attends du moins, j'attends de votre complaisance
Que désormais partout vous fuirez ma présence.

J'en viens de dire assez pour vous persuader
Que j'ai trop de raisons pour vous le commander.
Mais, après ce moment, si ce cœur magnanime
D'un véritable amour a brûlé pour Monime,
Je ne reconnais plus la foi de vos discours
Qu'au soin que vous prendrez de m'éviter toujours. 710

XIPHARÈS.

Quelle marque, grands dieux ! d'un amour déplorable !
Combien, en un moment, heureux et misérable !
De quel comble de gloire et de félicités,
Dans quel abîme affreux vous me précipitez !
Quoi ! j'aurai pu toucher un cœur comme le vôtre,
Vous aurez pu m'aimer ; et cependant un autre
Possédera ce cœur dont j'attirais les vœux ?
Père injuste, cruel, mais d'ailleurs malheureux !...
Vous voulez que je fuie et que je vous évite ?
Et cependant le roi m'attache à votre suite. 720
Que dira-t-il ?

MONIME. N'importe, il me faut obéir.
Inventez des raisons qui puissent l'éblouir.
D'un héros tel que vous c'est là l'effort suprême :
Cherchez, prince, cherchez, pour vous trahir vous-
Tout ce que, pour jouir de leurs contentements, [même,
L'amour fait inventer aux vulgaires amants.
Enfin, je me connais, il y va de ma vie :
De mes faibles efforts ma vertu se défie.
Je sais qu'en vous voyant, un tendre souvenir
Peut m'arracher du cœur quelque indigne soupir ; 730
Que je verrai mon âme, en secret déchirée,
Revoler vers le bien dont elle est séparée :
Mais je sais bien aussi que, s'il dépend de vous
De me faire chérir un souvenir si doux,
Vous n'empêcherez pas que ma gloire offensée
N'en punisse aussitôt la coupable pensée ;
Que ma main dans mon cœur ne vous aille chercher,
Pour y laver ma honte et vous en arracher.

Que dis-je ? En ce moment, le dernier qui nous reste
Je me sens arrêter par un plaisir funeste : 740
Plus je vous parle, et plus, trop faible que je suis,
Je cherche à prolonger le péril que je fuis.
Il faut pourtant, il faut se faire violence :
Et, sans perdre en adieux un reste de constance,
Je fuis. Souvenez-vous, prince, de m'éviter,
Et méritez les pleurs que vous m'allez coûter.

XIPHARÈS.

Ah, madame !... Elle fuit, et ne veut plus m'entendre.
Malheureux Xipharès, quel parti dois-tu prendre ?
On t'aime, on te bannit ; toi-même tu vois bien
Que ton propre devoir s'accorde avec le sien : 750
Cours par un prompt trépas abréger ton supplice.
Toutefois attendons que son sort s'éclaircisse ;
Et s'il faut qu'un rival la ravisse à ma foi,
Du moins, en expirant, ne la cédons qu'au roi.

ACTE TROISIÈME.

SCÈNE I.

MITHRIDATE, PHARNACE, XIPHARÈS.

MITHRIDATE.

Approchez, mes enfants. Enfin l'heure est venue
Qu'il faut que mon secret éclate à votre vue :
À mes nobles projets je vois tout conspirer ;
Il ne me reste plus qu'à vous les déclarer.
Je fuis : ainsi le veut la fortune ennemie.
Mais vous savez trop bien l'histoire de ma vie 760

Pour croire que longtemps, soigneux de me cacher,
J'attende en ces déserts qu'on me vienne chercher.
La guerre a ses faveurs, ainsi que ses disgrâces :
Déjà plus d'une fois, retournant sur mes traces,
Tandis que l'ennemi, par ma fuite trompé,
Tenait après son char un vain peuple occupé,
Et, gravant en airain ses frêles avantages,
De mes États conquis enchaînait les images ;
Le Bosphore m'a vu, par de nouveaux apprêts,
Ramener la terreur du fond de ses marais 775
Et, chassant les Romains de l'Asie étonnée,
Renverser en un jour l'ouvrage d'une année.
D'autres temps, d'autres soins. L'Orient, accablé,
Ne peut plus soutenir leur effort redoublé :
Il voit, plus que jamais, ses campagnes couvertes
De Romains que la guerre enrichit de nos pertes.
Des biens des nations ravisseurs altérés,
Le bruit de nos trésors les a tous attirés :
Ils y courent en foule ; et, jaloux l'un de l'autre,
Désertent leur pays pour inonder le nôtre. 780
Moi seul je leur résiste : ou lassés, ou soumis,
Ma funeste amitié pèse à tous mes amis ;
Chacun à ce fardeau veut dérober sa tête.
Le grand nom de Pompée assure sa conquête :
C'est l'effroi de l'Asie ; et, loin de l'y chercher,
C'est à Rome, mes fils, que je prétends marcher.
Ce dessein vous surprend ; et vous croyez peut-être
Que le seul désespoir aujourd'hui le fait naître.
J'excuse votre erreur ; et, pour être approuvés,
De semblables projets veulent être achevés. 790
Ne vous figurez point que de cette contrée
Par d'éternels remparts Rome soit séparée :
Je sais tous les chemins par où je dois passer ;
Et si la mort bientôt ne me vient traverser,
Sans reculer plus loin l'effet de ma parole,
Je vous rends dans trois mois au pied du Capitole.

Doutez-vous que l'Euxin ne me porte en deux jours
Aux lieux où le Danube y vient finir son cours?
Que du Scythe avec moi l'alliance jurée
De l'Europe en ces lieux ne me livre l'entrée? 800
Recueilli dans leur port, accru de leurs soldats,
Nous verrons notre camp grossir à chaque pas.
Daces, Pannoniens, la fière Germanie,
Tous n'attendent qu'un chef contre la tyrannie.
Vous avez vu l'Espagne, et surtout les Gaulois,
Contre ces mêmes murs qu'ils ont pris autrefois,
Exciter ma vengeance, et jusque dans la Grèce
Par des ambassadeurs accuser ma paresse.
Ils savent que, sur eux prêt à se déborder,
Ce torrent, s'il m'entraîne, ira tout inonder; 810
Et vous les verrez tous, prévenant son ravage,
Guider dans l'Italie et suivre mon passage.
 C'est là qu'en arrivant, plus qu'en tout le chemin,
Vous trouverez partout l'horreur du nom romain,
Et la triste Italie encor toute fumante
Des feux qu'a rallumés sa liberté mourante.
Non, princes, ce n'est point au bout de l'univers
Que Rome fait sentir tout le poids de ses fers :
Et de près inspirant les haines les plus fortes,
Tes plus grands ennemis, Rome, sont à tes portes. 820
Ah! s'ils ont pu choisir pour leur libérateur
Spartacus, un esclave, un vil gladiateur;
S'ils suivent au combat des brigands qui les vengent,
De quelle noble ardeur pensez-vous qu'ils se rangent
Sous les drapeaux d'un roi longtemps victorieux,
Qui voit jusqu'à Cyrus remonter ses aïeux?
Que dis-je? En quel état croyez-vous la surprendre?
Vide de légions qui la puissent défendre,
Tandis que tout s'occupe à me persécuter,
Leurs femmes, leurs enfants, pourront-ils m'arrêter?
Marchons, et dans son sein rejetons cette guerre 831
Que sa fureur envoie aux deux bouts de la terre.

Attaquons dans leurs murs ces conquérants si fiers ;
Qu'ils tremblent, à leur tour, pour leurs propres foyers.
Annibal l'a prédit, croyons-en ce grand homme :
Jamais on ne vaincra les Romains que dans Rome.
Noyons-la dans son sang justement répandu ;
Brûlons ce Capitole où j'étais attendu ;
Détruisons ses honneurs, et faisons disparaître
La honte de cent rois, et la mienne peut-être ;   840
Et, la flamme à la main, effaçons tous ces noms
Que Rome y consacrait à d'éternels affronts.
   Voilà l'ambition dont mon âme est saisie.
Ne croyez point pourtant qu'éloigné de l'Asie
J'en laisse les Romains tranquilles possesseurs :
Je sais où je lui dois trouver des défenseurs ;
Je veux que, d'ennemis partout enveloppée,
Rome rappelle en vain le secours de Pompée.
Le Parthe, des Romains comme moi la terreur,
Consent de succéder à ma juste fureur ;   850
Prêt d'unir avec moi sa haine et sa famille,
Il me demande un fils pour époux à sa fille.
Cet honneur vous regarde, et j'ai fait choix de vous,
Pharnace : allez, soyez ce bienheureux époux.
Demain, sans différer, je prétends que l'aurore
Découvre mes vaisseaux déjà loin du Bosphore.
Vous, que rien n'y retient, partez dès ce moment,
Et méritez mon choix par votre empressement :
Achevez cet hymen ; et, repassant l'Euphrate,
Faites voir à l'Asie un autre Mithridate.   860
Que nos tyrans communs en pâlissent d'effroi,
Et que le bruit à Rome en vienne jusqu'à moi.
       PHARNACE.
Seigneur, je ne vous puis déguiser ma surprise.
J'écoute avec transport cette grande entreprise :
Je l'admire ; et jamais un plus hardi dessein
Ne mit à des vaincus les armes à la main.
Surtout j'admire en vous ce cœur infatigable

Qui semble s'affermir sous le faix qui l'accable.
Mais, si j'ose parler avec sincérité,
En êtes-vous réduit à cette extrémité? 870
Pourquoi tenter si loin des courses inutiles,
Quand vos États encor vous offrent tant d'asiles;
Et vouloir affronter des travaux infinis,
Dignes plutôt d'un chef de malheureux bannis,
Que d'un roi qui naguère avec quelque apparence
De l'aurore au couchant portait son espérance,
Fondait sur trente États son trône florissant,
Dont le débris est même un empire puissant?
Vous seul, seigneur, vous seul, après quarante années,
Pouvez encor lutter contre les destinées. 880
Implacable ennemi de Rome et du repos,
Comptez-vous vos soldats pour autant de héros?
Pensez-vous que ces cœurs, tremblants de leur défaite,
Fatigués d'une longue et pénible retraite,
Cherchent avidement sous un ciel étranger
La mort, et le travail pire que le danger?
Vaincus plus d'une fois aux yeux de la patrie,
Soutiendront-ils ailleurs un vainqueur en furie?
Sera-t-il moins terrible, et le vaincront-ils mieux
Dans le sein de sa ville, à l'aspect de ses dieux? 890
Le Parthe vous recherche et vous demande un gendre.
Mais ce Parthe, seigneur, ardent à nous défendre
Lorsque tout l'univers semblait nous protéger,
D'un gendre sans appui voudra-t-il se charger?
M'en irai-je moi seul, rebut de la fortune,
Essuyer l'inconstance au Parthe si commune,
Et peut-être, pour fruit d'un téméraire amour,
Exposer votre nom au mépris de sa cour?
Du moins, s'il faut céder, si, contre notre usage,
Il faut d'un suppliant emprunter le visage, 900
Sans m'envoyer du Parthe embrasser les genoux,
Sans vous-même implorer des rois moindres que vous,
Ne pourrions-nous pas prendre une plus sûre voie?

Jetons-nous dans les bras qu'on nous tend avec joie :
Rome en notre faveur facile à s'apaiser....

    XIPHARÈS.

Rome, mon frère ! O ciel ! Qu'osez-vous proposer?
Vous voulez que le roi s'abaisse et s'humilie?
Qu'il démente en un jour tout le cours de sa vie?
Qu'il se fie aux Romains, et subisse des lois
Dont il a quarante ans défendu tous les rois? 910
Continuez, seigneur : tout vaincu que vous êtes,
La guerre, les périls, sont vos seules retraites.
Rome poursuit en vous un ennemi fatal,
Plus conjuré contre elle et plus craint qu'Annibal.
Tout couvert de son sang, quoi que vous puissiez faire,
N'en attendez jamais qu'une paix sanguinaire,
Telle qu'en un seul jour un ordre de vos mains
La donna dans l'Asie à cent mille Romains.

    Toutefois épargnez votre tête sacrée :
Vous-même n'allez point de contrée en contrée 920
Montrer aux nations Mithridate détruit
Et de votre grand nom diminuer le bruit.
Votre vengeance est juste, il la faut entreprendre :
Brûlez le Capitole, et mettez Rome en cendre.
Mais c'est assez pour vous d'en ouvrir les chemins :
Faites porter ce feu par de plus jeunes mains;
Et, tandis que l'Asie occupera Pharnace,
De cette autre entreprise honorez mon audace.
Commandez : laissez-nous, de votre nom suivis,
Justifier partout que nous sommes vos fils. 930
Embrasez par nos mains le couchant et l'aurore;
Remplissez l'univers, sans sortir du Bosphore :
Que les Romains, pressés de l'un à l'autre bout,
Doutent où vous serez, et vous trouvent partout.
Dès ce même moment, ordonnez que je parte.
Ici tout vous retient; et moi, tout m'en écarte :
Et, si ce grand dessein surpasse ma valeur,
Du moins ce désespoir convient à mon malheur.

Trop heureux d'avancer la fin de ma misère,
J'irai... J'effacerai le crime de ma mère. 940
Seigneur, vous m'en voyez rougir à vos genoux :
J'ai honte de me voir si peu digne de vous ;
Tout mon sang doit laver une tache si noire.
Mais je cherche un trépas utile à votre gloire ;
Et Rome, unique objet d'un désespoir si beau,
Du fils de Mithridate est le digne tombeau.

MITHRIDATE, *se levant*.

Mon fils, ne parlons plus d'une mère infidèle.
Votre père est content, il connaît votre zèle,
Et ne vous verra point affronter de danger
Qu'avec vous son amour ne veuille partager : 950
Vous me suivrez ; je veux que rien ne nous sépare.
Et vous, à m'obéir, prince, qu'on se prépare ;
Les vaisseaux sont tout prêts : j'ai moi-même ordonné
La suite et l'appareil qui vous est destiné.
Arbate, à cet hymen chargé de vous conduire,
De votre obéissance aura soin de m'instruire.
Allez, et soutenant l'honneur de vos aïeux,
Dans cet embrassement recevez mes adieux.

PHARNACE.

Seigneur...

MITHRIDATE. Ma volonté, prince, vous doit suffire.
Obéissez. C'est trop vous le faire redire. 960

PHARNACE.

Seigneur, si pour vous plaire il ne faut que périr,
Plus ardent qu'aucun autre on m'y verra courir ;
Combattant à vos yeux, permettez que je meure.

MITHRIDATE.

Je vous ai commandé de partir tout à l'heure.
Mais après ce moment... Prince, vous m'entendez,
Et vous êtes perdu si vous me répondez.

PHARNACE.

Dussiez-vous présenter mille morts à ma vue,
Je ne saurais chercher une fille inconnue.

Ma vie est en vos mains.
  MITHRIDATE. Ah! c'est où je t'attends.
Tu ne saurais partir, perfide! et je t'entends.
Je sais pourquoi tu fuis l'hymen où je t'envoie :
Il te fâche en ces lieux d'abandonner ta proie;
Monime te retient; ton amour criminel
Prétendait l'arracher à l'hymen paternel.
Ni l'ardeur dont tu sais que je l'ai recherchée,
Ni déjà sur son front ma couronne attachée,
Ni cet asile même où je la fais garder,
Ni mon juste courroux, n'ont pu t'intimider.
Traître! pour les Romains tes lâches complaisances
N'étaient pas à mes yeux d'assez noires offenses :
Il te manquait encor ces perfides amours
Pour être le supplice et l'horreur de mes jours.
Loin de t'en repentir, je vois sur ton visage
Que ta confusion ne part que de ta rage :
Il te tarde déjà qu'échappé de mes mains
Tu ne coures me perdre et me vendre aux Romains.
Mais, avant que partir, je me ferai justice :
Je te l'ai dit. Holà, gardes!

SCÈNE II.

MITHRIDATE, PHARNACE, XIPHARÈS, *gardes*.

  MITHRIDATE. Qu'on le saisisse.
Oui, lui-même, Pharnace. Allez; et de ce pas
Qu'enfermé dans la tour on ne le quitte pas.
  PHARNACE.
Eh bien! sans me parer d'une innocence vaine,
Il est vrai, mon amour mérite votre haine;
J'aime : l'on vous a fait un fidèle récit.
Mais Xipharès, seigneur, ne vous a pas tout dit;
C'est le moindre secret qu'il pouvait vous apprendre;
Et ce fils si fidèle a dû vous faire entendre

Que, des mêmes ardeurs dès longtemps enflammé,
Il aime aussi la reine, et même en est aimé.

SCÈNE III.

MITHRIDATE, XIPHARÈS.

XIPHARÈS.
Seigneur, le croirez-vous, qu'un dessein si coupable...
MITHRIDATE.
Mon fils, je sais de quoi votre frère est capable. 1000
Me préserve le ciel de soupçonner jamais
Que d'un prix si cruel vous payez mes bienfaits ;
Qu'un fils qui fut toujours le bonheur de ma vie
Ait pu percer ce cœur qu'un père lui confie !
Je ne le croirai point. Allez : loin d'y songer,
Je ne vais désormais penser qu'à nous venger.

SCÈNE IV.

MITHRIDATE.

Je ne le croirai point? Vain espoir qui me flatte !
Tu ne le crois que trop, malheureux Mithridate !
Xipharès mon rival ? et, d'accord avec lui,
La reine aurait osé me tromper aujourd'hui ? 1010
Quoi ! de quelque côté que je tourne la vue,
La foi de tous les cœurs est pour moi disparue !
Tout m'abandonne ailleurs ! tout me trahit ici !
Pharnace, amis, maîtresse ; et toi, mon fils, aussi !
Toi de qui la vertu consolant ma disgrâce...
Mais ne connais-je pas le perfide Pharnace ?
Quelle faiblesse à moi d'en croire un furieux
Qu'arme contre son frère un courroux envieux,
Ou dont le désespoir me troublant par des fables,

Grossit, pour se sauver, le nombre des coupables ! 1020
Non, ne l'en croyons point ! et, sans trop nous presser,
Voyons, examinons. Mais par où commencer?
Qui m'en éclaircira? quels témoins? quel indice?...
Le ciel en ce moment m'inspire un artifice.
Qu'on appelle la reine. Oui, sans aller plus loin,
Je veux l'ouïr : mon choix s'arrête à ce témoin.
L'amour avidement croit tout ce qui le flatte.
Qui peut de son vainqueur mieux parler que l'ingrate?
Voyons qui son amour accusera des deux.
S'il n'est digne de moi, le piége est digne d'eux. 1030
Trompons qui nous trahit ; et, pour connaître un traître,
Il n'est point de moyens... Mais je la vois paraître :
Feignons ; et de son cœur, d'un vain espoir flatté,
Par un mensonge adroit tirons la vérité.

SCÈNE V.

MONIME, MITHRIDATE.

MITHRIDATE.

Enfin j'ouvre les yeux et je me fais justice :
C'est faire à vos beautés un triste sacrifice,
Que de vous présenter, madame, avec ma foi,
Tout l'âge et le malheur que je traîne avec moi.
Jusqu'ici la fortune et la victoire mêmes
Cachaient mes cheveux blancs sous trente diadèmes.
Mais ce temps-là n'est plus : je régnais, et je fuis. 1041
Mes ans se sont accrus ; mes honneurs sont détruits ;
Et mon front, dépouillé d'un si noble avantage,
Du temps qui l'a flétri laisse voir tout l'outrage.
D'ailleurs mille desseins partagent mes esprits :
D'un camp prêt à partir vous entendez les cris ;
Sortant de mes vaisseaux, il faut que j'y remonte.
Quel temps pour un hymen qu'une fuite si prompte,

Madame! Et de quel front vous unir à mon sort,
Quand je ne cherche plus que la guerre et la mort? 1050
Cessez pourtant, cessez de prétendre à Pharnace :
Quand je me fais justice, il faut qu'on se la fasse.
Je ne souffrirai point que ce fils odieux,
Que je viens pour jamais de bannir de mes yeux,
Possédant une amour qui me fut déniée,
Vous fasse des Romains devenir l'alliée.
Mon trône vous est dû : loin de m'en repentir,
Je vous y place même avant que de partir,
Pourvu que vous vouliez qu'une main qui m'est chère,
Un fils, le digne objet de l'amour de son père, 1060
Xipharès, en un mot, devenant votre époux,
Me venge de Pharnace et m'acquitte envers vous.

MONIME.

Xipharès! lui, seigneur?

MITHRIDATE. Oui, lui-même, madame.
D'où peut naître à ce nom le trouble de votre âme?
Contre un si juste choix qui peut vous révolter?
Est-ce quelque mépris qu'on ne puisse dompter?
Je le répète encor : c'est un autre moi-même,
Un fils victorieux, qui me chérit, que j'aime,
L'ennemi des Romains, l'héritier et l'appui
D'un empire et d'un nom qui va renaître en lui; 1070
Et, quoi que votre amour ait osé se promettre,
Ce n'est qu'entre ses mains que je puis vous remettre.

MONIME.

Que dites-vous? O ciel! Pourriez-vous approuver...
Pourquoi, seigneur, pourquoi voulez-vous m'éprouver?
Cessez de tourmenter une âme infortunée :
Je sais que c'est à vous que je fus destinée;
Je sais qu'en ce moment, pour ce nœud solennel,
La victime, seigneur, nous attend à l'autel.
Venez.

MITHRIDATE. Je le vois bien : quelque effort que je fasse,
Madame, vous voulez vous garder à Pharnace. 1080

Je reconnais toujours vos injustes mépris ;
Ils ont même passé sur mon malheureux fils.
    MONIME.
Je le méprise !
    MITHRIDATE. Eh bien ! n'en parlons plus, madame.
Continuez : brûlez d'une honteuse flamme.
Tandis qu'avec mon fils je vais, loin de vos yeux,
Chercher au bout du monde un trépas glorieux,
Vous cependant ici servez avec son frère,
Et vendez aux Romains le sang de votre père.
Venez : je ne saurais mieux punir vos dédains,
Qu'en vous mettant moi-même en ses serviles mains ;
Et, sans plus me charger du soin de votre gloire,   1091
Je veux laisser de vous jusqu'à votre mémoire.
Allons, madame, allons. Je m'en vais vous unir.
    MONIME.
Plutôt de mille morts dussiez-vous me punir !
    MITHRIDATE.
Vous résistez en vain, et j'entends votre fuite.
    MONIME.
En quelle extrémité, seigneur, suis-je réduite ?
Mais enfin je vous crois, et je ne puis penser
Qu'à feindre si longtemps vous puissiez vous forcer.
Les dieux me sont témoins qu'à vous plaire bornée,
Mon âme à tout son sort s'était abandonnée.   1100
Mais si quelque faiblesse avait pu m'alarmer,
Si de tous ses efforts mon cœur a dû s'armer,
Ne croyez point, seigneur, qu'auteur de mes alarmes,
Pharnace m'ait jamais coûté les moindres larmes.
Ce fils victorieux que vous favorisez,
Cette vivante image en qui vous vous plaisez,
Cet ennemi de Rome, et cet autre vous-même,
Enfin ce Xipharès, que vous voulez que j'aime...
    MITHRIDATE.
Vous l'aimez?
    MONIME. Si le sort ne m'eût donnée à vous,

Mon bonheur dépendait de l'avoir pour époux. 1110
Avant que votre amour m'eût envoyé ce gage,
Nous nous aimions... Seigneur, vous changez de visage !
    MITHRIDATE.
Non, madame, il suffit. Je vais vous l'envoyer.
Allez : le temps est cher, il le faut employer.
Je vois qu'à m'obéir vous êtes disposée :
Je suis content.
    MONIME, *en s'en allant.*
        O ciel ! me serais-je abusée ?

SCÈNE VI.

MITHRIDATE.

Ils s'aiment ! c'est ainsi qu'on se jouait de nous !
Ah ! fils ingrat, tu vas me répondre pour tous :
Tu périras ! Je sais combien ta renommée
Et tes fausses vertus ont séduit mon armée ; 1120
Perfide, je te veux porter des coups certains :
Il faut, pour te mieux perdre, écarter les mutins,
Et, faisant à mes yeux partir les plus rebelles,
Ne garder près de moi que des troupes fidèles.
Allons. Mais sans montrer un visage offensé,
Dissimulons encor, comme j'ai commencé.

ACTE QUATRIÈME.

SCÈNE I.

MONIME, PHŒDIME.

MONIME.
Phœdime, au nom des dieux, fais ce que je désire :
Va voir ce qui se passe, et reviens me le dire.
Je ne sais ; mais mon cœur ne se peut rassurer :
Mille soupçons affreux viennent me déchirer. 1130
Que tarde Xipharès? et d'où vient qu'il diffère
A seconder des vœux qu'autorise son père?
Son père, en me quittant, me l'allait envoyer...
Mais il feignait peut-être. Il fallait tout nier.
Le roi feignait! Et moi, découvrant ma pensée...
O dieux! en ce péril m'auriez-vous délaissée?
Et se pourrait-il bien qu'à son ressentiment
Mon amour indiscret eût livré mon amant?
Quoi, prince! quand, tout plein de ton amour extrême,
Pour savoir mon secret tu me pressais toi-même, 1140
Mes refus trop cruels vingt fois te l'ont caché :
Je t'ai même puni de l'avoir arraché ;
Et quand de toi peut-être un père se défie,
Que dis-je? quand peut-être il y va de ta vie,
Je parle ; et, trop facile à me laisser tromper,
Je lui marque le cœur où sa main doit frapper!

PHŒDIME.
Ah! traitez-le, madame, avec plus de justice ;
Un grand roi descend-il jusqu'à cet artifice?
A prendre ce détour qui l'aurait pu forcer?
Sans murmure à l'autel vous l'alliez devancer. 1150

Voulait-il perdre un fils qu'il aime avec tendresse?
Jusqu'ici les effets secondent sa promesse :
Madame, il vous disait qu'un important dessein,
Malgré lui, le forçait à vous quitter demain :
Ce seul dessein l'occupe; et, hâtant son voyage,
Lui-même ordonne tout, présent sur le rivage;
Ses vaisseaux en tous lieux se chargent de soldats,
Et partout Xipharès accompagne ses pas.
D'un rival en fureur est-ce là la conduite?
Et voit-on ses discours démentis par la suite? 1160
MONIME.
Pharnace, cependant, par son ordre arrêté,
Trouve en lui d'un rival toute la dureté.
Phœdime, à Xipharès fera-t-il plus de grâce?
PHŒDIME.
C'est l'ami des Romains qu'il punit en Pharnace :
L'amour a peu de part à ses justes soupçons.
MONIME.
Autant que je le puis, je cède à tes raisons;
Elles calment un peu l'ennui qui me dévore.
Mais pourtant Xipharès ne paraît point encore.
PHŒDIME.
Vaine erreur des amants, qui, pleins de leurs désirs,
Voudraient que tout cédât au soin de leurs plaisirs! 1170
Qui, prêts à s'irriter contre le moindre obstacle...
MONIME.
Ma Phœdime, eh! qui peut concevoir ce miracle?
Après deux ans d'ennuis, dont tu sais tout le poids,
Quoi! je puis respirer pour la première fois!
Quoi! cher prince, avec toi je me verrais unie!
Et loin que ma tendresse eût exposé ta vie,
Tu verrais ton devoir, je verrais ma vertu
Approuver un amour si longtemps combattu!
Je pourrais tous les jours t'assurer que je t'aime!
Que ne viens-tu?

SCÈNE II.

MONIME, XIPHARÈS, PHOEDIME.

MONIME. Seigneur, je parlais de vous-même.
Mon âme souhaitait de vous voir en ce lieu,   1181
Pour vous...
XIPHARÈS. C'est maintenant qu'il faut vous dire adieu.
MONIME.
Adieu ! vous ?
XIPHARÈS. Oui, madame, et pour toute ma vie.
MONIME.
Qu'entends-je ? On me disait... Hélas ! ils m'ont trahie !
XIPHARÈS.
Madame, je ne sais quel ennemi couvert,
Révélant nos secrets, vous trahit et me perd.
Mais le roi, qui tantôt n'en croyait point Pharnace,
Maintenant dans nos cœurs sait tout ce qui se passe.
Il feint, il me caresse, et cache son dessein ;
Mais moi qui, dès l'enfance élevé dans son sein, 1190
De tous ses mouvements ai trop d'intelligence,
J'ai lu dans ses regards sa prochaine vengeance.
Il presse, il fait partir tous ceux dont mon malheur
Pourrait à la révolte exciter la douleur.
De ses fausses bontés j'ai connu la contrainte.
Un mot même d'Arbate a confirmé ma crainte :
Il a su m'aborder ; et, les larmes aux yeux,
« On sait tout, m'a-t-il dit, sauvez-vous de ces lieux. »
Ce mot m'a fait frémir du péril de ma reine ;
Et ce cher intérêt est le seul qui m'amène.   1200
Je vous crains pour vous-même ; et je viens à genoux
Vous prier, ma princesse, et vous fléchir pour vous.
Vous dépendez ici d'une main violente,
Que le sang le plus cher rarement épouvante ;
Et je n'ose vous dire à quelle cruauté

Mithridate jaloux s'est souvent emporté.
Peut-être c'est moi seul que sa fureur menace ;
Peut-être, en me perdant, il veut vous faire grâce :
Daignez, au nom des dieux, daignez en profiter ;
Par de nouveaux refus n'allez point l'irriter. 1210
Moins vous l'aimez, et plus tâchez de lui complaire ;
Feignez, efforcez-vous: songez qu'il est mon père.
Vivez ; et permettez que dans tous mes malheurs
Je puisse à votre amour ne coûter que des pleurs.

MONIME.
Ah ! je vous ai perdu !

XIPHARÈS. Généreuse Monime,
Ne vous imputez point le malheur qui m'opprime.
Votre seule bonté n'est point ce qui me nuit ;
Je suis un malheureux que le destin poursuit :
C'est lui qui m'a ravi l'amitié de mon père,
Qui le fit mon rival, qui révolta ma mère, 1220
Et vient de susciter, dans ce moment affreux,
Un secret ennemi pour nous trahir tous deux.

MONIME.
Eh quoi! cet ennemi, vous l'ignorez encore ?

XIPHARÈS.
Pour surcroît de douleur, madame, je l'ignore.
Heureux ! si je pouvais, avant que m'immoler,
Percer le traître cœur qui m'a pu déceler !

MONIME.
Eh bien ! seigneur, il faut vous le faire connaître.
Ne cherchez point ailleurs cet ennemi, ce traître ;
Frappez : aucun respect ne doit vous retenir.
J'ai tout fait, et c'est moi que vous devez punir. 1230

XIPHARÈS.
Vous !

MONIME. Ah ! si vous saviez, prince, avec quelle adresse
Le cruel est venu surprendre ma tendresse !
Quelle amitié sincère il affectait pour vous !
Content, s'il vous voyait devenir mon époux !

Qui n'aurait cru?... Mais non, mon amour, plus timide,
Devait moins vous livrer à sa bonté perfide.
Les dieux, qui m'inspiraient, et que j'ai mal suivis,
M'ont fait taire trois fois par de secrets avis.
J'ai dû continuer; j'ai dû dans tout le reste...
Que sais-je enfin? j'ai dû vous être moins funeste; 1240
J'ai dû craindre du roi les dons empoisonnés,
Et je m'en punirai, si vous me pardonnez.
  XIPHARÈS.
Quoi, madame! c'est vous, c'est l'amour qui m'expose?
Mon malheur est parti d'une si belle cause?
Trop d'amour a trahi nos secrets amoureux?
Et vous vous excusez de m'avoir fait heureux?
Que voudrais-je de plus? glorieux et fidèle,
Je meurs. Un autre sort au trône vous appelle :
Consentez-y, madame; et, sans plus résister,
Achevez un hymen qui vous y fait monter.   1250
  MONIME.
Quoi! vous me demandez que j'épouse un barbare
Dont l'odieux amour pour jamais nous sépare?
  XIPHARÈS.
Songez que ce matin, soumise à ses souhaits,
Vous deviez l'épouser et ne me voir jamais.
  MONIME.
Eh! connaissais-je alors toute sa barbarie?
Ne voudriez-vous point qu'approuvant sa furie,
Après vous avoir vu tout percé de ses coups,
Je suivisse à l'autel un tyrannique époux,
Et que, dans une main de votre sang fumante,
J'allasse mettre, hélas! la main de votre amante? 1260
Allez : de ses fureurs songez à vous garder,
Sans perdre ici le temps à me persuader :
Le ciel m'inspirera quel parti je dois prendre.
Que serait-ce, grands dieux! s'il venait vous surpren-
Que dis-je? on vient. Allez: courez. Vivez enfin; [dre!
Et du moins attendez quel sera mon destin.

SCÈNE III.

MONIME, PHOEDIME.

PHOEDIME.
Madame, à quels périls il exposait sa vie !
C'est le roi.
    MONIME. Cours l'aider à cacher sa sortie.
Va, ne le quitte point ; et qu'il se garde bien
D'ordonner de son sort sans être instruit du mien. 1270

SCÈNE IV.

MITHRIDATE, MONIME.

MITHRIDATE.
Allons, madame, allons. Une raison secrète
Me fait quitter ces lieux et hâter ma retraite.
Tandis que mes soldats, prêts à suivre leur roi,
Rentrent dans mes vaisseaux pour partir avec moi,
Venez, et qu'à l'autel ma promesse accomplie
Par des nœuds éternels l'un à l'autre nous lie.
    MONIME.
Nous, seigneur ?
    MITHRIDATE. Quoi, madame ! osez-vous balancer ?
    MONIME.
Et ne m'avez-vous pas défendu d'y penser ?
    MITHRIDATE.
J'eus mes raisons alors : oublions-les, madame.
Ne songez maintenant qu'à répondre à ma flamme. 1280
Songez que votre cœur est un bien qui m'est dû.
    MONIME.
Eh ! pourquoi donc, seigneur, me l'avez-vous rendu ?
    MITHRIDATE.
Quoi ! pour un fils ingrat toujours préoccupée,
Vous croiriez...

MONIME. Quoi, seigneur! vous m'auriez donc trompée?
MITHRIDATE.
Perfide! il vous sied bien de tenir ce discours,
Vous qui, gardant au cœur d'infidèles amours,
Quand je vous élevais au comble de la gloire,
M'avez des trahisons préparé la plus noire!
Ne vous souvient-il plus, cœur ingrat et sans foi,
Plus que tous les Romains conjuré contre moi,   1290
De quel rang glorieux j'ai bien voulu descendre
Pour vous porter au trône où vous n'osiez prétendre?
Ne me regardez point vaincu, persécuté :
Revoyez-moi vainqueur et partout redouté.
Songez de quelle ardeur, dans Éphèse adorée,
Aux filles de cent rois je vous ai préférée;
Et, négligeant pour vous tant d'heureux alliés,
Quelle foule d'États je mettais à vos pieds.
Ah! si d'un autre amour le penchant invincible
Dès lors à mes bontés vous rendait insensible,   1300
Pourquoi chercher si loin un odieux époux?
Avant que de partir, pourquoi vous taisiez-vous?
Attendiez-vous, pour faire un aveu si funeste,
Que le sort ennemi m'eût ravi tout le reste,
Et que, de toutes parts me voyant accabler,
J'eusse en vous le seul bien qui me pût consoler?
Cependant, quand je veux oublier cet outrage
Et cacher à mon cœur cette funeste image,
Vous osez à mes yeux rappeler le passé!
Vous m'accusez encor, quand je suis offensé!   1310
Je vois que pour un traître un fol espoir vous flatte.
A quelle épreuve, ô ciel, réduis-tu Mithridate!
Par quel charme secret laissé-je retenir
Ce courroux si sévère et si prompt à punir?
Profitez du moment que mon amour vous donne :
Pour la dernière fois, venez, je vous l'ordonne.
N'attirez point sur vous des périls superflus,
Pour un fils insolent que vous ne verrez plus.

Sans vous parer pour lui d'une foi qui m'est due,
Perdez-en la mémoire, aussi bien que la vue ; 1320
Et désormais, sensible à ma seule bonté,
Méritez le pardon qui vous est présenté.

MONIME.

Je n'ai point oublié quelle reconnaissance,
Seigneur, m'a dû ranger sous votre obéissance :
Quelque rang où jadis soient montés mes aïeux,
Leur gloire de si loin n'éblouit point mes yeux.
Je songe avec respect de combien je suis née
Au-dessous des grandeurs d'un si noble hyménée ;
Et, malgré mon penchant et mes premiers desseins
Pour un fils, après vous, le plus grand des humains, 1330
Du jour que sur mon front on mit ce diadème,
Je renonçai, seigneur, à ce prince, à moi-même.
Tous deux d'intelligence à nous sacrifier,
Loin de moi, par mon ordre, il courait m'oublier.
Dans l'ombre du secret ce feu s'allait éteindre ;
Et même de mon sort je ne pouvais me plaindre,
Puisque enfin, aux dépens de mes vœux les plus doux,
Je faisais le bonheur d'un héros tel que vous.
Vous seul, seigneur, vous seul, vous m'avez arrachée
A cette obéissance où j'étais attachée ; 1340
Et ce fatal amour dont j'avais triomphé,
Ce feu que dans l'oubli je croyais étouffé,
Dont la cause à jamais s'éloignait de ma vue,
Vos détours l'ont surpris et m'en ont convaincue.
Je vous l'ai confessé, je le dois soutenir.
En vain vous en pourriez perdre le souvenir ;
Et cet aveu honteux, où vous m'avez forcée,
Demeurera toujours présent à ma pensée ;
Toujours je vous croirais incertain de ma foi :
Et le tombeau, seigneur, est moins triste pour moi 1350
Que le lit d'un époux qui m'a fait cet outrage,
Qui s'est acquis sur moi ce cruel avantage,
Et qui, me préparant un éternel ennui,

M'a fait rougir d'un feu qui n'était pas pour lui.
MITHRIDATE.
C'est donc votre réponse? et, sans plus me complaire,
Vous refusez l'honneur que je voulais vous faire?
Pensez-y bien. J'attends pour me déterminer....
MONIME.
Non, seigneur, vainement vous croyez m'étonner.
Je vous connais : je sais tout ce que je m'apprête,
Et je vois quels malheurs j'assemble sur ma tête : 1360
Mais le dessein est pris; rien ne peut m'ébranler.
Jugez-en, puisque ainsi je vous ose parler,
Et m'emporte au delà de cette modestie
Dont jusqu'à ce moment je n'étais point sortie.
Vous vous êtes servi de ma funeste main
Pour mettre à votre fils un poignard dans le sein :
De ses feux innocents j'ai trahi le mystère;
Et, quand il n'en perdrait que l'amour de son père,
Il en mourra, seigneur. Ma foi ni mon amour
Ne seront point le prix d'un si cruel détour. 1370
Après cela, jugez. Perdez une rebelle;
Armez-vous du pouvoir qu'on vous donna sur elle :
J'attendrai mon arrêt; vous pouvez commander.
Tout ce qu'en vous quittant j'ose vous demander,
Croyez (à la vertu je dois cette justice)
Que je vous trahis seule, et n'ai point de complice;
Et que d'un plein succès vos vœux seraient suivis,
Si j'en croyais, seigneur, les vœux de votre fils.

SCÈNE V.

MITHRIDATE.

Elle me quitte! Et moi, dans un lâche silence,
Je semble de sa fuite approuver l'insolence! 1380
Peu s'en faut que mon cœur, penchant de son côté,
Ne me condamne encor de trop de cruauté!

Qui suis-je? Est-ce Monime? et suis-je Mithridate?
Non, non, plus de pardon, plus d'amour pour l'in-
Ma colère revient, et je me reconnois : [grate!
Immolons, en partant, trois ingrats à la fois.
Je vais à Rome; et c'est par de tels sacrifices
Qu'il faut à ma fureur rendre les dieux propices.
Je le dois, je le puis; ils n'ont plus de support :
Les plus séditieux sont déjà loin du bord. 1390
Sans distinguer entre eux qui je hais ou qui j'aime,
Allons, et commençons par Xipharès lui-même.
Mais quelle est ma fureur? et qu'est-ce que je dis?
Tu vas sacrifier.... qui, malheureux? Ton fils!
Un fils que Rome craint! qui peut venger son père!
Pourquoi répandre un sang qui m'est si nécessaire?
Ah! dans l'état funeste où ma chute m'a mis,
Est-ce que mon malheur m'a laissé trop d'amis?
Songeons plutôt, songeons à gagner sa tendresse :
J'ai besoin d'un vengeur, et non d'une maîtresse. 1400
Quoi! ne vaut-il pas mieux, puisqu'il faut m'en priver,
La céder à ce fils que je veux conserver?
Cédons-la. Vains efforts, qui ne font que m'instruire
Des faiblesses d'un cœur qui cherche à se séduire!
Je brûle, je l'adore; et, loin de la bannir....
Ah! c'est un crime encor dont je la veux punir.
Quelle pitié retient mes sentiments timides?
N'en ai-je pas déjà puni de moins perfides?
O Monime! ô mon fils! Inutile courroux!
Et vous, heureux Romains, quel triomphe pour vous,
Si vous saviez ma honte, et qu'un avis fidèle 1411
De mes lâches combats vous portât la nouvelle!
Quoi! des plus chères mains craignant les trahisons,
J'ai pris soin de m'armer contre tous les poisons;
J'ai su, par une longue et pénible industrie,
Des plus mortels venins prévenir la furie;
Ah! qu'il eût mieux valu, plus sage et plus heureux,
Et repoussant les traits d'un amour dangereux,

Ne pas laisser remplir d'ardeurs empoisonnées
Un cœur déjà glacé par le froid des années ! 1420
De ce trouble fatal par où dois-je sortir ?

SCÈNE VI.

MITHRIDATE, ARBATE.

ARBATE.
Seigneur, tous vos soldats refusent de partir :
Pharnace les retient, Pharnace leur révèle
Que vous cherchez à Rome une guerre nouvelle.
MITHRIDATE.
Pharnace ?
ARBATE. Il a séduit ses gardes les premiers ;
Et le seul nom de Rome étonne les plus fiers.
De mille affreux périls ils se forment l'image.
Les uns avec transport embrassent le rivage ;
Les autres, qui partaient, s'élancent dans les flots,
Ou présentent leurs dards aux yeux des matelots. 1430
Le désordre est partout ; et, loin de nous entendre,
Ils demandent la paix et parlent de se rendre.
Pharnace est à leur tête ; et, flattant leurs souhaits,
De la part des Romains il leur promet la paix.
MITHRIDATE.
Ah, le traître ! Courez : qu'on appelle son frère ;
Qu'il me suive, qu'il vienne au secours de son père.
ARBATE.
J'ignore son dessein ; mais un soudain transport
L'a déjà fait descendre et courir vers le port ;
Et l'on dit que, suivi d'un gros d'amis fidèles,
On l'a vu se mêler au milieu des rebelles. 1440
C'est tout ce que j'en sais.
MITHRIDATE. Ah ! qu'est-ce que j'entends ?
Perfides, ma vengeance a tardé trop longtemps !
Mais je ne vous crains point : malgré leur insolence,

Les mutins n'oseraient soutenir ma présence.
Je ne veux que les voir; je ne veux qu'à leurs yeux
Immoler de ma main deux fils audacieux.

SCÈNE VII.

MITHRIDATE, ARBATE, ARCAS.

ARCAS.
Seigneur, tout est perdu. Les rebelles, Pharnace,
Les Romains, sont en foule autour de cette place.
MITHRIDATE.
Les Romains!
ARCAS. De Romains le rivage est chargé,
Et bientôt dans ces murs vous êtes assiégé. 1450
MITHRIDATE. (*A Arcas.*)
Ciel! Courons. Écoutez.... Du malheur qui me presse
Tu ne jouiras pas, infidèle princesse.

ACTE CINQUIÈME.

SCÈNE I.

MONIME, PHOEDIME.

PHOEDIME.
Madame, où courez-vous? Quels aveugles transports
Vous font tenter sur vous de criminels efforts?
Eh quoi! vous avez pu, trop cruelle à vous-même,
Faire un affreux lien d'un sacré diadème!
Ah! ne voyez-vous pas que les dieux, plus humains,
Ont eux-mêmes rompu ce bandeau dans vos mains?

MONIME.

Eh! par quelle fureur, obstinée à me suivre,
Toi-même malgré moi veux-tu me faire vivre? 1460
Xipharès ne vit plus; le roi, désespéré,
Lui-même n'attend plus qu'un trépas assuré :
Quel fruit te promets-tu de ta coupable audace?
Perfide, prétends-tu me livrer à Pharnace?

PHOEDIME.

Ah! du moins attendez qu'un fidèle rapport
De son malheureux frère ait confirmé la mort.
Dans la confusion que nous venons d'entendre,
Les yeux peuvent-ils pas aisément se méprendre?
D'abord, vous le savez, un bruit injurieux
Le rangeait du parti d'un camp séditieux; 1470
Maintenant on vous dit que ces mêmes rebelles
Ont tourné contre lui leurs armes criminelles.
Jugez de l'un par l'autre, et daignez écouter....

MONIME.

Xipharès ne vit plus, il n'en faut point douter.
L'événement n'a point démenti mon attente :
Quand je n'en aurais pas la nouvelle sanglante,
Il est mort; et j'en ai pour garants trop certains
Son courage et son nom trop suspects aux Romains.
Ah! que d'un si beau sang dès longtemps altérée,
Rome tient maintenant sa victoire assurée! 1480
Quel ennemi son bras leur allait opposer!
Mais sur qui, malheureuse, oses-tu t'excuser?
Quoi! tu ne veux pas voir que c'est toi qui l'opprimes,
Et dans tous ses malheurs reconnaître tes crimes?
De combien d'assassins l'avais-je enveloppé!
Comment à tant de coups serait-il échappé?
Il évitait en vain les Romains et son frère :
Ne le livrais-je pas aux fureurs de son père?
C'est moi qui, les rendant l'un de l'autre jaloux,
Vins allumer le feu qui les embrase tous : 1490
Tison de la discorde, et fatale furie

Que le démon de Rome a formée et nourrie.
Et je vis ! et j'attends que, de leur sang baigné,
Pharnace des Romains revienne accompagné,
Qu'il étale à mes yeux sa parricide joie !
La mort au désespoir ouvre plus d'une voie :
Oui, cruelles, en vain vos injustes secours
Me ferment du tombeau les chemins les plus courts,
Je trouverai la mort jusque dans vos bras même.
 Et toi, fatal tissu, malheureux diadème, 1500
Instrument et témoin de toutes mes douleurs ;
Bandeau que mille fois j'ai trempé de mes pleurs,
Au moins, en terminant ma vie et mon supplice,
Ne pouvais-tu me rendre un funeste service ?
A mes tristes regards, va, cesse de t'offrir,
D'autres armes sans toi sauront me secourir :
Et périsse le jour et la main meurtrière
Qui jadis sur mon front t'attacha la première !
   PHOEDIME.
On vient, madame, on vient ; et j'espère qu'Arcas
Pour bannir vos frayeurs porte vers vous ses pas. 1510

SCÈNE II.

MONIME, PHOEDIME, ARCAS.

   MONIME.
En est-ce fait, Arcas ? et le cruel Pharnace....
   ARCAS.
Ne me demandez rien de tout ce qui se passe,
Madame : on m'a chargé d'un plus funeste emploi ;
Et ce poison vous dit les volontés du roi.
   PHOEDIME.
Malheureuse princesse !
      MONIME. Ah ! quel comble de joie !
Donnez. Dites, Arcas, au roi qui me l'envoie,

Que de tous les présents que m'a faits sa bonté
Je reçois le plus cher et le plus souhaité.
A la fin je respire, et le ciel me délivre
Des secours importuns qui me forçaient de vivre. 1520
Maîtresse de moi-même, il veut bien qu'une fois
Je puisse de mon sort disposer à mon choix.

PHŒDIME.

Hélas!

MONIME.

Retiens tes cris; et, par d'indignes larmes,
De cet heureux moment ne trouble point les charmes.
Si tu m'aimais, Phœdime, il fallait me pleurer
Quand d'un titre funeste on me vint honorer,
Et lorsque, m'arrachant du doux sein de la Grèce,
Dans ce climat barbare on traîna ta maîtresse.
Retourne maintenant chez ces peuples heureux;
Et, si mon nom encor s'est conservé chez eux, 1530
Dis-leur ce que tu vois, et de toute ma gloire,
Phœdime, conte-leur la malheureuse histoire.
Et toi, qui de ce cœur, dont tu fus adoré,
Par un jaloux destin fus toujours séparé,
Héros, avec qui même en terminant ma vie
Je n'ose en un tombeau demander d'être unie,
Reçois ce sacrifice; et puisse, en ce moment,
Ce poison expier le sang de mon amant!

SCÈNE III.

MONIME, ARBATE, PHŒDIME, ARCAS.

ARBATE.

Arrêtez! arrêtez!

ARCAS. Que faites-vous, Arbate?

ARBATE.

Arrêtez! j'accomplis l'ordre de Mithridate. 1540

MONIME.

Ah! laissez-moi....

ARBATE, *jetant le poison.*

Cessez, vous dis-je, et laissez-moi,
Madame, exécuter les volontés du roi :
Vivez. Et vous, Arcas, du succès de mon zèle
Courez à Mithridate apprendre la nouvelle.

SCÈNE IV.

MONIME, ARBATE, PHŒDIME.

MONIME.

Ah! trop cruel Arbate, à quoi m'exposez-vous!
Est-ce qu'on croit encor mon supplice trop doux?
Et le roi, m'enviant une mort si soudaine,
Veut-il plus d'un trépas pour contenter sa haine?

ARBATE.

Vous l'allez voir paraître; et j'ose m'assurer
Que vous-même avec moi vous allez le pleurer. 1550

MONIME.

Quoi! le roi....

ARBATE. Le roi touche à son heure dernière,
Madame, et ne voit plus qu'un reste de lumière.
Je l'ai laissé sanglant, porté par des soldats;
Et Xipharès en pleurs accompagne leurs pas.

MONIME.

Xipharès! Ah, grands dieux! Je doute si je veille,
Et n'ose qu'en tremblant en croire mon oreille.
Xipharès vit encor! Xipharès, que mes pleurs....

ARBATE.

Il vit chargé de gloire, accablé de douleurs.
De sa mort en ces lieux la nouvelle semée
Ne vous a pas vous seule et sans cause alarmée : 1560
Les Romains, qui partout l'appuyaient par des cris,
Ont, par ce bruit fatal, glacé tous les esprits.

8.

Le roi, trompé lui-même, en a versé des larmes,
Et, désormais certain du malheur de ses armes,
Par un rebelle fils de toutes parts pressé,
Sans espoir de secours tout près d'être forcé,
Et, voyant pour surcroît de douleur et de haine,
Parmi ses étendards porter l'aigle romaine,
Il n'a plus aspiré qu'à s'ouvrir des chemins
Pour éviter l'affront de tomber dans leurs mains. 1570
D'abord il a tenté les atteintes mortelles
Des poisons que lui-même a crus les plus fidèles;
Il les a trouvés tous sans force et sans vertu.
« Vain secours, a-t-il dit, que j'ai trop combattu !
Contre tous les poisons soigneux de me défendre,
J'ai perdu tout le fruit que j'en pouvais attendre.
Essayons maintenant des secours plus certains,
Et cherchons un trépas plus funeste aux Romains. »
Il parle; et défiant leurs nombreuses cohortes,
Du palais, à ces mots, il fait ouvrir les portes. 1580
A l'aspect de ce front dont la noble fureur
Tant de fois dans leurs rangs répandit la terreur,
Vous les eussiez vus tous, retournant en arrière,
Laisser entre eux et nous une large carrière;
Et déjà quelques-uns couraient épouvantés
Jusque dans les vaisseaux qui les ont apportés.
Mais le dirai-je? ô ciel! rassurés par Pharnace,
Et la honte en leurs cœurs réveillant leur audace,
Ils reprennent courage, ils attaquent le roi,
Qu'un reste de soldats défendait avec moi. 1590
Qui pourrait exprimer par quels faits incroyables,
Quels coups accompagnés de regards effroyables,
Son bras, se signalant pour la dernière fois,
A de ce grand héros terminé les exploits ?
Enfin, las et couvert de sang et de poussière,
Il s'était fait de morts une noble barrière :
Un autre bataillon s'est avancé vers nous;
Les Romains pour le joindre ont suspendu leurs coups.

Ils voulaient tous ensemble accabler Mithridate.
Mais lui : « C'en est assez, m'a-t-il dit, cher Arbate ; 1600
Le sang et la fureur m'emportent trop avant.
Ne livrons pas surtout Mithridate vivant. »
Aussitôt dans son sein il plonge son épée.
Mais la mort fuit encor sa grande âme trompée.
Ce héros dans mes bras est tombé tout sanglant,
Faible, et qui s'irritait contre un trépas si lent ;
Et, se plaignant à moi de ce reste de vie,
Il soulevait encor sa main appesantie,
Et, marquant à mon bras la place de son cœur.
Semblait d'un coup plus sûr implorer la faveur. 1610
Tandis que, possédé de ma douleur extrême,
Je songe bien plutôt à me percer moi-même,
De grands cris ont soudain attiré mes regards :
J'ai vu, qui l'aurait cru? j'ai vu de toutes parts
Vaincus et renversés les Romains et Pharnace,
Fuyant vers leurs vaisseaux, abandonner la place ;
Et le vainqueur, vers nous s'avançant de plus près,
A mes yeux éperdus a montré Xipharès.

MONIME.
Juste ciel !

ARBATE. Xipharès, toujours resté fidèle,
Et qu'au fort du combat une troupe rebelle, 1620
Par ordre de son frère, avait enveloppé,
Mais qui, d'entre leurs bras à la fin échappé,
Força les plus mutins, et, regagnant le reste,
Heureux et plein de joie en ce moment funeste,
A travers mille morts, ardent, victorieux,
S'était fait vers son père un chemin glorieux.
Jugez de quelle horreur cette joie est suivie :
Son bras aux pieds du roi l'allait jeter sans vie ;
Mais on court, on s'oppose à son emportement.
Le roi m'a regardé dans ce triste moment, 1630
Et m'a dit d'une voix qu'il poussait avec peine :
« S'il en est temps encor, cours et sauve la reine. »

Ces mots m'ont fait trembler pour vous, pour Xipharès ;
J'ai craint, j'ai soupçonné quelques ordres secrets.
Tout lassé que j'étais, ma frayeur et mon zèle
M'ont donné pour courir une force nouvelle ;
Et, malgré nos malheurs, je me tiens trop heureux
D'avoir paré le coup qui vous perdait tous deux.
  MONIME.
Ah ! que de tant d'horreurs justement étonnée,
Je plains de ce grand roi la triste destinée !   1640
Hélas ! et plût aux dieux qu'à son sort inhumain
Moi-même j'eusse pu ne point prêter la main,
Et que, simple témoin du malheur qui l'accable,
Je le pusse pleurer sans en être coupable !
Il vient. Quel nouveau trouble excite en mes esprits
Le sang du père, ô ciel ! et les larmes du fils !

SCÈNE V.

MITHRIDATE, MONIME, XIPHARÈS, ARBATE, PHOEDIME, ARCAS, *gardes qui soutiennent Mithridate.*

  MONIME.
Ah ! que vois-je, seigneur, et quel sort est le vôtre !
  MITHRIDATE.
Cessez et retenez vos larmes l'un et l'autre :
(*Montrant Xipharès.*)
Mon sort de sa tendresse et de votre amitié
Veut d'autres sentiments que ceux de la pitié ;   1650
Et ma gloire, plutôt digne d'être admirée,
Ne doit point par des pleurs être déshonorée.
J'ai vengé l'univers autant que je l'ai pu :
La mort dans ce projet m'a seule interrompu.
Ennemi des Romains et de la tyrannie,
Je n'ai point de leur joug subi l'ignominie ;
Et j'ose me flatter qu'entre les noms fameux

Qu'une pareille haine a signalés contre eux,
Nul ne leur a plus fait acheter la victoire,
Ni de jours malheureux plus rempli leur histoire. 1660
Le ciel n'a pas voulu qu'achevant mon dessein
Rome en cendres me vît expirer dans son sein ;
Mais au moins quelque joie en mourant me console :
J'expire environné d'ennemis que j'immole ;
Dans leur sang odieux j'ai pu tremper mes mains ;
Et mes derniers regards ont vu fuir les Romains.
A mon fils Xipharès je dois cette fortune ;
Il épargne à ma mort leur présence importune.
Que ne puis-je payer ce service important
De tout ce que mon trône a de plus éclatant ! 1670
Mais vous me tenez lieu d'empire, de couronne ;
Vous seule me restez : souffrez que je vous donne,
Madame ; et tous ces vœux que j'exigeais de vous,
Mon cœur pour Xipharès vous les demande tous.

    MONIME.

Vivez, seigneur, vivez pour le bonheur du monde,
Et pour sa liberté, qui sur vous seul se fonde ;
Vivez pour triompher d'un ennemi vaincu,
Pour venger...
    MITHRIDATE. C'en est fait, madame, et j'ai vécu.
Mon fils, songez à vous : gardez-vous de prétendre
Que de tant d'ennemis vous puissiez vous défendre. 1680
Bientôt tous les Romains, de leur honte irrités,
Viendront ici sur vous fondre de tous côtés.
Ne perdez point le temps que vous laisse leur fuite
A rendre à mon tombeau des soins dont je vous quitte :
Tant de Romains sans vie, en cent lieux dispersés,
Suffisent à ma cendre et l'honorent assez.
Cachez-leur pour un temps vos noms et votre vie.
Allez, réservez-vous...
    XIPHARÈS. Moi, seigneur ! que je fuie
Que Pharnace impuni, les Romains triomphants,
N'éprouvent pas bientôt...

MITHRIDATE. Non, je vous le défends. 1690
Tôt ou tard il faudra que Pharnace périsse :
Fiez-vous aux Romains du soin de son supplice.
Mais je sens affaiblir ma force et mes esprits ;
Je sens que je me meurs. Approchez-vous, mon fils ;
Dans cet embrassement dont la douceur me flatte,
Venez, et recevez l'âme de Mithridate.

MONIME.
Il expire.

XIPHARÈS. Ah! madame, unissons nos douleurs,
Et par tout l'univers cherchons-lui des vengeurs.

IPHIGÉNIE EN AULIDE.

TRAGÉDIE.

(1674.)

PERSONNAGES. — AGAMEMNON. — ACHILLE. — ULYSSE. — CLYTEMNESTRE, femme d'Agamemnon. — IPHIGÉNIE, fille d'Agamemnon. — ÉRIPHILE, fille d'Hélène et de Thésée. — ARCAS, EURYBATE, domestiques d'Agamemnon. — ÆGINE, femme de la suite de Clytemnestre. — DORIS, confidente d'Ériphile. — Gardes.

La scène est en Aulide, dans la tente d'Agamemnon.

ACTE PREMIER.

SCÈNE I.

AGAMEMNON, ARCAS.

AGAMEMNON.
Oui, c'est Agamemnon, c'est ton roi qui t'éveille.
Viens, reconnais la voix qui frappe ton oreille.
ARCAS.
C'est vous-même, seigneur! Quel important besoin
Vous a fait devancer l'aurore de si loin?
A peine un faible jour vous éclaire et me guide:
Vos yeux seuls et les miens sont ouverts dans l'Aulide.
Avez-vous dans les airs entendu quelque bruit?
Les vents nous auraient-ils exaucés cette nuit?
Mais tout dort, et l'armée, et les vents, et Neptune.

AGAMEMNON.
Heureux qui, satisfait de son humble fortune, 10
Libre du joug superbe où je suis attaché,
Vit dans l'état obscur où les dieux l'ont caché!
ARCAS.
Et depuis quand, seigneur, tenez-vous ce langage?
Comblé de tant d'honneurs, par quel secret outrage
Les dieux, à vos désirs toujours si complaisants,
Vous font-ils méconnaître et haïr leurs présents?
Roi, père, époux heureux, fils du puissant Atrée,
Vous possédez des Grecs la plus riche contrée;
Du sang de Jupiter issu de tous côtés,
L'hymen vous lie encore aux dieux dont vous sortez;
Le jeune Achille enfin, vanté par tant d'oracles, 21
Achille, à qui le ciel promet tant de miracles,
Recherche votre fille, et d'un hymen si beau
Veut dans Troie embrasée allumer le flambeau.
Quelle gloire, seigneur, quels triomphes égalent
Le spectacle pompeux que ces bords vous étalent;
Tous ces mille vaisseaux, qui, chargés de vingt rois,
N'attendent que les vents pour partir sous vos lois?
Ce long calme, il est vrai, retarde vos conquêtes;
Ces vents, depuis trois mois enchaînés sur nos têtes, 30
D'Ilion trop longtemps vous ferment le chemin :
Mais, parmi tant d'honneurs, vous êtes homme enfin;
Tandis que vous vivrez, le sort, qui toujours change,
Ne vous a point promis un bonheur sans mélange.
Bientôt... Mais quels malheurs dans ce billet tracés
Vous arrachent, seigneur, les pleurs que vous versez?
Votre Oreste au berceau va-t-il finir sa vie?
Pleurez-vous Clytemnestre ou bien Iphigénie?
Qu'est-ce qu'on vous écrit? Daignez m'en avertir.
AGAMEMNON.
Non, tu ne mourras point; je n'y puis consentir. 40
ARCAS.
Seigneur...

AGAMEMNON. Tu vois mon trouble ; apprends ce qui le
Et juge s'il est temps, ami, que je repose. [cause,
Tu te souviens du jour qu'en Aulide assemblés
Nos vaisseaux par les vents semblaient être appelés :
Nous partions; et déjà, par mille cris de joie,
Nous menacions de loin les rivages de Troie.
Un prodige étonnant fit taire ce transport :
Le vent qui nous flattait nous laissa dans le port.
Il fallut s'arrêter, et la rame inutile
Fatigua vainement une mer immobile. 50
Ce miracle inouï me fit tourner les yeux
Vers la divinité qu'on adore en ces lieux :
Suivi de Ménélas, de Nestor et d'Ulysse,
J'offris sur ses autels un secret sacrifice.
Quelle fut sa réponse ! et quel devins-je, Arcas,
Quand j'entendis ces mots prononcés par Calchas !
« Vous armez contre Troie une puissance vaine,
Si, dans un sacrifice auguste et solennel,
  Une fille du sang d'Hélène,
De Diane, en ces lieux, n'ensanglante l'autel. 60
Pour obtenir les vents que le ciel vous dénie,
  Sacrifiez Iphigénie. »
 ARCAS.
Votre fille !
AGAMEMNON. Surpris, comme tu peux penser,
Je sentis dans mon corps tout mon sang se glacer.
Je demeurai sans voix, et n'en repris l'usage
Que par mille sanglots qui se firent passage.
Je condamnai les dieux, et, sans plus rien ouïr,
Fis vœu, sur leurs autels, de leur désobéir.
Que n'en croyais-je alors ma tendresse alarmée !
Je voulais sur-le-champ congédier l'armée. 70
Ulysse, en apparence approuvant mes discours,
De ce premier torrent laissa passer le cours ;
Mais bientôt, rappelant sa cruelle industrie,
Il me représenta l'honneur et la patrie,

Tout ce peuple, ces rois, à mes ordres soumis,
Et l'empire d'Asie à la Grèce promis :
De quel front, immolant tout l'État à ma fille,
Roi sans gloire, j'irais vieillir dans ma famille.
Moi-même, je l'avoue avec quelque pudeur,
Charmé de mon pouvoir, et plein de ma grandeur, 80
Ces noms de roi des rois et de chef de la Grèce
Chatouillaient de mon cœur l'orgueilleuse faiblesse.
Pour comble de malheur, les dieux, toutes les nuits,
Dès qu'un léger sommeil suspendait mes ennuis,
Vengeant de leurs autels le sanglant privilége,
Me venaient reprocher ma pitié sacrilége,
Et présentant la foudre à mon esprit confus,
Le bras déjà levé, menaçaient mes refus.
Je me rendis, Arcas; et, vaincu par Ulysse,
De ma fille, en pleurant, j'ordonnai le supplice. 90
Mais des bras d'une mère il fallait l'arracher.
Quel funeste artifice il me fallut chercher!
D'Achille, qui l'aimait, j'empruntai le langage :
J'écrivis en Argos, pour hâter ce voyage,
Que ce guerrier, pressé de partir avec nous,
Voulait revoir ma fille et partir son époux.

  ARCAS.

Et ne craignez-vous point l'impatient Achille?
Avez-vous prétendu que, muet et tranquille,
Ce héros, qu'armera l'amour et la raison,
Vous laisse pour ce meurtre abuser de son nom? 100
Verra-t-il à ses yeux son amante immolée?

  AGAMEMNON.

Achille était absent; et son père Pélée,
D'un voisin ennemi redoutant les efforts,
L'avait, tu t'en souviens, rappelé de ces bords;
Et cette guerre, Arcas, selon toute apparence,
Aurait dû plus longtemps prolonger son absence.
Mais qui peut dans sa course arrêter ce torrent?
Achille va combattre, et triomphe en courant;

Et ce vainqueur, suivant de près sa renommée,
Hier avec la nuit arriva dans l'armée. 110
Mais des nœuds plus puissants me retiennent le bras :
Ma fille, qui s'approche et court à son trépas ;
Qui, loin de soupçonner un arrêt si sévère,
Peut-être s'applaudit des bontés de son père ;
Ma fille... Ce nom seul, dont les droits sont si saints,
Sa jeunesse, mon sang, n'est pas ce que je plains :
Je plains mille vertus, une amour mutuelle,
Sa piété pour moi, ma tendresse pour elle,
Un respect qu'en son cœur rien ne peut balancer,
Et que j'avais promis de mieux récompenser. 120
Non, je ne croirai point, ô ciel, que ta justice
Approuve la fureur de ce noir sacrifice :
Tes oracles sans doute ont voulu m'éprouver ;
Et tu me punirais si j'osais l'achever.
Arcas, je t'ai choisi pour cette confidence :
Il faut montrer ici ton zèle et ta prudence.
La reine, qui dans Sparte avait connu ta foi,
T'a placé dans le rang que tu tiens près de moi.
Prends cette lettre, cours au-devant de la reine
Et suis, sans t'arrêter, le chemin de Mycène. 130
Dès que tu la verras, défends-lui d'avancer,
Et rends-lui ce billet que je viens de tracer.
Mais ne t'écarte point ; prends un fidèle guide.
Si ma fille une fois met le pied dans l'Aulide,
Elle est morte : Calchas, qui l'attend en ces lieux,
Fera taire nos pleurs, fera parler les dieux ;
Et la religion, contre nous irritée,
Par les timides Grecs sera seule écoutée ;
Ceux même dont ma gloire aigrit l'ambition
Réveilleront leur brigue et leur prétention, 140
M'arracheront peut-être un pouvoir qui les blesse...
Va, dis-je, sauve-la de ma propre faiblesse.
Mais surtout ne va point, par un zèle indiscret,
Découvrir à ses yeux mon funeste secret.

Que, s'il se peut, ma fille, à jamais abusée,
Ignore à quel péril je l'avais exposée ;
D'une mère en fureur épargne-moi les cris ;
Et que ta voix s'accorde avec ce que j'écris.
Pour renvoyer la fille, et la mère offensée,
Je leur écris qu'Achille a changé de pensée, 150
Et qu'il veut désormais, jusques à son retour,
Différer cet hymen que pressait son amour.
Ajoute, tu le peux, que des froideurs d'Achille
On accuse en secret cette jeune Ériphile
Que lui-même captive amena de Lesbos,
Et qu'auprès de ma fille on garde dans Argos.
C'est leur en dire assez : le reste, il le faut taire.
Déjà le jour plus grand nous frappe et nous éclaire ;
Déjà même l'on entre, et j'entends quelque bruit.
C'est Achille. Va, pars. Dieux ! Ulysse le suit ! 160

SCÈNE II.

AGAMEMNON, ACHILLE, ULYSSE.

AGAMEMNON.
Quoi ! seigneur, se peut-il que d'un cours si rapide
La victoire vous ait ramené dans l'Aulide ?
D'un courage naissant sont-ce là les essais ?
Quels triomphes suivront de si nobles succès !
La Thessalie entière, ou vaincue ou calmée,
Lesbos même conquise en attendant l'armée,
De toute autre valeur éternels monuments,
Ne sont d'Achille oisif que les amusements.
ACHILLE.
Seigneur, honorez moins une faible conquête :
Et que puisse bientôt le ciel, qui nous arrête, 170
Ouvrir un champ plus noble à ce cœur excité
Par le prix glorieux dont vous l'avez flatté !
Mais cependant, seigneur, que faut-il que je croie

D'un bruit qui me surprend et me comble de joie?
Daignez-vous avancer le succès de mes vœux?
Et bientôt des mortels suis-je le plus heureux?
On dit qu'Iphigénie, en ces lieux amenée,
Doit bientôt à son sort unir ma destinée.

AGAMEMNON.

Ma fille! Qui vous dit qu'on la doit amener?

ACHILLE.

Seigneur, qu'a donc ce bruit qui vous doive étonner?

AGAMEMNON.

Juste ciel! (*A Ulysse.*) Saurait-il mon funeste artifice?

ULYSSE.

Seigneur, Agamemnon s'étonne avec justice.
Songez-vous aux malheurs qui nous menacent tous?
O ciel! pour un hymen quel temps choisissez-vous?
Tandis qu'à nos vaisseaux la mer toujours fermée
Trouble toute la Grèce et consume l'armée,
Tandis que, pour fléchir l'inclémence des dieux,
Il faut du sang peut-être, et du plus précieux,
Achille seul, Achille à son amour s'applique!
Voudrait-il insulter à la crainte publique,
Et que le chef des Grecs, irritant les destins,
Préparât d'un hymen la pompe et les festins?
Ah! seigneur, est-ce ainsi que votre âme attendrie
Plaint le malheur des Grecs et chérit la patrie?

ACHILLE.

Dans les champs phrygiens les effets feront foi
Qui la chérit le plus ou d'Ulysse ou de moi :
Jusque-là je vous laisse étaler votre zèle;
Vous pouvez à loisir faire des vœux pour elle.
Remplissez les autels d'offrandes et de sang,
Des victimes vous-même interrogez le flanc,
Du silence des vents demandez-leur la cause;
Mais moi, qui de ce soin sur Calchas me repose,
Souffrez, seigneur, souffrez que je coure hâter
Un hymen dont les dieux ne sauraient s'irriter.

Transporté d'une ardeur qui ne peut être oisive :
Je rejoindrai bientôt les Grecs sur cette rive ;
J'aurais trop de regret si quelque autre guerrier
Au rivage troyen descendait le premier.
    AGAMEMNON.
O ciel ! pourquoi faut-il que ta secrète envie
Ferme à de tels héros le chemin de l'Asie ?   210
N'aurai-je vu briller cette noble chaleur
Que pour m'en retourner avec plus de douleur ?
    ULYSSE.
Dieux ! qu'est-ce que j'entends ?
                      ACHILLE. Seigneur, qu'osez-vous
    AGAMEMNON,   [dire ?
Qu'il faut, prince, qu'il faut que chacun se retire ;
Que, d'un crédule espoir trop longtemps abusés,
Nous attendons les vents qui nous sont refusés.
Le ciel protége Troie ; et par trop de présages
Son courroux nous défend d'en chercher les passages.
    ACHILLE.
Quels présages affreux nous marquent son courroux ?
    AGAMEMNON.
Vous-même consultez ce qu'il prédit de vous.   220
Que sert de se flatter ? On sait qu'à votre tête
Les dieux ont d'Ilion attaché la conquête ;
Mais on sait que, pour prix d'un triomphe si beau,
Ils ont aux champs troyens marqué votre tombeau ;
Que votre vie, ailleurs et longue et fortunée,
Devant Troie, en sa fleur doit être moissonnée.
    ACHILLE.
Ainsi, pour vous venger tant de rois assemblés
D'un opprobre éternel retourneront comblés ;
Et Pâris, couronnant son insolente flamme,
Retiendra sans péril la sœur de votre femme !   230
    AGAMEMNON.
Eh quoi ! votre valeur, qui nous a devancés,
N'a-t-elle pas pris soin de nous venger assez ?

Les malheurs de Lesbos, par vos mains ravagée,
Épouvantent encor toute la mer Égée :
Troie en a vu la flamme ; et jusque dans ses ports
Les flots en ont poussé les débris et les morts.
Que dis-je? les Troyens pleurent une autre Hélène
Que vous avez captive envoyée à Mycène :
Car, je n'en doute point, cette jeune beauté
Garde en vain un secret que trahit sa fierté ; 240
Et son silence même, accusant sa noblesse,
Nous dit qu'elle nous cache une illustre princesse.
 ACHILLE.
Non, non, tous ces détours sont trop ingénieux :
Vous lisez de trop loin dans les secrets des dieux.
Moi, je m'arrêterais à de vaines menaces !
Et je fuirais l'honneur qui m'attend sur vos traces !
Les Parques à ma mère, il est vrai, l'ont prédit,
Lorsqu'un époux mortel fut reçu dans son lit :
Je puis choisir, dit-on, ou beaucoup d'ans sans gloire,
Ou peu de jours suivis d'une longue mémoire. 250
Mais, puisqu'il faut enfin que j'arrive au tombeau,
Voudrais-je, de la terre inutile fardeau,
Trop avare d'un sang reçu d'une déesse,
Attendre chez mon père une obscure vieillesse,
Et, toujours de la gloire évitant le sentier,
Ne laisser aucun nom et mourir tout entier?
Ah ! ne nous tormons point ces indignes obstacles ;
L'honneur parle, il suffit : ce sont là nos oracles.
Les dieux sont de nos jours les maîtres souverains ;
Mais, seigneur, notre gloire est dans nos propres mains.
Pourquoi nous tourmenter de leurs ordres suprêmes? 261
Ne songeons qu'à nous rendre immortels comme eux-
Et, laissant faire au sort, courons où la valeur [mêmes;
Nous promet un destin aussi grand que le leur.
C'est à Troie, et j'y cours ; et, quoi qu'on me prédise,
Je ne demande aux dieux qu'un vent qui m'y conduise ;
Et, quand moi seul enfin il faudrait l'assiéger,

Patrocle et moi, seigneur, nous irons vous venger.
Mais non, c'est en vos mains que le destin la livre;
Je n'aspire en effet qu'à l'honneur de vous suivre. 270
Je ne vous presse plus d'approuver les transports
D'un amour qui m'allait éloigner de ces bords;
Ce même amour, soigneux de votre renommée,
Veut qu'ici mon exemple encourage l'armée,
Et me défend surtout de vous abandonner
Aux timides conseils qu'on ose vous donner.

SCÈNE III.

AGAMEMNON, ULYSSE.

ULYSSE.
Seigneur, vous entendez : quelque prix qu'il en coûte,
Il veut voler à Troie et poursuivre sa route.
Nous craignions son amour : et lui-même aujourd'hui
Par une heureuse erreur nous arme contre lui. 280
AGAMEMNON.
Hélas!
ULYSSE. De ce soupir que faut-il que j'augure?
Du sang qui se révolte est-ce quelque murmure?
Croirai-je qu'une nuit a pu vous ébranler?
Est-ce donc votre cœur qui vient de nous parler?
Songez-y, vous devez votre fille à la Grèce :
Vous nous l'avez promise; et, sur cette promesse
Calchas, par tous les Grecs consulté chaque jour,
Leur a prédit des vents l'infaillible retour.
A ses prédictions si l'effet est contraire,
Pensez-vous que Calchas continue à se taire; 290
Que ses plaintes, qu'en vain vous voudrez apaiser,
Laissent mentir les dieux sans vous en accuser?
Et qui sait ce qu'aux Grecs, frustrés de leur victime,
Peut permettre un courroux qu'ils croiront légitime?
Gardez-vous de réduire un peuple furieux,

Seigneur, à prononcer entre vous et les dieux.
N'est-ce pas vous enfin de qui la voix pressante
Nous a tous appelés aux campagnes du Xanthe,
Et qui de ville en ville attestiez les serments
Que d'Hélène autrefois firent tous les amants, 300
Quand presque tous les Grecs, rivaux de votre frère,
La demandaient en foule à Tyndare son père?
De quelque heureux époux que l'on dût faire choix,
Nous jurâmes dès lors de défendre ses droits;
Et, si quelque insolent lui volait sa conquête,
Nos mains du ravisseur lui promirent la tête.
Mais sans vous, ce serment que l'amour a dicté,
Libres de cet amour, l'aurions-nous respecté?
Vous seul, nous arrachant à de nouvelles flammes,
Nous avez fait laisser nos enfants et nos femmes. 310
Et quand, de toutes parts assemblés en ces lieux,
L'honneur de vous venger brille seul à nos yeux,
Quand la Grèce, déjà vous donnant son suffrage,
Vous reconnaît l'auteur de ce fameux ouvrage;
Que ces rois, qui pouvaient vous disputer ce rang,
Sont prêts pour vous servir de verser tout leur sang;
Le seul Agamemnon, refusant la victoire,
N'ose d'un peu de sang acheter tant de gloire,
Et, dès le premier pas se laissant effrayer,
Ne commande les Grecs que pour les renvoyer! 320

AGAMEMNON.

Ah, seigneur! qu'éloigné du malheur qui m'opprime
Votre cœur aisément se montre magnanime!
Mais que, si vous voyiez ceint du bandeau mortel
Votre fils Télémaque approcher de l'autel,
Nous vous verrions, troublé de cette affreuse image,
Changer bientôt en pleurs ce superbe langage,
Éprouver la douleur que j'éprouve aujourd'hui,
Et courir vous jeter entre Calchas et lui!
Seigneur, vous le savez, j'ai donné ma parole;
Et, si ma fille vient, je consens qu'on l'immole. 330

Mais, malgré tous mes soins, si son heureux destin
La retient dans Argos ou l'arrête en chemin,
Souffrez que, sans presser ce barbare spectacle,
En faveur de mon sang j'explique cet obstacle,
Que j'ose pour ma fille accepter le secours
De quelque dieu plus doux qui veille sur ses jours.
Vos conseils sur mon cœur n'ont eu que trop d'empire;
Et je rougis...

SCÈNE IV.

AGAMEMNON, ULYSSE, EURYBATE.

EURYBATE. Seigneur...
        AGAMEMNON. Ah! que vient-on me dire?
EURYBATE.
La reine, dont ma course a devancé les pas,
Va remettre bientôt sa fille entre vos bras, 340
Elle approche. Elle s'est quelque temps égarée
Dans ces bois qui du camp semblent cacher l'entrée:
A peine nous avons, dans leur obscurité,
Retrouvé le chemin que nous avions quitté.
    AGAMEMNON.
Ciel!
    EURYBATE.
        Elle amène aussi cette jeune Ériphile
Que Lesbos a livrée entre les mains d'Achille,
Et qui de son destin, qu'elle ne connaît pas,
Vient, dit-elle, en Aulide interroger Calchas.
Déjà de leur abord la nouvelle est semée;
Et déjà de soldats une foule charmée, 350
Surtout d'Iphigénie admirant la beauté,
Pousse au ciel mille vœux pour sa félicité.
Les uns avec respect environnaient la reine;
D'autres me demandaient le sujet qui l'amène:
Mais tous ils confessaient que si jamais les dieux

Ne mirent sur le trône un roi plus glorieux,
Également comblé de leurs faveurs secrètes,
Jamais père ne fut plus heureux que vous l'êtes.
 AGAMEMNON.
Eurybate, il suffit; vous pouvez nous laisser :
Le reste me regarde, et je vais y penser. 360

SCÈNE V.

AGAMEMNON, ULYSSE.

 AGAMEMNON.
Juste ciel, c'est ainsi qu'assurant ta vengeance
Tu romps tous les ressorts de ma vaine prudence!
Encor si je pouvais, libre dans mon malheur,
Par des larmes au moins soulager ma douleur!
Triste destin des rois! Esclaves que nous sommes
Et des rigueurs du sort et des discours des hommes,
Nous nous voyons sans cesse assiégés de témoins;
Et les plus malheureux osent pleurer le moins.
 ULYSSE.
Je suis père, seigneur, et faible comme un autre :
Mon cœur se met sans peine en la place du vôtre, 370
Et, frémissant du coup qui vous fait soupirer,
Loin de blâmer vos pleurs, je suis près de pleurer.
Mais votre amour n'a plus d'excuse légitime;
Les dieux ont à Calchas amené leur victime :
Il le sait, il l'attend; et, s'il la voit tarder,
Lui-même à haute voix viendra la demander.
Nous sommes seuls encor : hâtez-vous de répandre
Des pleurs que vous arrache un intérêt si tendre;
Pleurez ce sang, pleurez; ou plutôt, sans pâlir,
Considérez l'honneur qui doit en rejaillir : 380
Voyez tout l'Hellespont blanchissant sous nos rames,
Et la perfide Troie abandonnée aux flammes,
Ses peuples dans vos fers, Priam à vos genoux,

Hélène par vos mains rendue à son époux;
Voyez de vos vaisseaux les poupes couronnées
Dans cette même Aulide avec vous retournées,
Et ce triomphe heureux qui s'en va devenir
L'éternel entretien des siècles à venir.

AGAMEMNON.

Seigneur, de mes efforts je connais l'impuissance :
Je cède, et laisse aux dieux opprimer l'innocence. 395
La victime bientôt marchera sur vos pas ;
Allez. Mais cependant faites taire Calchas;
Et, m'aidant à cacher ce funeste mystère,
Laissez-moi de l'autel écarter une mère.

ACTE DEUXIÈME.

SCÈNE I.

ÉRIPHILE, DORIS.

ÉRIPHILE.

Ne les contraignons point, Doris, retirons-nous :
Laissons-les dans les bras d'un père et d'un époux;
Et, tandis qu'à l'envi leur amour se déploie,
Mettons en liberté ma tristesse et leur joie.

DORIS.

Quoi! madame, toujours irritant vos douleurs,
Croirez-vous ne plus voir que des sujets de pleurs? 400
Je sais que tout déplaît aux yeux d'une captive;
Qu'il n'est point dans les fers de plaisir qui la suive :
Mais dans le temps fatal que, repassant les flots,
Nous suivions malgré nous le vainqueur de Lesbos,
Lorsque dans son vaisseau, prisonnière timide,

Vous voyiez devant vous ce vainqueur homicide,
Le dirai-je? vos yeux, de larmes moins trempés,
A pleurer vos malheurs étaient moins occupés.
Maintenant tout vous rit : l'aimable Iphigénie
D'une amitié sincère avec vous est unie ; 410
Elle vous plaint, vous voit avec des yeux de sœur;
Et vous seriez dans Troie avec moins de douceur.
Vous vouliez voir l'Aulide, où son père l'appelle,
Et l'Aulide vous voit arriver avec elle :
Cependant, par un sort que je ne conçois pas,
Votre douleur redouble et croît à chaque pas.

  ÉRIPHILE.

Eh quoi! te semble-t-il que la triste Ériphile
Doive être de leur joie un témoin si tranquille?
Crois-tu que mes chagrins doivent s'évanouir
A l'aspect d'un bonheur dont je ne puis jouir? 420
Je vois Iphigénie entre les bras d'un père;
Elle fait tout l'orgueil d'une superbe mère;
Et moi, toujours en butte à de nouveaux dangers,
Remise dès l'enfance en des bras étrangers,
Je reçus et je vois le jour que je respire
Sans que père ni mère ait daigné me sourire.
J'ignore qui je suis; et, pour comble d'horreur,
Un oracle effrayant m'attache à mon erreur,
Et, quand je veux chercher le sang qui m'a fait naître,
Me dit que, sans périr, je ne me puis connaître. 430

  DORIS.

Non, non, jusques au bout vous devez le chercher.
Un oracle toujours se plaît à se cacher;
Toujours avec un sens il en présente un autre :
En perdant un faux nom vous reprendrez le vôtre.
C'est là tout le danger que vous pouvez courir;
Et c'est peut-être ainsi que vous devez périr.
Songez que votre nom fut changé dès l'enfance.

  ÉRIPHILE.

Je n'ai de tout mon sort que cette connaissance;

Et ton père, du reste infortuné témoin,
Ne me permit jamais de pénétrer plus loin. 440
Hélas! dans cette Troie où j'étais attendue,
Ma gloire, disait-il, m'allait être rendue;
J'allais, en reprenant et mon nom et mon rang,
Des plus grands rois en moi reconnaître le sang.
Déjà je découvrais cette fameuse ville.
Le ciel mène à Lesbos l'impitoyable Achille :
Tout cède, tout ressent ses funestes efforts;
Ton père, enseveli dans la foule des morts,
Me laisse dans les fers à moi-même inconnue;
Et, de tant de grandeurs dont j'étais prévenue, 450
Vile esclave des Grecs, je n'ai pu conserver
Que la fierté d'un sang que je ne puis prouver.

DORIS.

Ah! que perdant, madame, un témoin si fidèle,
La main qui vous l'ôta vous doit sembler cruelle!
Mais Calchas est ici, Calchas si renommé,
Qui des secrets des dieux fut toujours informé.
Le ciel souvent lui parle : instruit par un tel maître,
Il sait tout ce qui fut et tout ce qui doit être.
Pourrait-il de vos jours ignorer les auteurs?
Ce camp même est pour vous tout plein de protecteurs :
Bientôt Iphigénie, en épousant Achille, 461
Vous va sous son appui présenter un asile;
Elle vous l'a promis et juré devant moi.
Ce gage est le premier qu'elle attend de sa foi.

ÉRIPHILE.

Que dirais-tu, Doris, si, passant tout le reste,
Cet hymen de mes maux était le plus funeste?

DORIS.

Quoi, madame!

ÉRIPHILE. Tu vois avec étonnement
Que ma douleur ne souffre aucun soulagement.
Écoute, et tu te vas étonner que je vive.
   C'est peu d'être étrangère, inconnue et captive; 470

Ce destructeur fatal des tristes Lesbiens,
Cet Achille, l'auteur de tes maux et des miens,
Dont la sanglante main m'enleva prisonnière,
Qui m'arracha d'un coup ma naissance et ton père,
De qui jusques au nom tout doit m'être odieux,
Est de tous les mortels le plus cher à mes yeux.

DORIS.

Ah! que me dites-vous?

ÉRIPHILE. Je me flattais sans cesse
Qu'un silence éternel cacherait ma faiblesse;
Mais mon cœur trop pressé m'arrache ce discours,
Et te parle une fois pour se taire toujours. 480
Ne me demande point sur quel espoir fondée
De ce fatal amour je me vis possédée.
Je n'en accuse point quelques feintes douleurs
Dont je crus voir Achille honorer mes malheurs :
Le ciel s'est fait, sans doute, une joie inhumaine
A rassembler sur moi tous les traits de sa haine.
Rappellerai-je encor le souvenir affreux
Du jour qui dans les fers nous jeta toutes deux?
Dans les cruelles mains par qui je fus ravie
Je demeurai longtemps sans lumière et sans vie : 490
Enfin mes tristes yeux cherchèrent la clarté;
Et, me voyant presser d'un bras ensanglanté,
Je frémissais, Doris, et d'un vainqueur sauvage
Craignais de rencontrer l'effroyable visage.
J'entrai dans son vaisseau, détestant sa fureur,
Et toujours détournant ma vue avec horreur.
Je le vis : son aspect n'avait rien de farouche;
Je sentis le reproche expirer dans ma bouche;
Je sentis contre moi mon cœur se déclarer;
J'oubliai ma colère, et ne sus que pleurer : 500
Je me laissai conduire à cet aimable guide.
Je l'aimais à Lesbos, et je l'aime en Aulide.
Iphigénie en vain s'offre à me protéger,
Et me tend une main prompte à me soulager :

Triste effet des fureurs dont je suis tourmentée !
Je n'accepte la main qu'elle m'a présentée
Que pour m'armer contre elle, et, sans me découvrir,
Traverser son bonheur, que je ne puis souffrir.
  DORIS.
Et que pourrait contre elle une impuissante haine?
Ne valait-il pas mieux, renfermée à Mycène,   510
Éviter les tourments que vous venez chercher
Et combattre des feux contraints de se cacher?
  ÉRIPHILE.
Je le voulais, Doris. Mais quelque triste image
Que sa gloire à mes yeux montrât sur ce rivage,
Au sort qui me traînait il fallut consentir :
Une secrète voix m'ordonna de partir,
Me dit qu'offrant ici ma présence importune,
Peut-être j'y pourrais porter mon infortune;
Que peut-être, approchant ces amants trop heureux,
Quelqu'un de mes malheurs se répandrait sur eux. 520
  Voilà ce qui m'amène, et non l'impatience
D'apprendre à qui je dois une triste naissance ;
Ou plutôt leur hymen me servira de loi :
S'il s'achève, il suffit; tout est fini pour moi :
Je périrai, Doris, et, par une mort prompte,
Dans la nuit du tombeau j'enfermerai ma honte,
Sans chercher des parents si longtemps ignorés,
Et que ma folle amour a trop déshonorés.
  DORIS.
Que je vous plains, madame! et que la tyrannie...
  ÉRIPHILE.
Tu vois Agamemnon avec Iphigénie.   530

SCÈNE II.

AGAMEMNON, IPHIGÉNIE, ÉRIPHILE, DORIS.

IPHIGÉNIE.
Seigneur, où courez-vous? et quels empressements
Vous dérobent sitôt à nos embrassements?
A qui dois-je imputer cette fuite soudaine?
Mon respect a fait place aux transports de la reine;
Un moment à mon tour ne vous puis-je arrêter?
Et ma joie à vos yeux n'ose-t-elle éclater?
Ne puis-je...
AGAMEMNON. Eh bien, ma fille, embrassez votre père;
Il vous aime toujours.
IPHIGÉNIE.
Que cette amour m'est chère!
Quel plaisir de vous voir et de vous contempler
Dans ce nouvel éclat dont je vous vois briller! 540
Quels honneurs! quel pouvoir! Déjà la renommée
Par d'étonnants récits m'en avait informée;
Mais que, voyant de près ce spectacle charmant,
Je sens croître ma joie et mon étonnement!
Dieux! avec quel amour la Grèce vous révère!
Quel bonheur de me voir la fille d'un tel père!
AGAMEMNON.
Vous méritiez, ma fille, un père plus heureux.
IPHIGÉNIE.
Quelle félicité peut manquer à vos vœux?
A de plus grands honneurs un roi peut-il prétendre?
J'ai cru n'avoir au ciel que des grâces à rendre. 550
AGAMEMNON, *à part*.
Grands dieux! à son malheur dois-je la préparer?
IPHIGÉNIE.
Vous vous cachez, seigneur, et semblez soupirer;
Tous vos regards sur moi ne tombent qu'avec peine :

Avons-nous sans votre ordre abandonné Mycène?
AGAMEMNON.
Ma fille, je vous vois toujours des mêmes yeux;
Mais les temps sont changés aussi bien que les lieux.
D'un soin cruel ma joie est ici combattue.
IPHIGÉNIE.
Eh! mon père, oubliez votre rang à ma vue.
Je prévois la rigueur d'un long éloignement.
N'osez-vous sans rougir être père un moment? 560
Vous n'avez devant vous qu'une jeune princesse
A qui j'avais pour moi vanté votre tendresse;
Cent fois lui promettant mes soins, votre bonté,
J'ai fait gloire à ses yeux de ma félicité :
Que va-t-elle penser de votre indifférence?
Ai-je flatté ses vœux d'une fausse espérance?
N'éclaircirez-vous point ce front chargé d'ennuis?
AGAMEMNON.
Ah, ma fille!
IPHIGÉNIE. Seigneur, poursuivez.
AGAMEMNON. Je ne puis.
IPHIGÉNIE.
Périsse le Troyen auteur de nos alarmes!
AGAMEMNON.
Sa perte à ses vainqueurs coûtera bien des larmes. 570
IPHIGÉNIE.
Les dieux daignent surtout prendre soin de vos jours!
AGAMEMNON.
Les dieux depuis un temps me sont cruels et sourds.
IPHIGÉNIE.
Calchas, dit-on, prépare un pompeux sacrifice?
AGAMEMNON.
Puissé-je auparavant fléchir leur injustice!
IPHIGÉNIE.
L'offrira-t-on bientôt?
AGAMEMNON. Plus tôt que je ne veux.

Act. II.]

IPHIGÉNIE.
Me sera-t-il permis de me joindre à vos vœux?
Verra-t-on à l'autel votre heureuse famille?
AGAMEMNON.
Hélas!
IPHIGÉNIE.
Vous vous taisez?
AGAMEMNON. Vous y serez, ma fille!
Adieu.

SCÈNE III.

IPHIGÉNIE, ÉRIPHILE, DORIS.

IPHIGÉNIE.
De cet accueil que dois-je soupçonner?
D'une secrète horreur je me sens frissonner : 580
Je crains, malgré moi-même, un malheur que j'ignore.
Justes dieux! vous savez pour qui je vous implore!
ÉRIPHILE.
Quoi! parmi tous les soins qui doivent l'accabler,
Quelque froideur suffit pour vous faire trembler!
Hélas! à quels soupirs suis-je donc condamnée,
Moi qui, de mes parents toujours abandonnée,
Étrangère partout, n'ai pas, même en naissant,
Peut-être reçu d'eux un regard caressant!
Du moins, si vos respects sont rejetés d'un père,
Vous en pouvez gémir dans le sein d'une mère ; 590
Et, de quelque disgrâce enfin que vous pleuriez,
Quels pleurs par un amant ne sont point essuyés!
IPHIGÉNIE.
Je ne m'en défends point : mes pleurs, belle Ériphile,
Ne tiendraient pas longtemps contre les soins d'Achille;
Sa gloire, son amour, mon père, mon devoir,
Lui donnent sur mon âme un trop juste pouvoir.
Mais de lui-même ici que faut-il que je pense?

Cet amant, pour me voir brûlant d'impatience,
Que les Grecs de ces bords ne pouvaient arracher,
Qu'un père de si loin m'ordonne de chercher,   600
S'empresse-t-il assez pour jouir d'une vue
Qu'avec tant de transports je croyais attendue?
Pour moi, depuis deux jours qu'approchant de ces lieux,
Leur aspect souhaité se découvre à nos yeux,
Je l'attendais partout; et, d'un regard timide,
Sans cesse parcourant les chemins de l'Aulide,
Mon cœur pour le chercher volait loin devant moi,
Et je demande Achille à tout ce que je voi.
Je viens, j'arrive enfin sans qu'il m'ait prévenue.
Je n'ai percé qu'à peine une foule inconnue ;   610
Lui seul ne paraît point : le triste Agamemnon
Semble craindre à mes yeux de prononcer son nom.
Que fait-il? Qui pourra m'expliquer ce mystère?
Trouverai-je l'amant glacé comme le père?
Et les soins de la guerre auraient-ils en un jour
Éteint dans tous les cœurs la tendresse et l'amour?
Mais non, c'est l'offenser par d'injustes alarmes :
C'est à moi que l'on doit le secours de ses armes.
Il n'était point à Sparte entre tous ces amants
Dont le père d'Hélène a reçu les serments :   620
Lui seul de tous les Grecs, maître de sa parole,
S'il part contre Ilion, c'est pour moi qu'il y vole;
Et, satisfait d'un prix qui lui semble si doux,
Il veut même y porter le nom de mon époux.

SCÈNE IV.

CLYTEMNESTRE, IPHIGÉNIE, ÉRIPHILE, DORIS.

CLYTEMNESTRE.

Ma fille, il faut partir sans que rien nous retienne,
Et sauver, en fuyant, votre gloire et la mienne.
Je ne m'étonne plus qu'interdit et distrait,

Votre père ait paru nous revoir à regret :
Aux affronts d'un refus craignant de vous commettre,
Il m'avait par Arcas envoyé cette lettre. 630
Arcas s'est vu trompé par notre égarement,
Et vient de me la rendre en ce même moment.
Sauvons, encore un coup, notre gloire offensée :
Pour votre hymen Achille a changé de pensée,
Et, refusant l'honneur qu'on lui veut accorder,
Jusques à son retour il veut le retarder.

    ÉRIPHILE.

Qu'entends-je?

CLYTEMNESTRE. Je vous vois rougir de cet outrage.
Il faut d'un noble orgueil armer votre courage.
Moi-même, de l'ingrat approuvant le dessein,
Je vous l'ai dans Argos présenté de ma main ; 640
Et mon choix, que flattait le bruit de sa noblesse,
Vous donnait avec joie au fils d'une déesse.
Mais, puisque désormais son lâche repentir
Dément le sang des dieux dont on le fait sortir,
Ma fille, c'est à nous de montrer qui nous sommes,
Et de ne voir en lui que le dernier des hommes.
Lui ferons-nous penser, par un plus long séjour,
Que vos vœux de son cœur attendent le retour?
Rompons avec plaisir un hymen qu'il diffère.
J'ai fait de mon dessein avertir votre père : 650
Je ne l'attends ici que pour m'en séparer,
Et pour ce prompt départ je vais tout préparer.
(*A Ériphile.*)
Je ne vous presse point, madame, de nous suivre ;
En de plus chères mains ma retraite vous livre.
De vos desseins secrets on est trop éclairci ;
Et ce n'est pas Calchas que vous cherchez ici.

SCÈNE V.

IPHIGÉNIE, ÉRIPHILE, DORIS.

IPHIGÉNIE.
En quel funeste état ces mots m'ont-ils laissée !
Pour mon hymen Achille a changé de pensée !
Il me faut sans honneur retourner sur mes pas,
Et vous cherchez ici quelque autre que Calchas ? 660
ÉRIPHILE.
Madame, à ce discours je ne puis rien comprendre.
IPHIGÉNIE.
Vous m'entendez assez, si vous voulez m'entendre.
Le sort injurieux me ravit un époux ;
Madame, à mon malheur m'abandonnerez-vous ?
Vous ne pouviez sans moi demeurer à Mycène ;
Me verra-t-on sans vous partir avec la reine ?
ÉRIPHILE.
Je voulais voir Calchas avant que de partir.
IPHIGÉNIE.
Que tardez-vous, madame, à le faire avertir ?
ÉRIPHILE.
D'Argos, dans un moment, vous reprenez la route.
IPHIGÉNIE.
Un moment quelquefois éclaircit plus d'un doute. 670
Mais, madame, je vois que c'est trop vous presser ;
Je vois ce que jamais je n'ai voulu penser :
Achille... Vous brûlez que je ne sois partie.
ÉRIPHILE.
Moi ! vous me soupçonnez de cette perfidie !
Moi ! j'aimerais, madame, un vainqueur furieux,
Qui toujours tout sanglant se présente à mes yeux,
Qui, la flamme à la main et de meurtres avide,
Mit en cendres Lesbos...
IPHIGÉNIE. Oui, vous l'aimez, perfide ;

Et ces mêmes fureurs que vous me dépeignez,
Ces bras que dans le sang vous avez vus baignés, 680
Ces morts, cette Lesbos, ces cendres, cette flamme,
Sont les traits dont l'amour l'a gravé dans votre âme;
Et, loin d'en détester le cruel souvenir,
Vous vous plaisez encore à m'en entretenir.
Déjà plus d'une fois, dans vos plaintes forcées,
J'ai dû voir et j'ai vu le fond de vos pensées;
Mais toujours sur mes yeux ma facile bonté
A remis le bandeau que j'avais écarté.
Vous l'aimez. Que faisais-je? Et quelle erreur fatale
M'a fait entre mes bras recevoir ma rivale? 690
Crédule, je l'aimais : mon cœur même aujourd'hui
De son parjure amant lui promettait l'appui.
Voilà donc le triomphe où j'étais amenée!
Moi-même à votre char je me suis enchaînée.
Je vous pardonne, hélas! des vœux intéressés,
Et la perte d'un cœur que vous me ravissez :
Mais que, sans m'avertir du piége qu'on me dresse,
Vous me laissiez chercher jusqu'au fond de la Grèce
L'ingrat qui ne m'attend que pour m'abandonner,
Perfide, cet affront se peut-il pardonner? 700

ÉRIPHILE.

Vous me donnez des noms qui doivent me surprendre,
Madame : on ne m'a pas instruite à les entendre;
Et les dieux, contre moi dès longtemps indignés,
A mon oreille encor les avaient épargnés.
Mais il faut des amants excuser l'injustice.
Et de quoi vouliez-vous que je vous avertisse?
Avez-vous pu penser qu'au sang d'Agamemnon
Achille préférât une fille sans nom,
Qui de tout son destin ce qu'elle a pu comprendre,
C'est qu'elle sort d'un sang qu'il brûle de répandre? 710

IPHIGÉNIE.

Vous triomphez, cruelle, et bravez ma douleur.
Je n'avais pas encor senti tout mon malheur :

Et vous ne comparez votre exil et ma gloire
Que pour mieux relever votre injuste victoire.
Toutefois vos transports sont trop précipités :
Ce même Agamemnon à qui vous insultez,
Il commande à la Grèce, il est mon père, il m'aime,
Il ressent mes douleurs beaucoup plus que moi-même.
Mes larmes par avance avaient su le toucher;
J'ai surpris ses soupirs qu'il me voulait cacher. 720
Hélas! de son accueil condamnant la tristesse,
J'osais me plaindre à lui de son peu de tendresse!

SCÈNE VI.

ACHILLE, IPHIGÉNIE, ÉRIPHILE, DORIS.

ACHILLE.
Il est donc vrai, madame, et c'est vous que je vois!
Je soupçonnais d'erreur tout le camp à la fois.
Vous en Aulide! vous! Eh! qu'y venez-vous faire?
D'où vient qu'Agamemnon m'assurait le contraire?
IPHIGÉNIE.
Seigneur, rassurez-vous : vos vœux seront contents.
Iphigénie encor n'y sera pas longtemps.

SCÈNE VII.

ACHILLE, ÉRIPHILE, DORIS.

ACHILLE.
Elle me fuit! Veillé-je? ou n'est-ce point un songe?
Dans quel trouble nouveau cette fuite me plonge! 730
Madame, je ne sais si sans vous irriter
Achille devant vous pourra se présenter;
Mais, si d'un ennemi vous souffrez la prière,
Si lui-même souvent a plaint sa prisonnière,

Vous savez quel sujet conduit ici leurs pas;
Vous savez...
  ÉRIPHILE. Quoi! seigneur, ne le savez-vous pas,
Vous qui depuis un mois, brûlant sur ce rivage,
Avez conclu vous-même et hâté leur voyage?
  ACHILLE.
De ce même rivage absent depuis un mois,
Je le revis hier pour la première fois.   740
  ÉRIPHILE.
Quoi ! lorsqu'Agamemnon écrivait à Mycène
Votre amour, votre main n'a pas conduit la sienne?
Quoi! vous, qui de sa fille adoriez les attraits...
  ACHILLE.
Vous m'en voyez encore épris plus que jamais,
Madame; et si l'effet eût suivi ma pensée,
Moi-même dans Argos je l'aurais devancée.
Cependant on me fuit. Quel crime ai-je commis?
Mais je ne vois partout que des yeux ennemis.
Que dis-je? en ce moment Calchas, Nestor, Ulysse,
De leur vaine éloquence employant l'artifice,   750
Combattaient mon amour et semblaient m'annoncer
Que, si j'en crois ma gloire, il y faut renoncer.
Quelle entreprise ici pourrait être formée?
Suis-je, sans le savoir, la fable de l'armée?
Entrons : c'est un secret qu'il leur faut arracher.

SCÈNE VIII.

ÉRIPHILE, DORIS.

  ÉRIPHILE.
Dieux, qui voyez ma honte, où me dois-je cacher?
Orgueilleuse rivale, on t'aime, et tu murmures!
Souffrirai-je à la fois ta gloire et tes injures?
Ah! plutôt... Mais, Doris, ou j'aime à me flatter,
Ou sur eux quelque orage est tout prêt d'éclater. 760

J'ai des yeux : leur bonheur n'est pas encor tranquille.
On trompe Iphigénie; on se cache d'Achille;
Agamemnon gémit. Ne désespérons point;
Et, si le sort contre elle à ma haine se joint,
Je saurai profiter de cette intelligence
Pour ne pas pleurer seule et mourir sans vengeance.

ACTE TROISIÈME.

SCÉNE I.

AGAMEMNON, CLYTEMNESTRE.

CLYTEMNESTRE.
Oui, seigneur, nous partions; et mon juste courroux
Laissait bientôt Achille et le camp loin de nous :
Ma fille dans Argos courait pleurer sa honte.
Mais lui-même, étonné d'une fuite si prompte,   770
Par combien de serments, dont je n'ai pu douter,
Vient-il de me convaincre et de nous arrêter!
Il presse cet hymen qu'on prétend qu'il diffère,
Et vous cherche, brûlant d'amour et de colère :
Prêt d'imposer silence à ce bruit imposteur,
Achille en veut connaître et confondre l'auteur.
Bannissez ces soupçons qui troublaient notre joie.

AGAMEMNON.
Madame, c'est assez : je consens qu'on le croie.
Je reconnais l'erreur qui nous avait séduits,
Et ressens votre joie autant que je le puis.   780
Vous voulez que Calchas l'unisse à ma famille;
Vous pouvez à l'autel envoyer votre fille :

Je l'attends. Mais, avant que de passer plus loin,
J'ai voulu vous parler un moment sans témoin.
Vous voyez en quels lieux vous l'avez amenée :
Tout y ressent la guerre, et non point l'hyménée.
Le tumulte d'un camp, soldats et matelots,
Un autel hérissé de dards, de javelots,
Tout ce spectacle enfin, pompe digne d'Achille,
Pour attirer vos yeux n'est point assez tranquille ; 790
Et les Grecs y verraient l'épouse de leur roi
Dans un état indigne et de vous et de moi.
M'en croirez-vous ? Laissez, de vos femmes suivie,
A cet hymen, sans vous, marcher Iphigénie.

CLYTEMNESTRE.

Qui ? moi ! que, remettant ma fille en d'autres bras,
Ce que j'ai commencé je ne l'achève pas !
Qu'après l'avoir d'Argos amenée en Aulide,
Je refuse à l'autel de lui servir de guide ?
Dois-je donc de Calchas être moins près que vous ?
Et qui présentera ma fille à son époux ? 800
Quelle autre ordonnera cette pompe sacrée ?

AGAMEMNON.

Vous n'êtes point ici dans le palais d'Atrée :
Vous êtes dans un camp...

CLYTEMNESTRE. Où tout vous est soumis ;
Où le sort de l'Asie en vos mains est remis ;
Où je vois sous vos lois marcher la Grèce entière ;
Où le fils de Thétis va m'appeler sa mère.
Dans quel palais superbe et plein de ma grandeur
Puis-je jamais paraître avec plus de splendeur ?

AGAMEMNON.

Madame, au nom des dieux auteurs de notre race,
Daignez à mon amour accorder cette grâce. 810
J'ai mes raisons.

CLYTEMNESTRE. Seigneur, au nom des mêmes dieux,
D'un spectacle si doux ne privez point mes yeux.
Daignez ne point ici rougir de ma présence.

AGAMEMNON.

J'avais plus espéré de votre complaisance.
Mais, puisque la raison ne peut vous émouvoir,
Puisqu'enfin ma prière a si peu de pouvoir,
Vous avez entendu ce que je vous demande,
Madame : je le veux, et je vous le commande.
Obéissez.

SCÈNE II.

CLYTEMNESTRE.

    D'où vient que d'un soin si cruel
L'injuste Agamemnon m'écarte de l'autel ?   820
Fier de son nouveau rang, m'ose-t-il méconnaître ?
Me croit-il à sa suite indigne de paraître ?
Ou, de l'empire encor timide possesseur,
N'oserait-il d'Hélène ici montrer la sœur ?
Et pourquoi me cacher ? et par quelle injustice
Faut-il que sur mon front sa honte rejaillisse ?
Mais n'importe : il le veut, et mon cœur s'y résout.
Ma fille, ton bonheur me console de tout !
Le ciel te donne Achille ; et ma joie est extrême
De t'entendre nommer... Mais le voici lui-même. 830

SCÈNE III.

ACHILLE, CLYTEMNESTRE.

ACHILLE.

Tout succède, madame, à mon empressement :
Le roi n'a point voulu d'autre éclaircissement ;
Il en croit mes transports ; et, sans presque m'entendre,
Il vient, en m'embrassant, de m'accepter pour gendre.
Il ne m'a dit qu'un mot. Mais vous a-t-il conté
Quel bonheur dans le camp vous avez apporté ?
Les dieux vont s'apaiser : du moins Calchas publie

Qu'avec eux, dans une heure, il nous réconcilie;
Que Neptune et les vents, prêts à nous exaucer,
N'attendent que le sang que sa main va verser.   840
Déjà dans les vaisseaux la voile se déploie,
Déjà sur sa parole ils se tournent vers Troie.
Pour moi, quoique le ciel, au gré de mon amour,
Dût encore des vents retarder le retour,
Que je quitte à regret la rive fortunée
Où je vais allumer les flambeaux d'hyménée,
Puis-je ne point chérir l'heureuse occasion
D'aller du sang troyen sceller notre union,
Et de laisser bientôt, sous Troie ensevelie,
Le déshonneur d'un nom à qui le mien s'allie?   850

SCÈNE IV.

ACHILLE, CLYTEMNESTRE, IPHIGÉNIE, ÉRIPHILE, ÆGINE, DORIS.

ACHILLE.
Princesse, mon bonheur ne dépend que de vous;
Votre père à l'autel vous destine un époux :
Venez y recevoir un cœur qui vous adore.
IPHIGÉNIE.
Seigneur, il n'est pas temps que nous partions encore.
La reine permettra que j'ose demander
Un gage à votre amour, qu'il me doit accorder.
  Je viens vous présenter une jeune princesse :
Le ciel a sur son front imprimé sa noblesse.
De larmes tous les jours ses yeux sont arrosés;
Vous savez ses malheurs : vous les avez causés.   860
Moi-même (où m'emportait une aveugle colère!)
J'ai tantôt, sans respect, affligé sa misère.
Que ne puis-je aussi bien, par d'utiles secours,
Réparer promptement mes injustes discours!
Je lui prête ma voix, je ne puis davantage.

Vous seul pouvez, seigneur, détruire votre ouvrage :
Elle est votre captive ; et ses fers, que je plains,
Quand vous l'ordonnerez, tomberont de ses mains.
Commencez donc par là cette heureuse journée :
Qu'elle puisse à nous voir n'être plus condamnée. 870
Montrez que je vais suivre au pied de nos autels
Un roi qui, non content d'effrayer les mortels,
A des embrasements ne borne point sa gloire,
Laisse aux pleurs d'une épouse attendrir sa victoire,
Et, par les malheureux quelquefois désarmé,
Sait imiter en tout les dieux qui l'ont formé.

ÉRIPHILE.

Oui, seigneur, des douleurs soulagez la plus vive :
La guerre dans Lesbos me fit votre captive ;
Mais c'est pousser trop loin ses droits injurieux, 879
Qu'y joindre le tourment que je souffre en ces lieux.

ACHILLE.

Vous, madame !

ÉRIPHILE. Oui, seigneur ; et, sans compter le reste,
Pouvez-vous m'imposer une loi plus funeste
Que de rendre mes yeux les tristes spectateurs
De la félicité de mes persécuteurs ?
J'entends de toutes parts menacer ma patrie ;
Je vois marcher contre elle une armée en furie ;
Je vois déjà l'hymen, pour mieux me déchirer,
Mettre en vos mains le feu qui la doit dévorer.
Souffrez que, loin du camp et loin de votre vue,
Toujours infortunée et toujours inconnue, 890
J'aille cacher un sort si digne de pitié,
Et dont mes pleurs encor vous taisent la moitié.

ACHILLE.

C'est trop, belle princesse ; il ne faut que nous suivre.
Venez : qu'aux yeux des Grecs Achille vous délivre ;
Et que le doux moment de ma félicité
Soit le moment heureux de votre liberté.

SCÈNE V.

ACHILLE, CLYTEMNESTRE, IPHIGÉNIE, ÉRIPHILE, ARCAS, ÆGINE, DORIS.

ARCAS.
Madame, tout est prêt pour la cérémonie.
Le roi près de l'autel attend Iphigénie;
Je viens la demander : ou plutôt contre lui,
Seigneur, je viens pour elle implorer votre appui. 900
　　ACHILLE.
Arcas, que dites-vous?
　　　　CLYTEMNESTRE. Dieux! que vient-il m'appren-
　　ARCAS, *à Achille*.　　　　　　　　　　　　　[dre?
Je ne vois plus que vous qui la puissiez défendre.
　　ACHILLE.
Contre qui?
　　ARCAS. Je le nomme et l'accuse à regret :
Autant que je l'ai pu j'ai gardé son secret;
Mais le fer, le bandeau, la flamme est toute prête;
Dût tout cet appareil retomber sur ma tête,
Il faut parler.
CLYTEMNESTRE. Je tremble. Expliquez-vous, Arcas.
　　ACHILLE.
Qui que ce soit, parlez, et ne le craignez pas.
　　ARCAS.
Vous êtes son amant, et vous êtes sa mère :
Gardez-vous d'envoyer la princesse à son père. 910
　　CLYTEMNESTRE.
Pourquoi le craindrons-nous?
　　　　　　ACHILLE. Pourquoi m'en défier?
　　ARCAS.
Il l'attend à l'autel pour la sacrifier.
　　ACHILLE.
Lui!

CLYTEMNESTRE.
Sa fille !
IPHIGÉNIE. Mon père !
ÉRIPHILE. O ciel ! quelle nouvelle !
ACHILLE.
Quelle aveugle fureur pourrait l'armer contre elle ?
Ce discours sans horreur se peut-il écouter ?
ARCAS.
Ah, seigneur ! plût au ciel que je pusse en douter !
Par la voix de Calchas l'oracle la demande :
De toute autre victime il refuse l'offrande ;
Et les dieux, jusque-là protecteurs de Pâris,
Ne nous promettent Troie et les vents qu'à ce prix. 920
CLYTEMNESTRE.
Les dieux ordonneraient un meurtre abominable !
IPHIGÉNIE.
Ciel ! pour tant de rigueur, de quoi suis-je coupable ?
CLYTEMNESTRE.
Je ne m'étonne plus de cet ordre cruel
Qui m'avait interdit l'approche de l'autel.
IPHIGÉNIE, *à Achille.*
Et voilà donc l'hymen où j'étais destinée !
ARCAS.
Le roi, pour vous tromper, feignait cet hyménée :
Tout le camp même encore est trompé comme vous.
CLYTEMNESTRE.
Seigneur, c'est donc à moi d'embrasser vos genoux.
ACHILLE, *la relevant.*
Ah, madame !
CLYTEMNESTRE. Oubliez une gloire importune ;
Ce triste abaissement convient à ma fortune : 930
Heureuse si mes pleurs vous peuvent attendrir !
Une mère à vos pieds peut tomber sans rougir.
C'est votre épouse, hélas ! qui vous est enlevée ;
Dans cet heureux espoir je l'avais élevée.
C'est vous que nous cherchions sur ce funeste bord ;

Et votre nom, seigneur, la conduit à la mort.
Ira-t-elle, des dieux implorant la justice,
Embrasser leurs autels parés pour son supplice?
Elle n'a que vous seul : vous êtes en ces lieux
Son père, son époux, son asile, ses dieux. 940
Je lis dans vos regards la douleur qui vous presse.
Auprès de votre époux, ma fille, je vous laisse.
Seigneur, daignez m'attendre et ne la point quitter.
A mon perfide époux je cours me présenter :
Il ne soutiendra point la fureur qui m'anime,
Il faudra que Calchas cherche une autre victime;
Ou, si je ne vous puis dérober à leurs coups,
Ma fille, ils pourront bien m'immoler avant vous.

SCÈNE VI.

ACHILLE, IPHIGÉNIE.

ACHILLE.
Madame, je me tais, et demeure immobile.
Est-ce à moi que l'on parle, et connaît-on Achille? 950
Une mère pour vous croit devoir me prier !
Une reine à mes pieds se vient humilier !
Et, me déshonorant par d'injustes alarmes,
Pour attendrir mon cœur on a recours aux larmes !
Qui doit prendre à vos jours plus d'intérêt que moi ?
Ah! sans doute, on s'en peut reposer sur ma foi.
L'outrage me regarde ; et, quoi qu'on entreprenne,
Je réponds d'une vie où j'attache la mienne.
Mais ma juste douleur va plus loin m'engager :
C'est peu de vous défendre, et je cours vous venger,
Et punir à la fois le cruel stratagème 961
Qui s'ose de mon nom armer contre vous-même.

IPHIGÉNIE.
Ah! demeurez, seigneur, et daignez m'écouter.

ACHILLE.
Quoi, madame! un barbare osera m'insulter!

Racine. 10

Il voit que de sa sœur je cours venger l'outrage;
Il sait que, le premier lui donnant mon suffrage,
Je le fis nommer chef de vingt rois ses rivaux;
Et pour fruit de mes soins, pour fruit de mes travaux,
Pour tout le prix enfin d'une illustre victoire
Qui le doit enrichir, venger, combler de gloire, 970
Content et glorieux du nom de votre époux,
Je ne lui demandais que l'honneur d'être à vous :
Cependant aujourd'hui, sanguinaire, parjure,
C'est peu de violer l'amitié, la nature;
C'est peu que de vouloir, sous un couteau mortel,
Me montrer votre cœur fumant sur un autel :
D'un appareil d'hymen couvrant ce sacrifice,
Il veut que ce soit moi qui vous mène au supplice;
Que ma crédule main conduise le couteau,
Qu'au lieu de votre époux je sois votre bourreau! 980
Et quel était pour vous ce sanglant hyménée,
Si je fusse arrivé plus tard d'une journée ?
Quoi donc ! à leur fureur livrée en ce moment,
Vous iriez à l'autel me chercher vainement;
Et d'un fer imprévu vous tomberiez frappée,
En accusant mon nom qui vous aurait trompée !
Il faut de ce péril, de cette trahison,
Aux yeux de tous les Grecs lui demander raison.
A l'honneur d'un époux vous-même intéressée,
Madame, vous devez approuver ma pensée. 990
Il faut que le cruel qui m'a pu mépriser
Apprenne de quel nom il osait abuser.

 IPHIGÉNIE.

Hélas ! si vous m'aimez, si, pour grâce dernière,
Vous daignez d'une amante écouter la prière,
C'est maintenant, seigneur, qu'il faut me le prouver:
Car enfin, ce cruel que vous allez braver,
Cet ennemi barbare, injuste, sanguinaire,
Songez, quoi qu'il ait fait, songez qu'il est mon père.

ACHILLE.
Lui, votre père! Après son horrible dessein,
Je ne le connais plus que pour votre assassin.

IPHIGÉNIE.
C'est mon père, seigneur, je vous le dis encore;
Mais un père que j'aime, un père que j'adore,
Qui me chérit lui-même, et dont, jusqu'à ce jour,
Je n'ai jamais reçu que des marques d'amour.
Mon cœur, dans ce respect élevé dès l'enfance,
Ne peut que s'affliger de tout ce qui l'offense;
Et, loin d'oser ici, par un prompt changement,
Approuver la fureur de votre emportement,
Loin que par mes discours je l'attise moi-même,
Croyez qu'il faut aimer autant que je vous aime
Pour avoir pu souffrir tous les noms odieux
Dont votre amour le vient d'outrager à mes yeux.
Et pourquoi voulez-vous qu'inhumain et barbare
Il ne gémisse pas du coup qu'on me prépare?
Quel père de son sang se plaît à se priver?
Pourquoi me perdrait-il, s'il pouvait me sauver?
J'ai vu, n'en doutez point, ses larmes se répandre.
Faut-il le condamner avant que de l'entendre?
Hélas! de tant d'horreurs son cœur déjà troublé
Doit-il de votre haine être encore accablé?

ACHILLE.
Quoi, madame! parmi tant de sujets de crainte,
Ce sont là les frayeurs dont vous êtes atteinte!
Un cruel (comment puis-je autrement l'appeler?)
Par la main de Calchas s'en va vous immoler;
Et, lorsqu'à sa fureur j'oppose ma tendresse,
Le soin de son repos est le seul qui vous presse!
On me ferme la bouche! on l'excuse! on le plaint!
C'est pour lui que l'on tremble, et c'est moi que l'on
[craint!
Triste effet de mes soins! est-ce donc là, madame,
Tout le progrès qu'Achille avait fait dans votre âme?

IPHIGÉNIE.

Ah, cruel! cet amour, dont vous voulez douter, 1031
Ai-je attendu si tard pour le faire éclater?
Vous voyez de quel œil, et comme indifférente,
J'ai reçu de ma mort la nouvelle sanglante :
Je n'en ai point pâli. Que n'avez-vous pu voir
A quel excès tantôt allait mon désespoir,
Quand, presque en arrivant, un récit peu fidèle
M'a de votre inconstance annoncé la nouvelle!
Quel trouble, quel torrent de mots injurieux
Accusait à la fois les hommes et les dieux ! 1040
Ah! que vous auriez vu, sans que je vous le die,
De combien votre amour m'est plus cher que ma vie!
Qui sait même, qui sait si le ciel irrité
A pu souffrir l'excès de ma félicité?
Hélas! il me semblait qu'une flamme si belle
M'élevait au-dessus du sort d'une mortelle!

ACHILLE.

Ah! si je vous suis cher, ma princesse, vivez.

SCÈNE VII.

ACHILLE, CLYTEMNESTRE, IPHIGÉNIE, ÆGINE.

CLYTEMNESTRE.

Tout est perdu, seigneur, si vous ne nous sauvez.
Agamemnon m'évite, et, craignant mon visage,
Il me fait de l'autel refuser le passage : 1050
Des gardes, que lui-même a pris soin de placer,
Nous ont de toutes parts défendu de passer.
Il me fuit. Ma douleur étonne son audace.

ACHILLE.

Eh bien! c'est donc à moi de prendre votre place.
Il me verra, madame; et je vais lui parler.

IPHIGÉNIE.

Ah, madame !... Ah, seigneur ! où voulez-vous aller ?

ACHILLE.
Et que prétend de moi votre injuste prière?
Vous faudra-t-il toujours combattre la première?
CLYTEMNESTRE.
Quel est votre dessein, ma fille?
IPHIGÉNIE. Au nom des dieux,
Madame, retenez un amant furieux : 1069
De ce triste entretien détournons les approches.
Seigneur, trop d'amertume aigrirait vos reproches;
Je sais jusqu'où s'emporte un amant irrité,
Et mon père est jaloux de son autorité :
On ne connaît que trop la fierté des Atrides.
Laissez parler, seigneur, des bouches plus timides.
Surpris, n'en doutez point, de mon retardement,
Lui-même il me viendra chercher dans un moment :
Il entendra gémir une mère oppressée;
Et que ne pourra point m'inspirer la pensée 1070
De prévenir les pleurs que vous verseriez tous,
D'arrêter vos transports, et de vivre pour vous!
ACHILLE.
Enfin, vous le voulez : il faut donc vous complaire.
Donnez-lui l'une et l'autre un conseil salutaire :
Rappelez sa raison; persuadez-le bien,
Pour vous, pour mon repos, et surtout pour le sien.
Je perds trop de moments en des discours frivoles :
Il faut des actions, et non pas des paroles.
(*A Clytemnestre.*)
Madame, à vous servir je vais tout disposer :
Dans votre appartement allez vous reposer. 1080
Votre fille vivra, je puis vous le prédire.
Croyez du moins, croyez que tant que je respire,
Les dieux auront en vain ordonné son trépas :
Cet oracle est plus sûr que celui de Calchas.

ACTE QUATRIÈME.

SCÈNE I.

ÉRIPHILE, DORIS.

DORIS.
Ah! que me dites-vous? Quelle étrange manie
Vous peut faire envier le sort d'Iphigénie?
Dans une heure elle expire. Et jamais, dites-vous,
Vos yeux de son bonheur ne furent plus jaloux.
Qui le croira, madame? Et quel cœur si farouche...
ÉRIPHILE.
Jamais rien de plus vrai n'est sorti de ma bouche ; 1090
Jamais de tant de soins mon esprit agité
Ne porta plus d'envie à sa félicité.
Favorables périls! Espérance inutile!
N'as-tu pas vu sa gloire, et le trouble d'Achille?
J'en ai vu, j'en ai fui les signes trop certains.
Ce héros, si terrible au reste des humains,
Qui ne connaît de pleurs que ceux qu'il fait répandre,
Qui s'endurcit contre eux dès l'âge le plus tendre,
Et qui, si l'on nous fait un fidèle discours,
Suça même le sang des lions et des ours, 1100
Pour elle de la crainte a fait l'apprentissage :
Elle l'a vu pleurer et changer de visage.
Et tu la plains, Doris! Par combien de malheurs
Ne lui voudrais-je point disputer de tels pleurs!
Quand je devrais comme elle expirer dans une heure...
Mais que dis-je, expirer? ne crois pas qu'elle meure.
Dans un lâche sommeil crois-tu qu'enseveli
Achille aura pour elle impunément pâli?
Achille à son malheur saura bien mettre obstacle.
Tu verras que les dieux n'ont dicté cet oracle 1110

Que pour croître à la fois sa gloire et mon tourment,
Et la rendre plus belle aux yeux de son amant.
Eh quoi! ne vois-tu pas tout ce qu'on fait pour elle?
On supprime des dieux la sentence mortelle;
Et, quoique le bûcher soit déjà préparé,
Le nom de la victime est encore ignoré :
Tout le camp n'en sait rien. Doris, à ce silence,
Ne reconnais-tu pas un père qui balance?
Et que fera-t-il donc? Quel courage endurci
Soutiendrait les assauts qu'on lui prépare ici : 1120
Une mère en fureur, les larmes d'une fille,
Les cris, le désespoir de toute une famille,
Le sang, à ces objets facile à s'ébranler,
Achille menaçant, tout prêt à l'accabler?
Non, te dis-je, les dieux l'ont en vain condamnée :
Je suis et je serai la seule infortunée.
Ah! si je m'en croyais...
     DORIS. Quoi! Que méditez-vous?
  ÉRIPHILE.
Je ne sais qui m'arrête et retient mon courroux,
Que, par un prompt avis de tout ce qui se passe,
Je ne coure des dieux divulguer la menace, 1130
Et publier partout les complots criminels
Qu'on fait ici contre eux et contre leurs autels.
  DORIS.
Ah! quel dessein, madame!
     ÉRIPHILE. Ah! Doris! quelle joie!
Que d'encens brûlerait dans les temples de Troie,
Si, troublant tous les Grecs, et vengeant ma prison,
Je pouvais contre Achille armer Agamemnon;
Si leur haine, de Troie oubliant la querelle,
Tournait contre eux le fer qu'ils aiguisent contre elle,
Et si de tout le camp mes avis dangereux
Faisaient à ma patrie un sacrifice heureux! 1140
  DORIS.
J'entends du bruit. On vient : Clytemnestre s'avance.

Remettez-vous, madame, ou fuyez sa présence.
####### ÉRIPHILE.
Rentrons. Et pour troubler un hymen odieux,
Consultons des fureurs qu'autorisent les dieux.

SCÈNE II.

####### CLYTEMNESTRE, ÆGINE.

####### CLYTEMNESTRE.
Ægine, tu le vois, il faut que je la fuie :
Loin que ma fille pleure et tremble pour sa vie,
Elle excuse son père, et veut que ma douleur
Respecte encor la main qui lui perce le cœur.
O constance ! ô respect ! Pour prix de sa tendresse,
Le barbare à l'autel se plaint de sa paresse ! 1150
Je l'attends. Il viendra m'en demander raison,
Et croit pouvoir encor cacher sa trahison.
Il vient. Sans éclater contre son injustice,
Voyons s'il soutiendra son indigne artifice.

SCÈNE III.

####### AGAMEMNON, CLYTEMNESTRE, ÆGINE.

####### AGAMEMNON.
Que faites-vous, madame? et d'où vient que ces lieux
N'offrent point avec vous votre fille à mes yeux?
Mes ordres par Arcas vous l'avaient demandée :
Qu'attend-elle? Est-ce vous qui l'avez retardée?
A mes justes désirs ne vous rendez-vous pas?
Ne peut-elle à l'autel marcher que sur vos pas? 1160
Parlez.
####### CLYTEMNESTRE.
  S'il faut partir, ma fille est toute prête.

Mais vous, n'avez-vous rien, seigneur, qui vous arrête ?
AGAMEMNON.
Moi, madame ?
CLYTEMNESTRE.
Vos soins ont-ils tout préparé ?
AGAMEMNON.
Calchas est prêt, madame, et l'autel est paré.
J'ai fait ce que m'ordonne un devoir légitime.
CLYTEMNESTRE.
Vous ne me parlez point, seigneur, de la victime.
AGAMEMNON.
Que me voulez-vous dire ? et de quel soin jaloux....

SCÈNE IV.

AGAMEMNON, CLYTEMNESTRE, IPHIGÉNIE, ÆGINE.

CLYTEMNESTRE.
Venez, venez, ma fille : on n'attend plus que vous ;
Venez remercier un père qui vous aime,
Et qui veut à l'autel vous conduire lui-même. 1170
AGAMEMNON.
Que vois-je ? quel discours ! Ma fille, vous pleurez,
Et baissez devant moi vos yeux mal assurés :
Quel trouble ! Mais tout pleure, et la fille et la mère.
Ah ! malheureux Arcas, tu m'as trahi !
IPHIGÉNIE. Mon père,
Cessez de vous troubler, vous n'êtes point trahi :
Quand vous commanderez, vous serez obéi.
Ma vie est votre bien ; vous voulez le reprendre :
Vos ordres sans détour pouvaient se faire entendre.
D'un œil aussi content, d'un cœur aussi soumis
Que j'acceptais l'époux que vous m'aviez promis, 1180
Je saurai, s'il le faut, victime obéissante,
Tendre au fer de Calchas une tête innocente ;
Et, respectant le coup par vous-même ordonné,

Vous rendre tout le sang que vous m'avez donné.
Si pourtant ce respect, si cette obéissance
Paraît digne à vos yeux d'une autre récompense,
Si d'une mère en pleurs vous plaignez les ennuis,
J'ose vous dire ici qu'en l'état où je suis,
Peut-être assez d'honneurs environnaient ma vie
Pour ne pas souhaiter qu'elle me fût ravie,   1190
Ni qu'en me l'arrachant, un sévère destin,
Si près de ma naissance, en eût marqué la fin.
Fille d'Agamemnon, c'est moi qui, la première,
Seigneur, vous appelai de ce doux nom de père,
C'est moi qui, si longtemps le plaisir de vos yeux,
Vous ai fait de ce nom remercier les dieux,
Et pour qui, tant de fois prodiguant vos caresses,
Vous n'avez point du sang dédaigné les faiblesses.
Hélas! avec plaisir je me faisais conter
Tous les noms des pays que vous allez dompter;   1200
Et déjà, d'Ilion présageant la conquête,
D'un triomphe si beau je préparais la fête.
Je ne m'attendais pas que, pour le commencer,
Mon sang fût le premier que vous dussiez verser.
Non que la peur du coup dont je suis menacée
Me fasse rappeler votre bonté passée;
Ne craignez rien : mon cœur, de votre honneur jaloux,
Ne fera point rougir un père tel que vous;
Et, si je n'avais eu que ma vie à défendre,
J'aurais su renfermer un souvenir si tendre;   1210
Mais à mon triste sort, vous le savez, seigneur,
Une mère, un amant, attachaient leur bonheur.
Un roi digne de vous a cru voir la journée
Qui devait éclairer notre illustre hyménée;
Déjà, sûr de mon cœur à sa flamme promis,
Il s'estimait heureux : vous me l'aviez permis.
Il sait votre dessein; jugez de ses alarmes.
Ma mère est devant vous, et vous voyez ses larmes.
Pardonnez aux efforts que je viens de tenter

Pour prévenir les pleurs que je leur vais coûter. 1220
    AGAMEMNON.
Ma fille, il est trop vrai : j'ignore pour quel crime
La colère des dieux demande une victime ;
Mais ils vous ont nommée : un oracle cruel
Veut qu'ici votre sang coule sur un autel.
Pour défendre vos jours de leurs lois meurtrières,
Mon amour n'avait pas attendu vos prières.
Je ne vous dirai point combien j'ai résisté :
Croyez-en cet amour par vous-même attesté.
Cette nuit même encore, on a pu vous le dire,
J'avais révoqué l'ordre où l'on me fit souscrire : 1230
Sur l'intérêt des Grecs vous l'aviez emporté ;
Je vous sacrifiais mon rang, ma sûreté ;
Arcas allait du camp vous défendre l'entrée :
Les dieux n'ont pas voulu qu'il vous ait rencontrée ;
Ils ont trompé les soins d'un père infortuné
Qui protégeait en vain ce qu'ils ont condamné.
Ne vous assurez point sur ma faible puissance :
Quel frein pourrait d'un peuple arrêter la licence,
Quand les dieux, nous livrant à son zèle indiscret,
L'affranchissent d'un joug qu'il portait à regret? 1240
Ma fille, il faut céder : votre heure est arrivée.
Songez bien dans quel rang vous êtes élevée :
Je vous donne un conseil qu'à peine je reçoi ;
Du coup qui vous attend vous mourrez moins que moi.
Montrez, en expirant, de qui vous êtes née ;
Faites rougir ces dieux qui vous ont condamnée.
Allez ; et que les Grecs, qui vont vous immoler,
Reconnaissent mon sang en le voyant couler.
    CLYTEMNESTRE.
Vous ne démentez point une race funeste ;
Oui, vous êtes le sang d'Atrée et de Thyeste : 1250
Bourreau de votre fille, il ne vous reste enfin
Que d'en faire à sa mère un horrible festin.
Barbare! c'est donc là cet heureux sacrifice

Que vos soins préparaient avec tant d'artifice !
Quoi ! l'horreur de souscrire à cet ordre inhumain
N'a pas, en le traçant, arrêté votre main !
Pourquoi feindre à nos yeux une fausse tristesse ?
Pensez-vous par des pleurs prouver votre tendresse ?
Où sont-ils ces combats que vous avez rendus ?
Quels flots de sang pour elle avez-vous répandus ? 1260
Quel débris parle ici de votre résistance ?
Quel champ couvert de morts me condamne au silence ?
Voilà par quels témoins il fallait me prouver,
Cruel ! que votre amour a voulu la sauver.
Un oracle fatal ordonne qu'elle expire !
Un oracle dit-il tout ce qu'il semble dire ?
Le ciel, le juste ciel, par le meurtre honoré,
Du sang de l'innocence est-il donc altéré ?
Si du crime d'Hélène on punit sa famille,
Faites chercher à Sparte Hermione, sa fille : 1270
Laissez à Ménélas racheter d'un tel prix
Sa coupable moitié dont il est trop épris.
Mais vous, quelles fureurs vous rendent sa victime ?
Pourquoi vous imposer la peine de son crime ?
Pourquoi, moi-même enfin me déchirant le flanc,
Payer sa folle amour du plus pur de mon sang ?
   Que dis-je ? Cet objet de tant de jalousie,
Cette Hélène, qui trouble et l'Europe et l'Asie,
Vous semble-t-elle un prix digne de vos exploits ?
Combien nos fronts pour elle ont-ils rougi de fois ! 1280
Avant qu'un nœud fatal l'unît à votre frère,
Thésée avait osé l'enlever à son père :
Vous savez, et Calchas mille fois vous l'a dit,
Qu'un hymen clandestin mit ce prince en son lit,
Et qu'il en eut pour gage une jeune princesse
Que sa mère a cachée au reste de la Grèce.
Mais non ; l'amour d'un frère et son honneur blessé
Sont les moindres des soins dont vous êtes pressé :
Cette soif de régner que rien ne peut éteindre,

L'orgueil de voir vingt rois vous servir et vous craindre,
Tous les droits de l'empire en vos mains confiés, 1291
Cruel! c'est à ces dieux que vous sacrifiez ;
Et, loin de repousser le coup qu'on vous prépare,
Vous voulez vous en faire un mérite barbare :
Trop jaloux d'un pouvoir qu'on peut vous envier,
De votre propre sang vous courez le payer,
Et voulez par ce prix épouvanter l'audace
De quiconque vous peut disputer votre place.
Est-ce donc être père? Ah! toute ma raison
Cède à la cruauté de cette trahison. 1300
Un prêtre, environné d'une foule cruelle,
Portera sur ma fille une main criminelle,
Déchirera son sein, et, d'un œil curieux,
Dans son cœur palpitant consultera les dieux!
Et moi, qui l'amenai triomphante, adorée,
Je m'en retournerai seule et désespérée!
Je verrai les chemins encor tout parfumés
Des fleurs dont sous ses pas on les avait semés!
Non ; je ne l'aurai point amenée au supplice,
Ou vous ferez aux Grecs un double sacrifice. 1310
Ni crainte ni respect ne m'en peut détacher :
De mes bras tout sanglants il faudra l'arracher.
Aussi barbare époux qu'impitoyable père,
Venez, si vous l'osez, la ravir à sa mère.
Et vous, rentrez, ma fille ; et du moins à mes lois
Obéissez encor pour la dernière fois.

SCÈNE V.

AGAMEMNON.

A de moindres fureurs je n'ai pas dû m'attendre.
Voilà, voilà les cris que je craignais d'entendre.
Heureux si, dans le trouble où flottent mes esprits,
Je n'avais toutefois à craindre que ces cris! 1320

Hélas! en m'imposant une loi si sévère,
Grands dieux, me deviez-vous laisser un cœur de père?

SCÈNE VI.

AGAMEMNON, ACHILLE.

ACHILLE.
Un bruit assez étrange est venu jusqu'à moi,
Seigneur; je l'ai jugé trop peu digne de foi.
On dit, et sans horreur je ne puis le redire,
Qu'aujourd'hui par votre ordre Iphigénie expire;
Que vous-même, étouffant tout sentiment humain,
Vous l'allez à Calchas livrer de votre main.
On dit que, sous mon nom à l'autel appelée,
Je ne l'y conduisais que pour être immolée ; 1330
Et que, d'un faux hymen nous abusant tous deux,
Vous vouliez me charger d'un emploi si honteux.
Qu'en dites-vous, seigneur? Que faut-il que j'en pense?
Ne ferez-vous pas taire un bruit qui vous offense?

AGAMEMNON.
Seigneur, je ne rends point compte de mes desseins.
Ma fille ignore encor mes ordres souverains;
Et quand il sera temps qu'elle en soit informée,
Vous apprendrez son sort : j'en instruirai l'armée.

ACHILLE.
Ah! je sais trop le sort que vous lui réservez.

AGAMEMNON.
Pourquoi le demander, puisque vous le savez? 1340

ACHILLE.
Pourquoi je le demande? O ciel! le puis-je croire,
Qu'on ose des fureurs avouer la plus noire!
Vous pensez qu'approuvant vos desseins odieux
Je vous laisse immoler votre fille à mes yeux?
Que ma foi, mon amour, mon honneur y consente?

AGAMEMNON.
Mais vous, qui me parlez d'une voix menaçante,
Oubliez-vous ici qui vous interrogez?
ACHILLE.
Oubliez-vous qui j'aime et qui vous outragez?
AGAMEMNON.
Et qui vous a chargé du soin de ma famille?
Ne pourrai-je, sans vous, disposer de ma fille? 1350
Ne suis-je plus son père? Êtes-vous son époux?
Et ne peut-elle....
ACHILLE.
Non, elle n'est plus à vous :
On ne m'abuse point par des promesses vaines.
Tant qu'un reste de sang coulera dans mes veines,
Vous deviez à mon sort unir tous ses moments,
Je défendrai mes droits fondés sur vos serments.
Et n'est-ce pas pour moi que vous l'avez mandée?
AGAMEMNON.
Plaignez-vous donc aux dieux qui me l'ont demandée;
Accusez et Calchas et le camp tout entier,
Ulysse, Ménélas, et vous tout le premier. 1360
ACHILLE.
Moi!
AGAMEMNON.
Vous, qui, de l'Asie embrassant la conquête,
Querellez tous les jours le ciel qui vous arrête;
Vous, qui, vous offensant de mes justes terreurs,
Avez dans tout le camp répandu vos fureurs.
Mon cœur pour la sauver vous ouvrait une voie;
Mais vous ne demandez, vous ne cherchez que Troie.
Je vous fermais le champ où vous voulez courir;
Vous le voulez, partez : sa mort va vous l'ouvrir.
ACHILLE.
Juste ciel! puis-je entendre et souffrir ce langage?
Est-ce ainsi qu'au parjure on ajoute l'outrage? 1370
Moi, je voulais partir aux dépens de ses jours?
Et que m'a fait, à moi, cette Troie où je cours?

Au pied de ses remparts quel intérêt m'appelle?
Pour qui, sourd à la voix d'une mère immortelle,
Et d'un père éperdu négligeant les avis,
Vais-je y chercher la mort tant prédite à leur fils?
Jamais vaisseaux partis des rives du Scamandre
Aux champs thessaliens osèrent-ils descendre?
Et jamais dans Larisse un lâche ravisseur
Me vint-il enlever ou ma femme ou ma sœur?   1380
Qu'ai-je à me plaindre? Où sont les pertes que j'ai faites?
Je n'y vais que pour vous, barbare que vous êtes ;
Pour vous, à qui des Grecs moi seul je ne dois rien ;
Vous, que j'ai fait nommer et leur chef et le mien;
Vous, que mon bras vengeait dans Lesbos enflammée,
Avant que vous eussiez assemblé votre armée.
Et quel fut le dessein qui nous assembla tous ?
Ne courons-nous pas rendre Hélène à son époux?
Depuis quand pense-t-on qu'inutile à moi-même
Je me laisse ravir une épouse que j'aime ?   1390
Seul, d'un honteux affront votre frère blessé
A-t-il droit de venger son amour offensé ?
Votre fille me plut, je prétendis lui plaire ;
Elle est de mes serments seule dépositaire :
Content de son hymen, vaisseaux, armes, soldats,
Ma foi lui promit tout, et rien à Ménélas.
Qu'il poursuive, s'il veut, son épouse enlevée;
Qu'il cherche une victoire à mon sang réservée :
Je ne connais Priam, Hélène, ni Pâris ;
Je voulais votre fille, et ne pars qu'à ce prix.   1400

   AGAMEMNON.

Fuyez donc : retournez dans votre Thessalie.
Moi-même je vous rends le serment qui vous lie.
Assez d'autres viendront, à mes ordres soumis,
Se couvrir des lauriers qui vous furent promis,
Et, par d'heureux exploits forçant la destinée,
Trouveront d'Ilion la fatale journée.
J'entrevois vos mépris, et juge, à vos discours,

Combien j'achèterais vos superbes secours.
De la Grèce déjà vous vous rendez l'arbitre :
Ses rois, à vous ouïr, m'ont paré d'un vain titre. 1410
Fier de votre valeur, tout, si je vous en crois,
Doit marcher, doit fléchir, doit trembler sous vos lois.
Un bienfait reproché tint toujours lieu d'offense :
Je veux moins de valeur et plus d'obéissance.
Fuyez. Je ne crains point votre impuissant courroux ;
Et je romps tous les nœuds qui m'attachent à vous.

ACHILLE.

Rendez grâce au seul nœud qui retient ma colère :
D'Iphigénie encor je respecte le père.
Peut-être, sans ce nom, le chef de tant de rois
M'aurait osé braver pour la dernière fois. 1420
Je ne dis plus qu'un mot ; c'est à vous de m'entendre.
J'ai votre fille ensemble et ma gloire à défendre :
Pour aller jusqu'au cœur que vous voulez percer,
Voilà par quels chemins vos coups doivent passer.

SCÈNE VII.

AGAMEMNON.

Et voilà ce qui rend sa perte inévitable.
Ma fille toute seule était plus redoutable.
Ton insolent amour, qui croit m'épouvanter,
Vient de hâter le coup que tu veux arrêter.
Ne délibérons plus. Bravons sa violence :
Ma gloire intéressée emporte la balance. 1430
Achille menaçant détermine mon cœur :
Ma pitié semblerait un effet de ma peur.
Holà ! Gardes, à moi !

SCÈNE VIII.

AGAMEMNON, EURYBATE, *gardes*.

EURYBATE. Seigneur.
AGAMEMNON. Que vais-je faire?
Puis-je leur prononcer cet ordre sanguinaire?
Cruel! à quel combat faut-il te préparer!
Quel est cet ennemi que tu leur vas livrer?
Une mère m'attend; une mère intrépide,
Qui défendra son sang contre un père homicide :
Je verrai mes soldats; moins barbares que moi,
Respecter dans ses bras la fille de leur roi.   1440
Achille nous menace, Achille nous méprise;
Mais ma fille en est-elle à mes lois moins soumise?
Ma fille, de l'autel cherchant à s'échapper,
Gémit-elle du coup dont je la veux frapper?
Que dis-je? Que prétend mon sacrilége zèle?
Quels vœux, en l'immolant, formerai-je sur elle?
Quelques prix glorieux qui me soient proposés,
Quels lauriers me plairont, de son sang arrosés?
Je veux fléchir des dieux la puissance suprême :
Ah! quels dieux me seraient plus cruels que moi-même?
Non, je ne puis. Cédons au sang, à l'amitié,   1451
Et ne rougissons plus d'une juste pitié :
Qu'elle vive. Mais quoi! peu jaloux de ma gloire,
Dois-je au superbe Achille accorder la victoire?
Son téméraire orgueil, que je vais redoubler,
Croira que je lui cède, et qu'il m'a fait trembler....
De quel frivole soin mon esprit s'embarrasse!
Ne puis-je pas d'Achille humilier l'audace?
Que ma fille à ses yeux soit un sujet d'ennui :
Il l'aime; elle vivra pour un autre que lui.   1460
Eurybate, appelez la princesse, la reine :
Qu'elles ne craignent point.

SCÈNE IX.

AGAMEMNON, *gardes*.

AGAMEMNON. Grands dieux! si votre haine
Persévère à vouloir l'arracher de mes mains,
Que peuvent devant vous tous les faibles humains!
Loin de la secourir, mon amitié l'opprime,
Je le sais; mais, grands dieux! une telle victime
Vaut bien que, confirmant vos rigoureuses lois,
Vous me la demandiez une seconde fois.

SCÈNE X.

AGAMEMNON, CLYTEMNESTRE, IPHIGÉNIE, ÉRIPHILE, EURYBATE, DORIS, *gardes*.

AGAMEMNON.
Allez, madame, allez; prenez soin de sa vie :
Je vous rends votre fille, et je vous la confie.   1470
Loin de ces lieux cruels précipitez ses pas;
Mes gardes vous suivront, commandés par Arcas :
Je veux bien excuser son heureuse imprudence.
Tout dépend du secret et de la diligence :
Ulysse ni Calchas n'ont point encor parlé;
Gardez que ce départ ne leur soit révélé.
Cachez bien votre fille; et que tout le camp croie
Que je la retiens seule, et que je vous renvoie :
Fuyez. Puissent les dieux, de mes larmes contents,
A mes tristes regards ne l'offrir de longtemps!   1480
Gardes, suivez la reine.
  CLYTEMNESTRE. Ah, seigneur!
     IPHIGÉNIE. Ah, mon père!
 AGAMEMNON.
Prévenez de Calchas l'empressement sévère.

Fuyez, vous dis-je. Et moi, pour vous favoriser,
Par de feintes raisons je m'en vais l'abuser.
Je vais faire suspendre une pompe funeste,
Et de ce jour, au moins, lui demander le reste.

SCÈNE XI.

ÉRIPHILE, DORIS.

ÉRIPHILE.
Suis-moi : ce n'est pas là, Doris, notre chemin.
DORIS.
Vous ne les suivez pas ?
ÉRIPHILE. Ah ! je succombe enfin.
Je reconnais l'effet des tendresses d'Achille.
Je n'emporterai point une rage inutile. 1490
Plus de raisons : il faut ou la perdre ou périr.
Viens, te dis-je. A Calchas je vais tout découvrir.

ACTE CINQUIÈME.

SCÈNE I.

IPHIGÉNIE, ÆGINE.

IPHIGÉNIE.
Cesse de m'arrêter. Va, retourne à ma mère,
Ægine ; il faut des dieux apaiser la colère.
Pour ce sang malheureux qu'on veut leur dérober,
Regarde quel orage est tout prêt à tomber :
Considère l'état où la reine est réduite ;
Vois comme tout le camp s'oppose à notre fuite ;
Avec quelle insolence ils ont, de toutes parts,
Fait briller à nos yeux la pointe de leurs dards ; 1500

Nos gardes repoussés, la reine évanouie...
Ah! c'est trop l'exposer : souffre que je la fuie;
Et, sans attendre ici ses secours impuissants,
Laisse-moi profiter du trouble de ses sens.
Mon père même, hélas! puisqu'il faut te le dire,
Mon père, en me sauvant, ordonne que j'expire.
    ÆGINE.
Lui, madame! Quoi donc? Qu'est-ce qui s'est passé?
    IPHIGÉNIE.
Achille, trop ardent, l'a peut-être offensé :
Mais le roi, qui le hait, veut que je le haïsse ;
Il ordonne à mon cœur cet affreux sacrifice :   1510
Il m'a fait par Arcas expliquer ses souhaits;
Ægine, il me défend de lui parler jamais.
    ÆGINE.
Ah, madame!
    IPHIGÉNIE. Ah, sentence! ah, rigueur inouïe!
Dieux plus doux, vous n'avez demandé que ma vie!
Mourons, obéissons. Mais qu'est-ce que je voi?
Dieux! Achille!

SCÈNE II.

ACHILLE, IPHIGÉNIE.

    ACHILLE. Venez, madame, suivez-moi :
Ne craignez ni les cris ni la foule impuissante
D'un peuple qui se presse autour de cette tente.
Paraissez; et bientôt, sans attendre mes coups,
Ces flots tumultueux s'ouvriront devant vous.   1520
Patrocle et quelques chefs qui marchent à ma suite
De mes Thessaliens vous amènent l'élite :
Tout le reste, assemblé près de mon étendard,
Vous offre de ses rangs l'invincible rempart.
A vos persécuteurs opposons cet asile :
Qu'ils viennent vous chercher sous les tentes d'Achille.

Quoi, madame! est-ce ainsi que vous me secondez?
Ce n'est que par des pleurs que vous me répondez!
Vous fiez-vous encore à de si faibles armes?
Hâtons-nous : votre père a déjà vu vos larmes. 1530
  IPHIGÉNIE.
Je le sais bien, seigneur : aussi tout mon espoir
N'est plus qu'au coup mortel que je vais recevoir.
  ACHILLE.
Vous, mourir! Ah! cessez de tenir ce langage.
Songez-vous quel serment vous et moi nous engage?
Songez-vous, pour trancher d'inutiles discours,
Que le bonheur d'Achille est fondé sur vos jours?
  IPHIGÉNIE.
Le ciel n'a point aux jours de cette infortunée
Attaché le bonheur de votre destinée.
Notre amour nous trompait; et les arrêts du sort
Veulent que ce bonheur soit un fruit de ma mort. 1540
Songez, seigneur, songez à ces moissons de gloire
Qu'à vos vaillantes mains présente la victoire :
Ce champ si glorieux où vous aspirez tous,
Si mon sang ne l'arrose, est stérile pour vous.
Telle est la loi des dieux à mon père dictée.
En vain, sourd à Calchas, il l'avait rejetée :
Par la bouche des Grecs contre moi conjurés
Leurs ordres éternels se sont trop déclarés.
Partez; à vos honneurs j'apporte trop d'obstacles :
Vous-même dégagez la foi de vos oracles; 1550
Signalez ce héros à la Grèce promis;
Tournez votre douleur contre ses ennemis.
Déjà Priam pâlit; déjà Troie en alarmes
Redoute mon bûcher et frémit de vos larmes.
Allez; et dans ses murs, vides de citoyens,
Faites pleurer ma mort aux veuves des Troyens.
Je meurs, dans cet espoir, satisfaite et tranquille.
Si je n'ai pas vécu la compagne d'Achille,
J'espère que du moins un heureux avenir

Act. V.]

A vos faits immortels joindra mon souvenir, 1560
Et qu'un jour mon trépas, source de votre gloire,
Ouvrira le récit d'une si belle histoire.
Adieu, prince ; vivez, digne race des dieux.

ACHILLE.

Non, je ne reçois point vos funestes adieux.
En vain, par ce discours, votre cruelle adresse
Veut servir votre père et tromper ma tendresse.
En vain vous prétendez, obstinée à mourir,
Intéresser ma gloire à vous laisser périr :
Ces moissons de lauriers, ces honneurs, ces conquêtes,
Ma main, en vous servant, les trouve toutes prêtes.
Et qui de ma faveur se voudrait honorer, 1571
Si mon hymen prochain ne peut vous assurer?
Ma gloire, mon amour, vous ordonnent de vivre :
Venez, madame, il faut les en croire, et me suivre.

IPHIGÉNIE.

Qui? moi? que, contre un père osant me révolter,
Je mérite la mort que j'irais éviter?
Où serait le respect? Et ce devoir suprême...

ACHILLE.

Vous suivrez un époux avoué par lui-même.
C'est un titre qu'en vain il prétend me voler:
Ne fait-il des serments que pour les violer? 1580
Vous-même, que retient un devoir si sévère,
Quand il vous donne à moi, n'est-il point votre père?
Suivez-vous seulement ses ordres absolus
Quand il cesse de l'être et ne vous connaît plus?
Enfin c'est trop tarder, ma princesse, et ma crainte...

IPHIGÉNIE.

Quoi, seigneur ! vous iriez jusques à la contrainte?
D'un coupable transport écoutant la chaleur,
Vous pourriez ajouter ce comble à mon malheur?
Ma gloire vous serait moins chère que ma vie?
Ah, seigneur ! épargnez la triste Iphigénie. 1590
Asservie à des lois que j'ai dû respecter,

C'est déjà trop pour moi que de vous écouter :
Ne portez pas plus loin votre injuste victoire ;
Ou, par mes propres mains immolée à ma gloire,
Je saurai m'affranchir, dans ces extrémités,
Du secours dangereux que vous me présentez.

  ACHILLE.
Eh bien, n'en parlons plus. Obéissez, cruelle,
Et cherchez une mort qui vous semble si belle :
Portez à votre père un cœur où j'entrevoi
Moins de respect pour lui que de haine pour moi. 1600
Une juste fureur s'empare de mon âme :
Vous allez à l'autel ; et moi, j'y cours, madame.
Si de sang et de morts le ciel est affamé,
Jamais de plus de sang ses autels n'ont fumé.
A mon aveugle amour tout sera légitime :
Le prêtre deviendra la première victime ;
Le bûcher, par mes mains détruit et renversé,
Dans le sang des bourreaux nagera dispersé ;
Et si, dans les horreurs de ce désordre extrême,
Votre père, frappé, tombe et périt lui-même, 1610
Alors, de vos respects voyant les tristes fruits,
Reconnaissez les coups que vous aurez conduits.

  IPHIGÉNIE.
Ah, seigneur ! Ah, cruel !... Mais il fuit, il m'échappe.
O toi qui veux ma mort, me voilà seule, frappe ;
Termine, juste ciel, ma vie et mon effroi,
Et lance ici des traits qui n'accablent que moi !

SCÈNE III.

**CLYTEMNESTRE, IPHIGÉNIE, EURYBATE, ÆGINE,
GARDES.**

  CLYTEMNESTRE.
Oui, je la défendrai contre toute l'armée.
Lâches, vous trahissez votre reine opprimée !

EURYBATE.

Non, madame, il suffit que vous me commandiez :
Vous nous verrez combattre et mourir à vos pieds. 1620
Mais de nos faibles mains que pouvez-vous attendre?
Contre tant d'ennemis qui vous pourra défendre?
Ce n'est plus un vain peuple en désordre assemblé;
C'est d'un zèle fatal tout le camp aveuglé.
Plus de pitié. Calchas seul règne, seul commande :
La piété sévère exige son offrande.
Le roi de son pouvoir se voit déposséder,
Et lui-même au torrent nous contraint de céder.
Achille, à qui tout cède, Achille à cet orage
Voudrait lui-même en vain opposer son courage : 1630
Que fera-t-il, madame? et qui peut dissiper
Tous les flots d'ennemis prêts à l'envelopper?

CLYTEMNESTRE.

Qu'ils viennent donc sur moi prouver leur zèle impie,
Et m'arrachent ce peu qui me reste de vie!
La mort seule, la mort pourra rompre les nœuds
Dont mes bras nous vont joindre et lier toutes deux :
Mon corps sera plutôt séparé de mon âme,
Que je souffre jamais... Ah, ma fille!

IPHIGÉNIE. Ah, madame!
Sous quel astre cruel avez-vous mis au jour
Le malheureux objet d'une si tendre amour! 1640
Mais que pouvez-vous faire en l'état où nous sommes?
Vous avez à combattre et les dieux et les hommes.
Contre un peuple en fureur vous exposerez-vous?
N'allez point, dans un camp rebelle à votre époux,
Seule à me retenir vainement obstinée,
Par des soldats peut-être indignement traînée,
Présenter, pour tout fruit d'un déplorable effort,
Un spectacle à mes yeux plus cruel que la mort.
Allez : laissez aux Grecs achever leur ouvrage,
Et quittez pour jamais un malheureux rivage; 1650
Du bûcher qui m'attend, trop voisin de ces lieux,

La flamme de trop près viendrait frapper vos yeux.
Surtout, si vous m'aimez, par cet amour de mère,
Ne reprochez jamais mon trépas à mon père.
CLYTEMNESTRE.
Lui ! par qui votre cœur à Calchas présenté...
IPHIGÉNIE.
Pour me rendre à vos pleurs que n'a-t-il point tenté ?
CLYTEMNESTRE.
Par quelle trahison le cruel m'a déçue !
IPHIGÉNIE.
Il me cédait aux dieux, dont il m'avait reçue.
Ma mort n'emporte pas tout le fruit de vos feux :
De l'amour qui vous joint vous avez d'autres nœuds ;
Vos yeux me reverront dans Oreste mon frère. 1061
Puisse-t-il être, hélas ! moins funeste à sa mère !
   D'un peuple impatient vous entendez la voix.
Daignez m'ouvrir vos bras pour la dernière fois,
Madame ; et rappelant votre vertu sublime...
Eurybate, à l'autel conduisez la victime.

SCÈNE IV.

CLYTEMNESTRE, ÆGINE, GARDES.

CLYTEMNESTRE.
Ah ! vous n'irez pas seule ; et je ne prétends pas...
Mais on se jette en foule au-devant de mes pas.
Perfides ! contentez votre soif sanguinaire.
ÆGINE.
Où courez-vous, madame ? et que voulez-vous faire ? 1070
CLYTEMNESTRE.
Hélas ! je me consume en impuissants efforts,
Et rentre au trouble affreux dont à peine je sors.
Mourrai-je tant de fois sans sortir de la vie ?
ÆGINE.
Ah ! savez-vous le crime, et qui vous a trahie,

Madame? Savez-vous quel serpent inhumain
Iphigénie avait retiré dans son sein?
Ériphile, en ces lieux par vous-même conduite,
A seule à tous les Grecs révélé votre fuite.

  CLYTEMNESTRE.
O monstre, que Mégère en ses flancs a porté!
Monstre, que dans nos bras les enfers ont jeté! [crime...
Quoi! tu ne mourras point! Quoi! pour punir son
Mais où va ma douleur chercher une victime? 1681
Quoi! pour noyer les Grecs et leurs mille vaisseaux,
Mer, tu n'ouvriras pas des abîmes nouveaux?
Quoi! lorsque, les chassant du port qui les recèle,
L'Aulide aura vomi leur flotte criminelle,
Les vents, les mêmes vents, si longtemps accusés,
Ne te couvriront pas de ses vaisseaux brisés?
Et toi, soleil, et toi, qui, dans cette contrée,
Reconnais l'héritier et le vrai fils d'Atrée, 1690
Toi, qui n'osas du père éclairer le festin,
Recule, ils t'ont appris ce funeste chemin.
 Mais, cependant, ô ciel! ô mère infortunée!
De festons odieux ma fille couronnée
Tend la gorge aux couteaux par son père apprêtés!
Calchas va dans son sang... Barbares! arrêtez :
C'est le pur sang du dieu qui lance le tonnerre...
J'entends gronder la foudre et sens trembler la terre :
Un dieu vengeur, un dieu fait retentir ces coups.

SCÈNE V.

CLYTEMNESTRE, ARCAS, ÆGINE, GARDES.

  ARCAS.
N'en doutez point, madame, un dieu combat pour vous.
Achille, en ce moment, exauce vos prières; 1701
Il a brisé des Grecs les trop faibles barrières :
Achille est à l'autel. Calchas est éperdu :
Le fatal sacrifice est encor suspendu.

On se menace, on court, l'air gémit, le fer brille.
Achille fait ranger autour de votre fille
Tous ses amis, pour lui prêts à se dévouer.
Le triste Agamemnon, qui n'ose l'avouer,
Pour détourner ses yeux des meurtres qu'il présage,
Ou pour cacher ses pleurs, s'est voilé le visage. 1710
Venez, puisqu'il se tait, venez, par vos discours,
De votre défenseur appuyer le secours.
Lui-même de sa main, de sang toute fumante,
Il veut entre vos bras remettre son amante;
Lui-même il m'a chargé de conduire vos pas :
Ne craignez rien.   [Arcas.
  CLYTEMNESTRE. Moi, craindre! Ah! courons, cher
Le plus affreux péril n'a rien dont je pâlisse.
J'irai partout... Mais, dieux! ne vois-je pas Ulysse?
C'est lui : ma fille est morte! Arcas, il n'est plus temps!

SCÈNE VI.

ULYSSE, CLYTEMNESTRE, ARCAS, ÆGINE, GARDES.

ULYSSE.

Non, votre fille vit, et les dieux sont contents. 1720
Rassurez-vous : le ciel a voulu vous la rendre.
  CLYTEMNESTRE.
Elle vit! et c'est vous qui venez me l'apprendre!
  ULYSSE.
Oui, c'est moi qui longtemps, contre elle et contre vous,
Ai cru devoir, madame, affermir votre époux;
Moi qui, jaloux tantôt de l'honneur de nos armes,
Par d'austères conseils ai fait couler vos larmes;
Et qui viens, puisque enfin le ciel est apaisé,
Réparer tout l'ennui que je vous ai causé.
  CLYTEMNESTRE.
Ma fille! Ah, prince! O ciel! je demeure éperdue.
Quel miracle, seigneur, quel dieu me l'a rendue? 1730

ULYSSE.
Vous m'en voyez moi-même, en cet heureux moment,
Saisi d'horreur, de joie et de ravissement.
    Jamais jour n'a paru si mortel à la Grèce.
Déjà de tout le camp la discorde maîtresse
Avait sur tous les yeux mis son bandeau fatal,
Et donné du combat le funeste signal.
De ce spectacle affreux votre fille alarmée
Voyait pour elle Achille, et contre elle l'armée;
Mais, quoique seul pour elle, Achille furieux
Épouvantait l'armée et partageait les dieux.   1740
Déjà de traits en l'air s'élevait un nuage;
Déjà coulait le sang, prémices du carnage :
Entre les deux partis Calchas s'est avancé,
L'œil farouche, l'air sombre, et le poil hérissé,
Terrible, et plein du dieu qui l'agitait sans doute :
«Vous, Achille, a-t-il dit, et vous, Grecs, qu'on m'écoute.
Le dieu qui maintenant vous parle par ma voix
M'explique son oracle et m'instruit de son choix.
Un autre sang d'Hélène, une autre Iphigénie
Sur ce bord immolée y doit laisser sa vie.   1750
Thésée avec Hélène uni secrètement
Fit succéder l'hymen à son enlèvement :
Une fille en sortit, que sa mère a celée;
Du nom d'Iphigénie elle fut appelée.
Je vis moi-même alors ce fruit de leurs amours :
D'un sinistre avenir je menaçai ses jours.
Sous un nom emprunté sa noire destinée
Et ses propres fureurs ici l'ont amenée.
Elle me voit, m'entend, elle est devant vos yeux; 1760
Et c'est elle, en un mot, que demandent les dieux.»
Ainsi parle Calchas. Tout le camp immobile
L'écoute avec frayeur, et regarde Ériphile.
Elle était à l'autel; et peut-être en son cœur
Du fatal sacrifice accusait la lenteur.
Elle-même tantôt, d'une course subite,

Était venue aux Grecs annoncer votre fuite.
On admire en secret sa naissance et son sort.
Mais puisque Troie enfin est le prix de sa mort,
L'armée à haute voix se déclare contre elle
Et prononce à Calchas sa sentence mortelle. 1770
Déjà pour la saisir Calchas lève le bras :
« Arrête, a-t-elle dit, et ne m'approche pas.
Le sang de ces héros dont tu me fais descendre
Sans tes profanes mains saura bien se répandre. »
Furieuse, elle vole, et, sur l'autel prochain,
Prend le sacré couteau, le plonge dans son sein.
A peine son sang coule et fait rougir la terre,
Les dieux font sur l'autel entendre le tonnerre;
Les vents agitent l'air d'heureux frémissements,
Et la mer leur répond par ses mugissements; 1780
La rive au loin gémit, blanchissante d'écume;
La flamme du bûcher d'elle-même s'allume;
Le ciel brille d'éclairs, s'entr'ouvre, et parmi nous
Jette une sainte horreur qui nous rassure tous.
Le soldat, étonné, dit que dans une nue
Jusque sur le bûcher Diane est descendue,
Et croit que, s'élevant au travers de ses feux,
Elle portait au ciel notre encens et nos vœux.
Tout s'empresse, tout part. La seule Iphigénie
Dans ce commun bonheur pleure son ennemie. 1790
Des mains d'Agamemnon venez la recevoir;
Venez : Achille et lui, brûlant de vous revoir,
Madame, et désormais tous deux d'intelligence,
Sont prêts à confirmer leur auguste alliance.

  CLYTEMNESTRE.

Par quel prix, quel encens, ô ciel, puis-je jamais
Récompenser Achille et payer tes bienfaits!

ESTHER

TRAGÉDIE TIRÉE DE L'ÉCRITURE SAINTE.

(1689.)

PERSONNAGES. — Assuérus, roi de Perse. — Esther, reine de Perse. Mardochée, oncle d'Esther. — Aman, favori d'Assuérus. — Zarès, femme d'Aman. — Hydaspe, officier du palais intérieur d'Assuérus. — Asaph, autre officier d'Assuérus. — Élise, confidente d'Esther. Thamar, Israélite de la suite d'Esther. — Gardes du roi Assuérus. — Chœur de jeunes filles israélites.

La scène est à Suse, dans le palais d'Assuérus.

ACTE PREMIER.

SCÈNE I.

ESTHER, ÉLISE.

ESTHER.
Est-ce toi, chère Élise? O jour trois fois heureux!
Que béni soit le ciel qui te rend à mes vœux,
Toi qui, de Benjamin comme moi descendue,
Fus de mes premiers ans la compagne assidue,
Et qui, d'un même joug souffrant l'oppression,
M'aidais à soupirer les malheurs de Sion!
Combien ce temps encore est cher à ma mémoire!
Mais toi, de ton Esther ignorais-tu la gloire?
Depuis plus de six mois que je te fais chercher,
Quel climat, quel désert a donc pu te cacher?

ÉLISE.
Au bruit de votre mort justement éplorée,
Du reste des humains je vivais séparée,
Et de mes tristes jours n'attendais que la fin,
Quand tout à coup, madame, un prophète divin :
« C'est pleurer trop longtemps une mort qui t'abuse ;
Lève-toi, m'a-t-il dit, prends ton chemin vers Suse :
Là, tu verras d'Esther la pompe et les honneurs,
Et sur le trône assis le sujet de tes pleurs.
Rassure, ajouta-t-il, tes tribus alarmées,
Sion : le jour approche où le dieu des armées   20
Va de son bras puissant faire éclater l'appui ;
Et le cri de son peuple est monté jusqu'à lui. »
Il dit : et moi, de joie et d'horreur pénétrée,
Je cours. De ce palais j'ai su trouver l'entrée.
O spectacle ! O triomphe admirable à mes yeux,
Digne en effet du bras qui sauva nos aïeux !
Le fier Assuérus couronne sa captive,
Et le Persan superbe est aux pieds d'une Juive !
Par quels secrets ressorts, par quel enchaînement
Le ciel a-t-il conduit ce grand événement ?   30

ESTHER.
Peut-être on t'a conté la fameuse disgrâce
De l'altière Vasthi, dont j'occupe la place,
Lorsque le roi, contre elle enflammé de dépit,
La chassa de son trône ainsi que de son lit.
Mais il ne put sitôt en bannir la pensée :
Vasthi régna longtemps dans son âme offensée.
Dans ses nombreux États il fallut donc chercher
Quelque nouvel objet qui l'en pût détacher.
De l'Inde à l'Hellespont ses esclaves coururent ;
Les filles de l'Égypte à Suse comparurent ;   40
Celles même du Parthe et du Scythe indompté
Y briguèrent le sceptre offert à la beauté.
On m'élevait alors, solitaire et cachée,
Sous les yeux vigilants du sage Mardochée :

Tu sais combien je dois à ses heureux secours.
La mort m'avait ravi les auteurs de mes jours ;
Mais lui, voyant en moi la fille de son frère,
Me tint lieu, chère Élise, et de père et de mère.
Du triste état des Juifs jour et nuit agité,
Il me tira du sein de mon obscurité ;
Et, sur mes faibles mains fondant leur délivrance,
Il me fit d'un empire accepter l'espérance.
A ses desseins secrets, tremblante, j'obéis :
Je vins ; mais je cachai ma race et mon pays.
Qui pourrait cependant t'exprimer les cabales
Que formait en ces lieux ce peuple de rivales,
Qui toutes, disputant un si grand intérêt,
Des yeux d'Assuérus attendaient leur arrêt ?
Chacune avait sa brigue et de puissants suffrages :
L'une d'un sang fameux vantait les avantages ;
L'autre, pour se parer de superbes atours,
Des plus adroites mains empruntait le secours ;
Et moi, pour toute brigue et pour tout artifice,
De mes larmes au ciel j'offrais le sacrifice.
  Enfin, on m'annonça l'ordre d'Assuérus.
Devant ce fier monarque, Élise, je parus.
Dieu tient le cœur des rois entre ses mains puissantes ;
Il fait que tout prospère aux âmes innocentes,
Tandis qu'en ses projets l'orgueilleux est trompé.
De mes faibles attraits le roi parut frappé :
Il m'observa longtemps dans un sombre silence ;
Et le ciel, qui pour moi fit pencher la balance,
Dans ce temps-là, sans doute, agissait sur son cœur.
Enfin, avec des yeux où régnait la douceur :
« Soyez reine, » dit-il ; et, dès ce moment même,
De sa main sur mon front posa son diadème.
Pour mieux faire éclater sa joie et son amour,
Il combla de présents tous les grands de sa cour ;
Et même ses bienfaits, dans toutes ses provinces,
Invitèrent le peuple aux noces de leurs princes.

Hélas! durant ces jours de joie et de festins,
Quelle était en secret ma honte et mes chagrins!
Esther, disais-je, Esther dans la pourpre est assise,
La moitié de la terre à son sceptre est soumise;
Et de Jérusalem l'herbe cache les murs!
Sion, repaire affreux de reptiles impurs,
Voit de son temple saint les pierres dispersées,
Et du Dieu d'Israël les fêtes sont cessées!

ÉLISE.

N'avez-vous point au roi confié vos ennuis?

ESTHER.

Le roi, jusqu'à ce jour, ignore qui je suis :
Celui par qui le ciel règle ma destinée
Sur ce secret encor tient ma langue enchaînée.

ÉLISE.

Mardochée? Eh! peut-il approcher de ces lieux?

ESTHER.

Son amitié pour moi le rend ingénieux.
Absent, je le consulte; et ses réponses sages
Pour venir jusqu'à moi trouvent mille passages :
Un père a moins de soin du salut de son fils.
Déjà même, déjà, par ses secrets avis,
J'ai découvert au roi les sanglantes pratiques
Que formaient contre lui deux ingrats domestiques.
 Cependant mon amour pour notre nation
A rempli ce palais de filles de Sion,
Jeunes et tendres fleurs par le sort agitées,
Sous un ciel étranger comme moi transplantées.
Dans un lieu séparé de profanes témoins,
Je mets à les former mon étude et mes soins;
Et c'est là que, fuyant l'orgueil du diadème,
Lasse de vains honneurs, et me cherchant moi-même,
Aux pieds de l'Éternel je viens m'humilier,
Et goûter le plaisir de me faire oublier.
Mais à tous les Persans je cache leurs familles.
Il faut les appeler. Venez, venez, mes filles,

Compagnes autrefois de ma captivité,
De l'antique Jacob jeune postérité.

SCÈNE II.

ESTHER, ÉLISE, *le chœur.*

UNE ISRAÉLITE, *chantant derrière le théâtre.*
Ma sœur, quelle voix nous appelle?
UNE AUTRE.
J'en reconnais les agréables sons :
C'est la reine.
TOUTES DEUX. Courons, mes sœurs, obéissons.
La reine nous appelle :
Allons, rangeons-nous auprès d'elle.
TOUT LE CHOEUR, *entrant sur la scène par plusieurs endroits différents.*
La reine nous appelle :   120
Allons, rangeons-nous auprès d'elle.
ÉLISE.
Ciel! quel nombreux essaim d'innocentes beautés
S'offre à mes yeux en foule, et sort de tous côtés!
Quelle aimable pudeur sur leur visage est peinte!
Prospérez, cher espoir d'une nation sainte.
Puissent jusques au ciel vos soupirs innocents
Monter comme l'odeur d'un agréable encens!
Que Dieu jette sur vous des regards pacifiques!
ESTHER.
Mes filles, chantez-nous quelqu'un de ces cantiques
Où vos voix si souvent se mêlant à mes pleurs   130
De la triste Sion célèbrent les malheurs.
UNE ISRAÉLITE *chante seule.*
Déplorable Sion, qu'as-tu fait de ta gloire?
Tout l'univers admirait ta splendeur :
Tu n'es plus que poussière; et de cette grandeur
Il ne nous reste plus que la triste mémoire.

Sion, jusques au ciel élevée autrefois,
　　Jusqu'aux enfers maintenant abaissée,
　　　　Puissé-je demeurer sans voix,
　　Si dans mes chants ta douleur retracée
Jusqu'au dernier soupir n'occupe ma pensée!　　140
　　　TOUT LE CHOEUR.
O rives du Jourdain! ô champs aimés des cieux!
　　　　Sacrés monts, fertiles vallées
　　　　Par cent miracles signalées!
　　　　Du doux pays de nos aïeux
　　　　Serons-nous toujours exilées?
　　　UNE ISRAÉLITE, *seule*.
Quand verrai-je, ô Sion! relever tes remparts,
　　Et de tes tours les magnifiques faîtes?
　　　　Quand verrai-je de toutes parts
Tes peuples en chantant accourir à tes fêtes?
　　　TOUT LE CHOEUR.
O rives du Jourdain! ô champs aimés des cieux!　150
　　　　Sacrés monts, fertiles vallées,
　　　　Par cent miracles signalées!
　　　　Du doux pays de nos aïeux
　　　　Serons-nous toujours exilées?

SCÈNE III.

ESTHER, MARDOCHÉE, ÉLISE, LE CHOEUR.

　　　ESTHER.
Quel profane en ce lieu s'ose avancer vers nous?
Que vois-je? Mardochée! O mon père, est-ce vous?
Un ange du Seigneur, sous son aile sacrée,
A donc conduit vos pas et caché votre entrée?
Mais d'où vient cet air sombre, et ce cilice affreux,
Et cette cendre enfin qui couvre vos cheveux?　160
Que nous annoncez-vous?

MARDOCHÉE. O reine infortunée !
O d'un peuple innocent barbare destinée !
Lisez, lisez l'arrêt détestable, cruel...
Nous sommes tous perdus ! et c'est fait d'Israël !

ESTHER.
Juste ciel ! tout mon sang dans mes veines se glace.

MARDOCHÉE.
On doit de tous les Juifs exterminer la race.
Au sanguinaire Aman nous sommes tous livrés ;
Les glaives, les couteaux, sont déjà préparés :
Toute la nation à la fois est proscrite.
Aman, l'impie Aman, race d'Amalécite, 170
A, pour ce coup funeste, armé tout son crédit ;
Et le roi, trop crédule, a signé cet édit.
Prévenu contre nous par cette bouche impure,
Il nous croit en horreur à toute la nature :
Ses ordres sont donnés ; et, dans tous ses États,
Le jour fatal est pris pour tant d'assassinats.
Cieux, éclairerez-vous cet horrible carnage !
Le fer ne connaîtra ni le sexe ni l'âge :
Tout doit servir de proie aux tigres, aux vautours ;
Et ce jour effroyable arrive dans dix jours. 180

ESTHER.
O Dieu, qui vois former des desseins si funestes,
As-tu donc de Jacob abandonné les restes ?

UNE DES PLUS JEUNES ISRAÉLITES.
Ciel, qui nous défendra, si tu ne nous défends ?

MARDOCHÉE.
Laissez les pleurs, Esther, à ces jeunes enfants.
En vous est tout l'espoir de vos malheureux frères :
Il faut les secourir ; mais les heures sont chères ;
Le temps vole, et bientôt amènera le jour
Où le nom des Hébreux doit périr sans retour.
Toute pleine du feu de tant de saints prophètes,
Allez, osez au roi déclarer qui vous êtes. 190

ESTHER.
Hélas! ignorez-vous quelles sévères lois
Aux timides mortels cachent ici les rois?
Au fond de leurs palais leur majesté terrible
Affecte à leurs sujets de se rendre invisible;
Et la mort est le prix de tout audacieux
Qui, sans être appelé, se présente à leurs yeux,
Si le roi dans l'instant, pour sauver le coupable,
Ne lui donne à baiser son sceptre redoutable.
Rien ne met à l'abri de cet ordre fatal,
Ni le rang, ni le sexe, et le crime est égal.   200
Moi-même, sur son trône à ses côtés assise,
Je suis à cette loi, comme une autre, soumise;
Et, sans le prévenir, il faut, pour lui parler,
Qu'il me cherche, ou du moins qu'il me fasse appeler.
MARDOCHÉE.
Quoi! lorsque vous voyez périr votre patrie,
Pour quelque chose, Esther, vous comptez votre vie!
Dieu parle; et d'un mortel vous craignez le courroux!
Que dis-je? votre vie, Esther, est-elle à vous?
N'est-elle pas au sang dont vous êtes issue?
N'est-elle pas à Dieu, dont vous l'avez reçue?   210
Et qui sait, lorsqu'au trône il conduisit vos pas,
Si pour sauver son peuple il ne vous gardait pas?
Songez-y bien : ce Dieu ne vous a pas choisie
Pour être un vain spectacle aux peuples de l'Asie,
Ni pour charmer les yeux des profanes humains :
Pour un plus noble usage il réserve ses saints.
S'immoler pour son nom et pour son héritage,
D'un enfant d'Israël voilà le vrai partage :
Trop heureuse pour lui de hasarder vos jours!
Et quel besoin son bras a-t-il de nos secours?   220
Que peuvent contre lui tous les rois de la terre?
En vain ils s'uniraient pour lui faire la guerre :
Pour dissiper leur ligue il n'a qu'à se montrer;
Il parle, et dans la poudre il les fait tous rentrer.

Au seul son de sa voix la mer fuit, le ciel tremble :
Il voit comme un néant tout l'univers ensemble ;
Et les faibles mortels, vains jouets du trépas,
Sont tous devant ses yeux comme s'ils n'étaient pas.
    S'il a permis d'Aman l'audace criminelle,
Sans doute qu'il voulait éprouver votre zèle.   230
C'est lui qui, m'excitant à vous oser chercher,
Devant moi, chère Esther, a bien voulu marcher ;
Et s'il faut que sa voix frappe en vain vos oreilles,
Nous n'en verrons pas moins éclater ses merveilles.
Il peut confondre Aman, il peut briser nos fers
Par la plus faible main qui soit dans l'univers ;
Et vous, qui n'aurez point accepté cette grâce,
Vous périrez peut-être et toute votre race.

    ESTHER.
Allez : que tous les Juifs, dans Suse répandus,
A prier avec vous jour et nuit assidus,   240
Me prêtent de leurs vœux le secours salutaire,
Et pendant ces trois jours gardent un jeûne austère.
Déjà la sombre nuit a commencé son tour :
Demain, quand le soleil rallumera le jour,
Contente de périr, s'il faut que je périsse,
J'irai pour mon pays m'offrir en sacrifice.
Qu'on s'éloigne un moment.
    (*Le chœur se retire vers le fond du théâtre.*)

SCÈNE IV.

ESTHER, ÉLISE, LE CHŒUR.

            ESTHER. O mon souverain roi,
Me voici donc tremblante et seule devant toi !
Mon père mille fois m'a dit dans mon enfance
Qu'avec nous tu juras une sainte alliance,   250
Quand, pour te faire un peuple agréable à tes yeux,
Il plut à ton amour de choisir nos aïeux :

Même tu leur promis de ta bouche sacrée
Une postérité d'éternelle durée.
Hélas! ce peuple ingrat a méprisé ta loi ;
La nation chérie a violé sa foi ;
Elle a répudié son époux et son père,
Pour rendre à d'autres dieux un honneur adultère :
Maintenant elle sert sous un maître étranger.
Mais c'est peu d'être esclave, on la veut égorger : 260
Nos superbes vainqueurs, insultant à nos larmes,
Imputent à leurs dieux le bonheur de leurs armes,
Et veulent aujourd'hui qu'un même coup mortel
Abolisse ton nom, ton peuple et ton autel.
Ainsi donc un perfide, après tant de miracles,
Pourrait anéantir la foi de tes oracles,
Ravirait aux mortels le plus cher de tes dons,
Le saint que tu promets et que nous attendons?
Non, non, ne souffre pas que ces peuples farouches,
Ivres de notre sang, ferment les seules bouches 270
Qui dans tout l'univers célèbrent tes bienfaits ;
Et confonds tous ces dieux qui ne furent jamais.

 Pour moi, que tu retiens parmi ces infidèles,
Tu sais combien je hais leurs fêtes criminelles,
Et que je mets au rang des profanations
Leur table, leurs festins et leurs libations ;
Que même cette pompe où je suis condamnée,
Ce bandeau dont il faut que je paraisse ornée
Dans ces jours solennels à l'orgueil dédiés,
Seule et dans le secret je le foule à mes pieds ; 280
Qu'à ces vains ornements je préfère la cendre,
Et n'ai de goût qu'aux pleurs que tu me vois répandre.
J'attendais le moment marqué dans ton arrêt,
Pour oser de ton peuple embrasser l'intérêt :
Ce moment est venu ; ma prompte obéissance
Va d'un roi redoutable affronter la présence.
C'est pour toi que je marche : accompagne mes pas
Devant ce fier lion qui ne te connaît pas ;

Commande en me voyant que son courroux s'apaise,
Et prête à mes discours un charme qui lui plaise : 290
Les orages, les vents, les cieux, te sont soumis ;
Tourne enfin sa fureur contre nos ennemis.

SCÈNE V.

(Toute cette scène est chantée.)

LE CHOEUR.

UNE ISRAÉLITE, *seule*.
Pleurons et gémissons, mes fidèles compagnes ;
  A nos sanglots donnons un libre cours ;
  Levons les yeux vers les saintes montagnes
  D'où l'innocence attend tout son secours.
    O mortelles alarmes !
Tout Israël périt. Pleurez, mes tristes yeux :
  Il ne fut jamais sous les cieux
  Un si juste sujet de larmes. 300
TOUT LE CHOEUR.
    O mortelles alarmes !
UNE AUTRE ISRAÉLITE.
N'était-ce pas assez qu'un vainqueur odieux
De l'auguste Sion eût détruit tous les charmes,
Et traîné ses enfants captifs en mille lieux ?
TOUT LE CHOEUR.
    O mortelles alarmes !
LA MÊME ISRAÉLITE.
Faibles agneaux livrés à des loups furieux.
  Nos soupirs sont nos seules armes.
TOUT LE CHOEUR.
    O mortelles alarmes !
UNE ISRAÉLITE.
Arrachons, déchirons tous ces vains ornements
    Qui parent notre tête. 310

UNE AUTRE.
Revêtons-nous d'habillements
Conformes à l'horrible fête
Que l'impie Aman nous apprête.
TOUT LE CHOEUR.
Arrachons, déchirons tous ces vains ornements
    Qui parent notre tête.
UNE ISRAÉLITE, *seule.*
    Quel carnage de toutes parts!
On égorge à la fois les enfants, les vieillards,
    Et la sœur et le frère,
    Et la fille et la mère,
    Le fils dans les bras de son père! 320
Que de corps entassés! Que de membres épars,
    Privés de sépulture!
    Grand Dieu! tes saints sont la pâture
    Des tigres et des léopards.
UNE DES PLUS JEUNES ISRAÉLITES.
    Hélas! si jeune encore,
Par quel crime ai-je pu mériter mon malheur?
  Ma vie à peine a commencé d'éclore:
    Je tomberai comme une fleur
    Qui n'a vu qu'une aurore.
    Hélas! si jeune encore, 330
Par quel crime ai-je pu mériter mon malheur?
UNE AUTRE.
Des offenses d'autrui malheureuses victimes,
Que nous servent, hélas! ces regrets superflus?
Nos pères ont péché, nos pères ne sont plus,
  Et nous portons la peine de leurs crimes.
TOUT LE CHOEUR.
Le Dieu que nous servons est le Dieu des combats:
    Non, non, il ne souffrira pas
    Qu'on égorge ainsi l'innocence.
UNE ISRAÉLITE, *seule.*
    Eh quoi! dirait l'impiété,

Où donc est-il ce Dieu si redouté
Dont Israël nous vantait la puissance ?
UNE AUTRE.
Ce Dieu jaloux, ce Dieu victorieux,
Frémissez, peuples de la terre,
Ce Dieu jaloux, ce Dieu victorieux,
Est le seul qui commande aux cieux :
Ni les éclairs ni le tonnerre
N'obéissent point à vos dieux.
UNE AUTRE.
Il renverse l'audacieux.
UNE AUTRE.
Il prend l'humble sous sa défense.
TOUT LE CHOEUR.
Le Dieu que nous servons est le Dieu des combats :
Non, non, il ne souffrira pas
Qu'on égorge ainsi l'innocence.
DEUX ISRAÉLITES.
O Dieu, que la gloire couronne,
Dieu, que la lumière environne,
Qui voles sur l'aile des vents,
Et dont le trône est porté par les anges ;
DEUX AUTRES DES PLUS JEUNES.
Dieu qui veux bien que de simples enfants
Avec eux chantent tes louanges ;
TOUT LE CHOEUR.
Tu vois nos pressants dangers :
Donne à ton nom la victoire ;
Ne souffre point que ta gloire
Passe à des dieux étrangers.
UNE ISRAÉLITE, *seule.*
Arme-toi, viens nous défendre :
Descends tel qu'autrefois la mer te vit descendre ;
Que les méchants apprennent aujourd'hui
A craindre ta colère :
Qu'ils soient comme la poudre et la paille légère

Que le vent chasse devant lui.
TOUT LE CHŒUR.
Tu vois nos pressants dangers :
Donne à ton nom la victoire ;
Ne souffre point que ta gloire
Passe à des dieux étrangers.

ACTE DEUXIÈME.

Le théâtre représente la chambre où est le trône d'Assuérus.

SCÈNE I.

AMAN, HYDASPE.

AMAN.
Eh quoi! lorsque le jour ne commence qu'à luire,
Dans ce lieu redoutable oses-tu m'introduire?
HYDASPE.
Vous savez qu'on s'en peut reposer sur ma foi ;
Que ces portes, seigneur, n'obéissent qu'à moi :
Venez. Partout ailleurs on pourrait nous entendre.
AMAN.
Quel est donc le secret que tu me veux apprendre?
HYDASPE.
Seigneur, de vos bienfaits mille fois honoré,
Je me souviens toujours que je vous ai juré
D'exposer à vos yeux, par des avis sincères,
Tout ce que ce palais renferme de mystères.
Le roi d'un noir chagrin paraît enveloppé :
Quelque songe effrayant cette nuit l'a frappé.
Pendant que tout gardait un silence paisible,
Sa voix s'est fait entendre avec un cri terrible :
J'ai couru. Le désordre était dans ses discours ;

Il s'est plaint d'un péril qui menaçait ses jours :
Il parlait d'ennemi, de ravisseur farouche;
Même le nom d'Esther est sorti de sa bouche; 390
Il a dans ces horreurs passé toute la nuit.
Enfin, las d'appeler un sommeil qui le fuit,
Pour écarter de lui ces images funèbres,
Il s'est fait apporter ces annales célèbres
Où les faits de son règne, avec soin amassés,
Par de fidèles mains chaque jour sont tracés :
On y conserve écrits le service et l'offense;
Monuments éternels d'amour et de vengeance.
Le roi, que j'ai laissé plus calme dans son lit,
D'une oreille attentive écoute ce récit. 400

AMAN.
De quel temps de sa vie a-t-il choisi l'histoire?
HYDASPE.
Il revoit tous ces temps si remplis de sa gloire,
Depuis le fameux jour qu'au trône de Cyrus
Le choix du sort plaça l'heureux Assuérus.
AMAN.
Ce songe, Hydaspe, est donc sorti de son idée?
HYDASPE.
Entre tous les devins fameux dans la Chaldée,
Il a fait assembler ceux qui savent le mieux
Lire en un songe obscur les volontés des cieux...
Mais quel trouble vous-même aujourd'hui vous agite?
Votre âme en m'écoutant paraît tout interdite : 410
L'heureux Aman a-t-il quelques secrets ennuis?
AMAN.
Peux-tu le demander dans la place où je suis?
Haï, craint, envié, souvent plus misérable
Que tous les malheureux que mon pouvoir accable!
HYDASPE.
Eh! qui jamais du ciel eut des regards plus doux?
Vous voyez l'univers prosterné devant vous.

AMAN.
L'univers! Tous les jours un homme... un vil esclave
D'un front audacieux me dédaigne et me brave.
HYDASPE.
Quel est cet ennemi de l'État et du roi?
AMAN.
Le nom de Mardochée est-il connu de toi? 420
HYDASPE.
Qui? ce chef d'une race abominable, impie?
AMAN.
Oui, lui-même.
HYDASPE. Eh, seigneur! d'une si belle vie
Un si faible ennemi peut-il troubler la paix?
AMAN.
L'insolent devant moi ne se courba jamais.
En vain de la faveur du plus grand des monarques
Tout révère à genoux les glorieuses marques;
Lorsque d'un saint respect tous les Persans touchés
N'osent lever leurs fronts à la terre attachés,
Lui, fièrement assis et la tête immobile,
Traite tous ces honneurs d'impiété servile, 430
Présente à mes regards un front séditieux,
Et ne daignerait pas au moins baisser les yeux!
Du palais cependant il assiége la porte :
A quelque heure que j'entre, Hydaspe, ou que je sorte,
Son visage odieux m'afflige et me poursuit;
Et mon esprit troublé le voit encor la nuit.
Ce matin j'ai voulu devancer la lumière :
Je l'ai trouvé couvert d'une affreuse poussière,
Revêtu de lambeaux, tout pâle; mais son œil
Conservait sous la cendre encor le même orgueil. 440
D'où lui vient, cher ami, cette impudente audace?
Toi, qui dans ce palais vois tout ce qui se passe,
Crois-tu que quelque voix ose parler pour lui?
Sur quel roseau fragile a-t-il mis son appui?

HYDASPE.
Seigneur, vous le savez, son avis salutaire
Découvrit de Tharès le complot sanguinaire.
Le roi promit alors de le récompenser.
Le roi, depuis ce temps, paraît n'y plus penser.
AMAN.
Non, il faut à tes yeux dépouiller l'artifice.
J'ai su de mon destin corriger l'injustice : 450
Dans les mains des Persans jeune enfant apporté,
Je gouverne l'empire où je fus acheté ;
Mes richesses des rois égalent l'opulence ;
Environné d'enfants, soutiens de ma puissance,
Il ne manque à mon front que le bandeau royal.
Cependant (des mortels aveuglement fatal!)
De cet amas d'honneurs la douceur passagère
Fait sur mon cœur à peine une atteinte légère :
Mais Mardochée, assis aux portes du palais,
Dans ce cœur douloureux enfonce mille traits ; 460
Et toute ma grandeur me devient insipide
Tandis que le soleil éclaire ce perfide.
HYDASPE.
Vous serez de sa vue affranchi dans dix jours :
La nation entière est promise aux vautours.
AMAN.
Ah! que ce temps est long à mon impatience!
C'est lui, je te veux bien confier ma vengeance,
C'est lui qui, devant moi refusant de ployer,
Les a livrés au bras qui les va foudroyer.
C'était trop peu pour moi d'une telle victime :
La vengeance trop faible attire un second crime. 470
Un homme tel qu'Aman, lorsqu'on l'ose irriter,
Dans sa juste fureur ne peut trop éclater :
Il faut des châtiments dont l'univers frémisse ;
Qu'on tremble en comparant l'offense et le supplice ;
Que les peuples entiers dans le sang soient noyés.
Je veux qu'on dise un jour aux siècles effrayés :

« Il fut des Juifs, il fut une insolente race ;
Répandus sur la terre, ils en couvraient la face ;
Un seul osa d'Aman attirer le courroux :
Aussitôt de la terre ils disparurent tous. »   480

HYDASPE.
Ce n'est donc pas, seigneur, le sang amalécite
Dont la voix à les perdre en secret vous excite ?

AMAN.
Je sais que, descendu de ce sang malheureux,
Une éternelle haine a dû m'armer contre eux ;
Qu'ils firent d'Amalec un indigne carnage ;
Que, jusqu'aux vils troupeaux, tout éprouva leur rage;
Qu'un déplorable reste à peine fut sauvé :
Mais, crois-moi, dans le rang où je suis élevé,
Mon âme, à ma grandeur tout entière attachée,
Des intérêts du sang est faiblement touchée.   490
Mardochée est coupable ; et que faut-il de plus ?
Je prévins donc contre eux l'esprit d'Assuérus,
J'inventai des couleurs, j'armai la calomnie,
J'intéressai sa gloire ; il trembla pour sa vie :
Je les peignis puissants, riches, séditieux ;
Leur Dieu même ennemi de tous les autres dieux.
« Jusqu'à quand souffre-t-on que ce peuple respire,
Et d'un culte profane infecte votre empire ?
Étrangers dans la Perse, à nos lois opposés,
Du reste des humains ils semblent divisés,   500
N'aspirent qu'à troubler le repos où nous sommes,
Et, détestés partout, détestent tous les hommes.
Prévenez, punissez leurs insolents efforts ;
De leur dépouille enfin grossissez vos trésors. »
Je dis, et l'on me crut. Le roi, dès l'heure même,
Mit dans ma main le sceau de son pouvoir suprême :
« Assure, me dit-il, le repos de ton roi ;
Va, perds ces malheureux : leur dépouille est à toi. »
Toute la nation fut ainsi condamnée.
Du carnage avec lui je réglai la journée.   510

Mais de ce traître enfin le trépas différé
Fait trop souffrir mon cœur, de son sang altéré.
Un je ne sais quel trouble empoisonne ma joie.
Pourquoi dix jours encor faut-il que je le voie?
HYDASPE.
Et ne pouvez-vous pas d'un mot l'exterminer?
Dites au roi, seigneur, de vous l'abandonner.
AMAN.
Je viens pour épier le moment favorable.
Tu connais, comme moi, ce prince inexorable;
Tu sais combien, terrible en ses soudains transports,
De nos desseins souvent il rompt tous les ressorts. 520
Mais à me tourmenter ma crainte est trop subtile :
Mardochée à ses yeux est une âme trop vile.
HYDASPE.
Que tardez-vous? allez, et faites promptement
Élever de sa mort le honteux instrument.
AMAN.
J'entends du bruit; je sors. Toi, si le roi m'appelle...
HYDASPE.
Il suffit.

SCÈNE II.

ASSUÉRUS, HYDASPE, ASAPH, *suite d'Assuérus.*

ASSUÉRUS.
   Ainsi donc, sans cet avis fidèle,
Deux traîtres dans son lit assassinaient leur roi?
Qu'on me laisse, et qu'Asaph seul demeure avec moi.

SCÈNE III.

ASSUÉRUS, ASAPH.

ASSUÉRUS, *assis sur son trône.*
Je veux bien l'avouer : de ce couple perfide
J'avais presque oublié l'attentat parricide; 530

Et j'ai pâli deux fois au terrible récit
Qui vient d'en retracer l'image à mon esprit.
Je vois de quel succès leur fureur fut suivie,
Et que dans les tourments ils laissèrent la vie.
Mais ce sujet zélé, qui, d'un œil si subtil,
Sut de leur noir complot développer le fil,
Qui me montra sur moi leur main déjà levée,
Enfin par qui la Perse avec moi fut sauvée,
Quel honneur pour sa foi, quel prix a-t-il reçu?
   ASAPH.
On lui promit beaucoup : c'est tout ce que j'ai su. 540
   ASSUÉRUS.
O d'un si grand service oubli trop condamnable!
Des embarras du trône effet inévitable!
De soins tumultueux un prince environné
Vers de nouveaux objets est sans cesse entraîné;
L'avenir l'inquiète, et le présent le frappe :
Mais, plus prompt que l'éclair, le passé nous échappe;
Et de tant de mortels à toute heure empressés
A nous faire valoir leurs soins intéressés,
Il ne s'en trouve point qui, touchés d'un vrai zèle,
Prennent à notre gloire un intérêt fidèle,   550
Du mérite oublié nous fassent souvenir,
Trop prompts à nous parler de ce qu'il faut punir.
Ah! que plutôt l'injure échappe à ma vengeance,
Qu'un si rare bienfait à ma reconnaissance!
Et qui voudrait jamais s'exposer pour son roi?
Ce mortel qui montra tant de zèle pour moi
Vit-il encore?
  ASAPH. Il voit l'astre qui vous éclaire.
   ASSUÉRUS.
Et que n'a-t-il plus tôt demandé son salaire?
Quel pays reculé le cache à mes bienfaits?
   ASAPH.
Assis le plus souvent aux portes du palais,   560
Sans se plaindre de vous ni de sa destinée,

Il y traîne, seigneur, sa vie infortunée.
  ASSUÉRUS.
Et je dois d'autant moins oublier la vertu,
Qu'elle-même s'oublie. Il se nomme, dis-tu?
  ASAPH.
Mardochée est le nom que je viens de vous lire.
  ASSUÉRUS.
Et son pays?
  ASAPH. Seigneur, puisqu'il faut vous le dire,
C'est un de ces captifs à périr destinés,
Des rives du Jourdain sur l'Euphrate amenés.
  ASSUÉRUS.
Il est donc Juif? O ciel, sur le point que la vie
Par mes propres sujets m'allait être ravie,   570
Un Juif rend par ses soins leurs efforts impuissants!
Un Juif m'a préservé du glaive des Persans!
Mais, puisqu'il m'a sauvé, quel qu'il soit, il n'importe.
Holà, quelqu'un!

SCÈNE IV.

ASSUÉRUS, HYDASPE, ASAPH.

HYDASPE. Seigneur?
    ASSUÉRUS. Regarde à cette porte;
Vois s'il s'offre à tes yeux quelque grand de ma cour.
  HYDASPE.
Aman à votre porte a devancé le jour.
  ASSUÉRUS.
Qu'il entre. Ses avis m'éclaireront peut-être.

SCÈNE V.

ASSUÉRUS, AMAN, HYDASPE, ASAPH.

ASSUÉRUS.
Approche, heureux appui du trône de ton maître,
Ame de mes conseils, et qui seul tant de fois
Du sceptre dans ma main as soulagé le poids. 580
Un reproche secret embarrasse mon âme.
Je sais combien est pur le zèle qui t'enflamme ;
Le mensonge jamais n'entra dans tes discours,
Et mon intérêt seul est le but où tu cours.
Dis-moi donc : que doit faire un prince magnanime
Qui veut combler d'honneurs un sujet qu'il estime ?
Par quel gage éclatant, et digne d'un grand roi,
Puis-je récompenser le mérite et la foi ?
Ne donne point de borne à ma reconnaissance :
Mesure tes conseils sur ma vaste puissance. 590

AMAN, *à part.*
C'est pour toi-même, Aman, que tu vas prononcer ;
Et quel autre que toi peut-on récompenser ?

ASSUÉRUS.
Que penses-tu ?

AMAN. Seigneur, je cherche, j'envisage
Des monarques persans la conduite et l'usage :
Mais à mes yeux en vain je les rappelle tous ;
Pour vous régler sur eux, que sont-ils près de vous ?
Votre règne aux neveux doit servir de modèle.
Vous voulez d'un sujet reconnaître le zèle ;
L'honneur seul peut flatter un esprit généreux :
Je voudrais donc, seigneur, que ce mortel heureux, 600
De la pourpre aujourd'hui paré comme vous-même,
Et portant sur le front le sacré diadème,
Sur un de vos coursiers pompeusement orné,
Aux yeux de vos sujets dans Suse fût mené ;
Que, pour comble de gloire et de magnificence,

Un seigneur éminent en richesse, en puissance,
Enfin de votre empire après vous le premier,
Par la bride guidât son superbe coursier ;
Et lui-même, marchant en habits magnifiques,
Criât à haute voix dans les places publiques :   610
« Mortels, prosternez-vous : c'est ainsi que le roi
Honore le mérite et couronne la foi. »

ASSUÉRUS.

Je vois que la sagesse elle-même t'inspire :
Avec mes volontés ton sentiment conspire.
Va, ne perds point de temps ; ce que tu m'as dicté,
Je veux de point en point qu'il soit exécuté.
La vertu dans l'oubli ne sera plus cachée.
Aux portes du palais prends le Juif Mardochée ;
C'est lui que je prétends honorer aujourd'hui ;
Ordonne son triomphe, et marche devant lui :   620
Que Suse par ta voix de son nom retentisse,
Et fais à son aspect que tout genou fléchisse.
Sortez tous.

AMAN.

Dieux !

SCÈNE VI.

ASSUÉRUS.

Le prix est sans doute inouï :
Jamais d'un tel honneur un sujet n'a joui ;
Mais plus la récompense est grande et glorieuse,
Plus même de ce Juif la race est odieuse,
Plus j'assure ma vie, et montre avec éclat
Combien Assuérus redoute d'être ingrat.
On verra l'innocent discerné du coupable :
Je n'en perdrai pas moins ce peuple abominable ; 630
Leurs crimes...

SCÈNE VII.

ASSUÉRUS, ESTHER, ÉLISE, THAMAR, *une partie du chœur.*

(*Esther entre s'appuyant sur Élise; quatre Israélites soutiennent sa robe.*)

ASSUÉRUS. Sans mon ordre on porte ici ses pas!
Quel mortel insolent vient chercher le trépas?
Gardes... C'est vous, Esther? Quoi! sans être attendue?
ESTHER.
Mes filles, soutenez votre reine éperdue :
Je me meurs.
(*Elle tombe évanouie.*)
ASSUÉRUS. Dieux puissants! quelle étrange pâleur
De son teint tout à coup efface la couleur!
Esther, que craignez-vous? suis-je pas votre frère?
Est-ce pour vous qu'est fait un ordre si sévère?
Vivez : le sceptre d'or que vous tend cette main,
Pour vous de ma clémence est un gage certain. 640
ESTHER.
Quelle voix salutaire ordonne que je vive,
Et rappelle en mon sein mon âme fugitive?
ASSUÉRUS.
Ne connaissez-vous pas la voix de votre époux?
Encore un coup, vivez, et revenez à vous.
ESTHER.
Seigneur, je n'ai jamais contemplé qu'avec crainte
L'auguste majesté sur votre front empreinte;
Jugez combien ce front irrité contre moi
Dans mon âme troublée a dû jeter d'effroi :
Sur ce trône sacré qu'environne la foudre,
J'ai cru vous voir tout prêt à me réduire en poudre. 650
Hélas! sans frissonner, quel cœur audacieux
Soutiendrait les éclairs qui partaient de vos yeux?
Ainsi du Dieu vivant la colère étincelle...

ASSUÉRUS.

O soleil! ô flambeau de lumière immortelle!
Je me trouble moi-même; et sans frémissement
Je ne puis voir sa peine et son saisissement.
Calmez, reine, calmez la frayeur qui vous presse;
Du cœur d'Assuérus souveraine maîtresse,
Éprouvez seulement son ardente amitié.
Faut-il de mes États vous donner la moitié? 660

ESTHER.

Eh! se peut-il qu'un roi craint de la terre entière,
Devant qui tout fléchit et baise la poussière,
Jette sur son esclave un regard si serein
Et m'offre sur son cœur un pouvoir souverain?

ASSUÉRUS.

Croyez-moi, chère Esther, ce sceptre, cet empire,
Et ces profonds respects que la terreur inspire,
A leur pompeux éclat mèlent peu de douceur,
Et fatiguent souvent leur triste possesseur.
Je ne trouve qu'en vous je ne sais quelle grâce
Qui me charme toujours et jamais ne me lasse. 670
De l'aimable vertu doux et puissants attraits!
Tout respire en Esther l'innocence et la paix.
Du chagrin le plus noir elle écarte les ombres,
Et fait des jours sereins de mes jours les plus sombres
Que dis-je? sur ce trône assis auprès de vous,
Des astres ennemis j'en crains moins le courroux,
Et crois que votre front prête à mon diadème
Un éclat qui le rend respectable aux dieux même.
Osez donc me répondre, et ne me cachez pas
Quel sujet important conduit ici vos pas. 680
Quel intérêt, quels soins vous agitent, vous pressent?
Je vois qu'en m'écoutant vos yeux au ciel s'adressent.
Parlez : de vos désirs le succès est certain,
Si ce succès dépend d'une mortelle main.

ESTHER.

O bonté qui m'assure autant qu'elle m'honore!

Un intérêt pressant veut que je vous implore :
J'attends ou mon malheur ou ma félicité ;
Et tout dépend, seigneur, de votre volonté.
Un mot de votre bouche, en terminant mes peines,
Peut rendre Esther heureuse entre toutes les reines. 690

  ASSUÉRUS.
Ah ! que vous enflammez mon désir curieux !
  ESTHER.
Seigneur, si j'ai trouvé grâce devant vos yeux,
Si jamais à mes vœux vous fûtes favorable,
Permettez, avant tout, qu'Esther puisse à sa table
Recevoir aujourd'hui son souverain seigneur,
Et qu'Aman soit admis à cet excès d'honneur.
J'oserai devant lui rompre ce grand silence ;
Et j'ai pour m'expliquer besoin de sa présence.
  ASSUÉRUS.
Dans quelle inquiétude, Esther, vous me jetez !
Toutefois qu'il soit fait comme vous souhaitez.   700
  (*A ceux de sa suite.*)
Vous, que l'on cherche Aman ; et qu'on lui fasse entendre
Qu'invité chez la reine, il ait soin de s'y rendre.

SCÈNE VIII.

ASSUÉRUS, ESTHER, ÉLISE, THAMAR, HYDASPE,
une partie du chœur.

  HYDASPE.
Les savants Chaldéens, par votre ordre appelés,
Dans cet appartement, seigneur, sont assemblés.
  ASSUÉRUS.
Princesse, un songe étrange occupe ma pensée :
Vous-même en leur réponse êtes intéressée.
Venez, derrière un voile écoutant leurs discours,
De vos propres clartés me prêter le secours.
Je crains pour vous, pour moi, quelque ennemi perfide.

ESTHER.

Suis-moi, Thamar. Et vous, troupe jeune et timide, 710
Sans craindre ici les yeux d'une profane cour,
A l'abri de ce trône attendez mon retour.

SCÈNE IX.

(Cette scène est partie déclamée et partie chantée.)

ÉLISE, *une partie du chœur.*

ÉLISE.

Que vous semble, mes sœurs, de l'état où nous sommes?
D'Esther, d'Aman, qui le doit emporter?
Est-ce Dieu, sont-ce les hommes,
Dont les œuvres vont éclater?
Vous avez vu quelle ardente colère
Allumait de ce roi le visage sévère.

UNE ISRAÉLITE.

Des éclairs de ses yeux l'œil était ébloui.

UNE AUTRE.

Et sa voix m'a paru comme un tonnerre horrible. 720

ÉLISE.

Comment ce courroux si terrible
En un moment s'est-il évanoui?

UNE ISRAÉLITE *chante.*

Un moment a changé ce courage inflexible :
Le lion rugissant est un agneau paisible.
Dieu, notre Dieu sans doute a versé dans son cœur
Cet esprit de douceur.

LE CHOEUR *chante.*

Dieu, notre Dieu sans doute a versé dans son cœur
Cet esprit de douceur.

LA MÊME ISRAÉLITE *chante.*

Tel qu'un ruisseau docile
Obéit à la main qui détourne son cours, 730

Et, laissant de ses eaux partager le secours,
  Va rendre tout un champ fertile;
Dieu, de nos volontés arbitre souverain,
  Le cœur des rois est ainsi dans ta main.
    ÉLISE.
Ah! que je crains, mes sœurs, les funestes nuages
  Qui de ce prince obscurcissent les yeux!
Comme il est aveuglé du culte de ses dieux!
    UNE ISRAÉLITE.
Il n'atteste jamais que leurs noms odieux.
    UNE AUTRE.
Aux feux inanimés dont se parent les cieux
  Il rend de profanes hommages.
    UNE AUTRE.
Tout son palais est plein de leurs images.
    LE CHOEUR *chante.*
Malheureux! vous quittez le maître des humains,
  Pour adorer l'ouvrage de vos mains!
    UNE ISRAÉLITE *chante.*
  Dieu d'Israël, dissipe enfin cette ombre :
Des larmes de tes saints quand seras-tu touché?
    Quand sera le voile arraché
Qui sur tout l'univers jette une nuit si sombre?
    Dieu d'Israël, dissipe enfin cette ombre :
    Jusqu'à quand seras-tu caché?
    UNE DES PLUS JEUNES ISRAÉLITES.
Parlons plus bas, mes sœurs. Ciel! si quelque infidèle,
Ecoutant nos discours, nous allait déceler!
    ÉLISE.
Quoi! fille d'Abraham, une crainte mortelle
  Semble déjà vous faire chanceler?
Eh! si l'impie Aman, dans sa main homicide,
Faisant luire à vos yeux un glaive menaçant,
    A blasphémer le nom du Tout-Puissant
  Voulait forcer votre bouche timide?

UNE AUTRE ISRAÉLITE.
Peut-être Assuérus, frémissant de courroux,
　Si nous ne courbons les genoux
　Devant une muette idole, 760
　Commandera qu'on nous immole.
　Chère sœur, que choisirez-vous?
　　LA JEUNE ISRAÉLITE.
　Moi, je pourrais trahir le Dieu que j'aime!
J'adorerais un dieu sans force et sans vertu,
　Reste d'un tronc par les vents abattu,
　　Qui ne peut se sauver lui-même !
　　LE CHOEUR *chante.*
Dieux impuissants, dieux sourds, tous ceux qui vous
　　Ne seront jamais entendus :　　　[implorent
　Que les démons, et ceux qui les adorent,
Soient à jamais détruits et confondus! 770
　　UNE ISRAÉLITE *chante.*
Que ma bouche et mon cœur, et tout ce que je suis,
Rendent honneur au Dieu qui m'a donné la vie.
　　Dans les craintes, dans les ennuis,
　En ses bontés mon âme se confie.
Veut-il par mon trépas que je le glorifie?
Que ma bouche et mon cœur, et tout ce que je suis,
Rendent honneur au Dieu qui m'a donné la vie.
　　ÉLISE.
Je n'admirai jamais la gloire de l'impie.
　　UNE AUTRE ISRAÉLITE.
Au bonheur du méchant qu'une autre porte envie.
　　ÉLISE.
　Tous ses jours paraissent charmants; 780
　　L'or éclate en ses vêtements;
Son orgueil est sans borne ainsi que sa richesse;
Jamais l'air n'est troublé de ses gémissements;
Il s'endort, il s'éveille au son des instruments;
　　Son cœur nage dans la mollesse.

UNE AUTRE ISRAELITE.
Pour comble de prospérité,
Il espère revivre en sa postérité;
Et d'enfants à sa table une riante troupe
Semble boire avec lui la joie à pleine coupe.
(Tout le reste est chanté.)

LE CHOEUR.
Heureux, dit-on, le peuple florissant
  Sur qui ces biens coulent en abondance !
    Plus heureux le peuple innocent
Qui dans le Dieu du ciel a mis sa confiance !

UNE ISRAÉLITE, *seule*.
Pour contenter ses frivoles désirs,
  L'homme insensé vainement se consume :
    Il trouve l'amertume
    Au milieu des plaisirs.

UNE AUTRE, *seule*.
Le bonheur de l'impie est toujours agité ;
Il erre à la merci de sa propre inconstance.
  Ne cherchons la félicité
  Que dans la paix de l'innocence.

LA MÊME, *avec une autre*.
    O douce paix !
  O lumière éternelle !
  Beauté toujours nouvelle !
Heureux le cœur épris de tes attraits !
    O douce paix !
  O lumière éternelle !
Heureux le cœur qui ne te perd jamais !

LE CHOEUR.
    O douce paix !
  O lumière éternelle !
  Beauté toujours nouvelle !
    O douce paix !
Heureux le cœur qui ne te perd jamais !

LA MÊME, *seule*.
Nulle paix pour l'impie : il la cherche, elle fuit ;
Et le calme en son cœur ne trouve point de place :
    Le glaive au dehors le poursuit ;
    Le remords au dedans le glace.
UNE AUTRE.
La gloire des méchants en un moment s'éteint ;
  L'affreux tombeau pour jamais les dévore.
Il n'en est pas ainsi de celui qui te craint :   820
Il renaîtra, mon Dieu, plus brillant que l'aurore.
LE CHŒUR.
    O douce paix !
Heureux le cœur qui ne te perd jamais !
ÉLISE, *sans chanter*.   [chaine.
Mes sœurs, j'entends du bruit dans la chambre pro-
On nous appelle : allons rejoindre notre reine.

ACTE TROISIÈME.

Le théâtre représente les jardins d'Esther et un des côtés du salon où se fait le festin.

SCÈNE I.

AMAN, ZARÈS.

ZARÈS.
C'est donc ici d'Esther le superbe jardin,
Et ce salon pompeux est le lieu du festin.
Mais, tandis que la porte en est encor fermée,
Ecoutez les conseils d'une épouse alarmée.
Au nom du sacré nœud qui me lie avec vous,   830
Dissimulez, seigneur, cet aveugle courroux ;
Éclaircissez ce front où la tristesse est peinte :
Les rois craignent surtout le reproche et la plainte.

Seul entre tous les grands par la reine invité,
Ressentez donc aussi cette félicité.
Si le mal vous aigrit, que le bienfait vous touche.
Je l'ai cent fois appris de votre propre bouche :
Quiconque ne sait pas dévorer un affront
Ni de fausses couleurs se déguiser le front,
Loin de l'aspect des rois qu'il s'écarte, qu'il fuie, 840
Il est des contre-temps qu'il faut qu'un sage essuie.
Souvent avec prudence un outrage enduré
Aux honneurs les plus hauts a servi de degré.

AMAN.

O douleur ! ô supplice affreux à la pensée !
O honte, qui jamais ne peut être effacée !
Un exécrable Juif, l'opprobre des humains,
S'est donc vu de la pourpre habillé par mes mains !
C'est peu qu'il ait sur moi remporté la victoire ;
Malheureux, j'ai servi de héraut à sa gloire !
Le traître ! il insultait à ma confusion ; 850
Et tout le peuple même, avec dérision
Observant la rougeur qui couvrait mon visage,
De ma chute certaine en tirait le présage.
Roi cruel, ce sont là les jeux où tu te plais !
Tu ne m'as prodigué tes perfides bienfaits
Que pour me faire mieux sentir ta tyrannie,
Et m'accabler enfin de plus d'ignominie.

ZARÈS.

Pourquoi juger si mal de son intention ?
Il croit récompenser une bonne action.
Ne faut-il pas, seigneur, s'étonner au contraire 860
Qu'il en ait si longtemps différé le salaire ?
Du reste, il n'a rien fait que par votre conseil ;
Vous-même avez dicté tout ce triste appareil :
Vous êtes après lui le premier de l'empire.
Sait-il toute l'horreur que ce Juif vous inspire ?

AMAN.

Il sait qu'il me doit tout, et que, pour sa grandeur,

J'ai foulé sous les pieds remords, crainte, pudeur ;
Qu'avec un cœur d'airain exerçant sa puissance,
J'ai fait taire les lois et gémir l'innocence ;
Que pour lui, des Persans bravant l'aversion,   870
J'ai chéri, j'ai cherché la malédiction :
Et, pour prix de ma vie à leur haine exposée,
Le barbare aujourd'hui m'expose à leur risée !

 ZARÈS.
Seigneur, nous sommes seuls. Que sert de se flatter ?
Ce zèle que pour lui vous fîtes éclater,
Ce soin d'immoler tout à son pouvoir suprême,
Entre nous, avaient-ils d'autre objet que vous-même ?
Et, sans chercher plus loin, tous ces Juifs désolés,
N'est-ce pas à vous seul que vous les immolez ?
Et ne craignez-vous point que quelque avis funeste...
Enfin la cour nous hait, le peuple nous déteste.   881
Ce Juif même, il le faut confesser malgré moi,
Ce Juif, comblé d'honneurs, me cause quelque effroi.
Les malheurs sont souvent enchaînés l'un à l'autre ;
Et sa race toujours fut fatale à la vôtre.
De ce léger affront songez à profiter.
Peut-être la fortune est prête à vous quitter ;
Aux plus affreux excès son inconstance passe :
Prévenez son caprice avant qu'elle se lasse.
Où tendez-vous plus haut ? Je frémis quand je voi   890
Les abîmes profonds qui s'offrent devant moi :
La chute désormais ne peut être qu'horrible.
Osez chercher ailleurs un destin plus paisible :
Regagnez l'Hellespont et ces bords écartés
Où vos aïeux errants jadis furent jetés,
Lorsque des Juifs contre eux la vengeance allumée
Chassa tout Amalec de la triste Idumée.
Aux malices du sort enfin dérobez-vous.
Nos plus riches trésors marcheront devant nous :
Vous pouvez du départ me laisser la conduite ;   900
Surtout de vos enfants j'assurerai la fuite.

N'ayez soin cependant que de dissimuler.
Contente, sur vos pas vous me verrez voler :
La mer la plus terrible et la plus orageuse
Est plus sûre pour nous que cette cour trompeuse.
Mais à grands pas vers vous je vois quelqu'un marcher :
C'est Hydaspe.

SCÈNE II.

AMAN, ZARÈS, HYDASPE.

HYDASPE, *à Aman.*
　　　　　Seigneur, je courais vous chercher.
Votre absence en ces lieux suspend toute la joie ;
Et pour vous y conduire Assuérus m'envoie.
　　AMAN.
Et Mardochée est-il aussi de ce festin ?　　　　910
　　HYDASPE,
A la table d'Esther portez-vous ce chagrin ?
Quoi ! toujours de ce Juif l'image vous désole ?
Laissez-le s'applaudir d'un triomphe frivole.
Croit-il d'Assuérus éviter la rigueur ?
Ne possédez-vous pas son oreille et son cœur ?
On a payé le zèle, on punira le crime ;
Et l'on vous a, seigneur, orné votre victime.
Je me trompe, ou vos vœux par Esther secondés
Obtiendront plus encor que vous ne demandez.
　　AMAN.
Croirai-je le bonheur que ta bouche m'annonce ?　920
　　HYDASPE.
J'ai des savants devins entendu la réponse :
Ils disent que la main d'un perfide étranger
Dans le sang de la reine est prête à se plonger ;
Et le roi, qui ne sait où trouver le coupable,
N'impute qu'aux seuls Juifs ce projet détestable.

AMAN.

Oui, ce sont, cher ami, des monstres furieux :
Il faut craindre surtout leur chef audacieux.
La terre avec horreur dès longtemps les endure :
Et l'on n'en peut trop tôt délivrer la nature.
Ah! je respire enfin. Chère Zarès, adieu. 930

HYDASPE.

Les compagnes d'Esther s'avancent vers ce lieu :
Sans doute leur concert va commencer la fête.
Entrez, et recevez l'honneur qu'on vous apprête.

SCÈNE III.

ÉLISE, *le chœur.*

(*Ceci se récite sans chant.*)

UNE DES ISRAÉLITES.

C'est Aman.
UNE AUTRE. C'est lui-même; et j'en frémis, ma sœur.
LA PREMIÈRE.
Mon cœur de crainte et d'horreur se resserre.
L'AUTRE.
C'est d'Israël le superbe oppresseur.
LA PREMIÈRE.
C'est celui qui trouble la terre.
ÉLISE.
Peut-on en le voyant ne le connaître pas?
L'orgueil et le dédain sont peints sur son visage.
UNE ISRAÉLITE.
On lit dans ses regards sa fureur et sa rage. 940
UNE AUTRE.
Je croyais voir marcher la mort devant ses pas.
UNE DES PLUS JEUNES.
Je ne sais si ce tigre a reconnu sa proie :
Mais, en nous regardant, mes sœurs, il m'a semblé

Qu'il avait dans les yeux une barbare joie
    Dont tout mon sang est encore troublé.
       ÉLISE.
Que ce nouvel honneur va croître son audace !
    Je le vois, mes sœurs, je le voi :
A la table d'Esther l'insolent près du roi
      A déjà pris sa place.
    UNE DES ISRAÉLITES.
Ministres du festin, de grâce, dites-nous,   950
Quels mets à ce cruel, quel vin préparez-vous?
    UNE AUTRE.
Le sang de l'orphelin,
   UNE TROISIÈME. Les pleurs des misérables,
  LA SECONDE.
    Sont ses mets les plus agréables ;
  LA TROISIÈME.
    C'est son breuvage le plus doux.
  ÉLISE.
Chères sœurs, suspendez la douleur qui vous presse.
Chantons, on nous l'ordonne, et que puissent nos chants
Du cœur d'Assuérus adoucir la rudesse,
Comme autrefois David, par ses accords touchants,
Calmait d'un roi jaloux la sauvage tristesse !

    (*Tout le reste de cette scène est chanté.*)

   UNE ISRAÉLITE.
      Que le peuple est heureux,   960
      Lorsqu'un roi généreux,
Craint dans tout l'univers, veut encore qu'on l'aime !
  Heureux le peuple, heureux le roi lui-même !
   TOUT LE CHOEUR.
     O repos! ô tranquillité !
O d'un parfait bonheur assurance éternelle,
    Quand la suprême autorité
   Dans ses conseils a toujours auprès d'elle
      La justice et la vérité !

(*Ces quatre stances sont chantées alternativement par une voix seule et par tout le chœur.*)

UNE ISRAÉLITE.
Rois, chassez la calomnie :
Ses criminels attentats
Des plus paisibles États
Troublent l'heureuse harmonie.

Sa fureur, de sang avide,
Poursuit partout l'innocent.
Rois, prenez soin de l'absent
Contre sa langue homicide.

De ce monstre si farouche
Craignez la feinte douceur :
La vengeance est dans son cœur,
Et la pitié dans sa bouche.

La fraude adroite et subtile
Seme de fleurs son chemin ;
Mais sur ses pas vient enfin
Le repentir inutile.

UNE ISRAÉLITE, *seule.*
D'un souffle l'aquilon écarte les nuages,
  Et chasse au loin la foudre et les orages :
Un roi sage, ennemi du langage menteur,
Écarte d'un regard le perfide imposteur.

UNE AUTRE.
J'admire un roi victorieux,
Que sa valeur conduit triomphant en tous lieux ;
  Mais un roi sage et qui hait l'injustice,
  Qui sous la loi du riche impérieux
Ne souffre point que le pauvre gémisse,
    Est le plus beau présent des cieux.
UNE AUTRE.
La veuve en sa défense espère,

UNE AUTRE.
De l'orphelin il est le père;
TOUTES ENSEMBLE.
Et les larmes du juste implorant son appui
  Sont précieuses devant lui.
UNE ISRAÉLITE, *seule.*
Détourne, roi puissant, détourne tes oreilles
  De tout conseil barbare et mensonger. 1000
    Il est temps que tu t'éveilles :
Dans le sang innocent ta main va se plonger
    Pendant que tu sommeilles.
Détourne, roi puissant, détourne tes oreilles
  De tout conseil barbare et mensonger.
UNE AUTRE.
Ainsi puisse sous toi trembler la terre entière!
Ainsi puisse à jamais contre tes ennemis
Le bruit de ta valeur te servir de barrière!
S'ils t'attaquent, qu'ils soient en un moment soumis,
  Que de ton bras la force les renverse; 1010
  Que de ton nom la terreur les disperse :
Que tout leur camp nombreux soit devant tes soldats
  Comme d'enfants une troupe inutile;
Et si par un chemin il entre en tes États,
  Qu'il en sorte par plus de mille !

SCÈNE IV.

ASSUÉRUS, ESTHER, AMAN, ÉLISE, *le chœur.*

ASSUÉRUS, *à Esther.*
Oui, vos moindres discours ont des grâces secrètes :
Une noble pudeur à tout ce que vous faites
Donne un prix que n'ont point ni la pourpre ni l'or.
Quel climat renfermait un si rare trésor?
Dans quel sein vertueux avez-vous pris naissance,
Et quelle main si sage éleva votre enfance? 1021

Mais dites promptement ce que vous demandez :
Tous vos désirs, Esther, vous seront accordés;
Dussiez-vous, je l'ai dit, et veux bien le redire,
Demander la moitié de ce puissant empire.

ESTHER.

Je ne m'égare point dans ces vastes désirs.
Mais puisqu'il faut enfin expliquer mes soupirs,
Puisque mon roi lui-même à parler me convie,
(*Elle se jette aux pieds du roi.*)
J'ose vous implorer, et pour ma propre vie,
Et pour les tristes jours d'un peuple infortuné   1030
Qu'à périr avec moi vous avez condamné.

ASSUÉRUS, *la relevant.*

A périr! Vous! Quel peuple? Et quel est ce mystère?

AMAN, *à part.*

Je tremble.

ESTHER. Esther, seigneur, eut un Juif pour son père:
De vos ordres sanglants vous savez la rigueur.

AMAN, *à part.*

Ah dieux!

ASSUÉRUS. Ah! de quel coup me percez-vous le cœur!
Vous la fille d'un Juif? Eh quoi! tout ce que j'aime,
Cette Esther, l'innocence et la sagesse même,
Que je croyais du ciel les plus chères amours,
Dans cette source impure aurait puisé ses jours?
Malheureux!

ESTHER. Vous pourrez rejeter ma prière :   1040
Mais je demande au moins que, pour grâce dernière,
Jusqu'à la fin, seigneur, vous m'entendiez parler,
Et que surtout Aman n'ose point me troubler.

ASSUÉRUS.

Parlez.

ESTHER. O Dieu, confonds l'audace et l'imposture!
Ces Juifs, dont vous voulez délivrer la nature,
Que vous croyez, seigneur, le rebut des humains,
D'une riche contrée autrefois souverains,

Pendant qu'ils n'adoraient que le Dieu de leurs pères
Ont vu bénir le cours de leurs destins prospères.
  Ce Dieu, maître absolu de la terre et des cieux, 1050
N'est point tel que l'erreur le figure à vos yeux :
L'Éternel est son nom, le monde est son ouvrage ;
Il entend les soupirs de l'humble qu'on outrage,
Juge tous les mortels avec d'égales lois,
Et du haut de son trône interroge les rois.
Des plus fermes États la chute épouvantable,
Quand il veut, n'est qu'un jeu de sa main redoutable.
Les Juifs à d'autres dieux osèrent s'adresser :
Roi, peuples, en un jour tout se vit disperser :
Sous les Assyriens leur triste servitude 1060
Devint le juste prix de leur ingratitude.
  Mais, pour punir enfin nos maîtres à leur tour,
Dieu fit choix de Cyrus avant qu'il vît le jour,
L'appela par son nom, le promit à la terre,
Le fit naître, et soudain l'arma de son tonnerre,
Brisa les fiers remparts et les portes d'airain,
Mit des superbes rois la dépouille en sa main,
De son temple détruit vengea sur eux l'injure :
Babylone paya nos pleurs avec usure.
Cyrus, par lui vainqueur, publia ses bienfaits, 1070
Regarda notre peuple avec des yeux de paix,
Nous rendit et nos lois et nos fêtes divines ;
Et le temple déjà sortait de ses ruines.
Mais, de ce roi si sage héritier insensé,
Son fils interrompit l'ouvrage commencé,
Fut sourd à nos douleurs : Dieu rejeta sa race,
Le retrancha lui-même, et vous mit en sa place.
  Que n'espérions-nous point d'un roi si généreux !
Dieu regarde en pitié son peuple malheureux,
Disions-nous : un roi règne, ami de l'innocence. 1080
Partout du nouveau prince on vantait la clémence :
Les Juifs partout de joie en poussèrent des cris.
Ciel ! verra-t-on toujours par de cruels esprits

Des princes les plus doux l'oreille environnée,
Et du bonheur public la source empoisonnée?
Dans le fond de la Thrace un barbare enfanté
Est venu dans ces lieux souffler la cruauté;
Un ministre ennemi de votre propre gloire...

AMAN.

De votre gloire! Moi? Ciel! Le pourriez-vous croire?
Moi, qui n'ai d'autre objet ni d'autre dieu...

ASSUÉRUS. Tais-toi.

Oses-tu donc parler sans l'ordre de ton roi? 1091

ESTHER.

Notre ennemi cruel devant vous se déclare :
C'est lui, c'est ce ministre infidèle et barbare
Qui, d'un zèle trompeur à vos yeux revêtu,
Contre notre innocence arma votre vertu.
Et quel autre, grand Dieu! qu'un Scythe impitoyable
Aurait de tant d'horreurs dicté l'ordre effroyable!
Partout l'affreux signal en même temps donné
De meurtres remplira l'univers étonné :
On verra, sous le nom du plus juste des princes, 1100
Un perfide étranger désoler vos provinces;
Et dans ce palais même, en proie à son courroux,
Le sang de vos sujets regorger jusqu'à vous.
  Et que reproche aux Juifs sa haine envenimée?
Quelle guerre intestine avons-nous allumée?
Les a-t-on vus marcher parmi vos ennemis?
Fut-il jamais au joug esclaves plus soumis?
Adorant dans leurs fers le Dieu qui les châtie,
Pendant que votre main, sur eux appesantie,
A leurs persécuteurs les livrait sans secours, 1110
Ils conjuraient ce Dieu de veiller sur vos jours,
De rompre des méchants les trames criminelles,
De mettre votre trône à l'ombre de ses ailes.
N'en doutez point, seigneur, il fut votre soutien :
Lui seul mit à vos pieds le Parthe et l'Indien,
Dissipa devant vous les innombrables Scythes,

Et renferma les mers dans vos vastes limites ;
Lui seul aux yeux d'un Juif découvrit le dessein
De deux traîtres tout prêts à vous percer le sein.
Hélas ! ce Juif jadis m'adopta pour sa fille. 1120

ASSUÉRUS.
Mardochée?

ESTHER.
    Il restait seul de notre famille.
Mon père était son frère. Il descend comme moi
Du sang infortuné de notre premier roi.
Plein d'une juste horreur pour un Amalécite,
Race que notre Dieu de sa bouche a maudite,
Il n'a devant Aman pu fléchir les genoux,
Ni lui rendre un honneur qu'il ne croit dû qu'à vous.
De là contre les Juifs et contre Mardochée
Cette haine, seigneur, sous d'autres noms cachée.
En vain de vos bienfaits Mardochée est paré : 1130
A la porte d'Aman est déjà préparé
D'un infâme trépas l'instrument exécrable ;
Dans une heure au plus tard ce vieillard vénérable,
Des portes du palais par son ordre arraché,
Couvert de votre pourpre y doit être attaché.

ASSUÉRUS.
Quel jour mêlé d'horreur vient effrayer mon âme !
Tout mon sang de colère et de honte s'enflamme.
J'étais donc le jouet.... Ciel, daigne m'éclairer !
Un moment sans témoins cherchons à respirer.
Appelez Mardochée : il faut aussi l'entendre. 1140
      (*Le roi s'éloigne.*)

UNE ISRAÉLITE.
Vérité, que j'implore, achève de descendre !

SCÈNE V.

ESTHER, AMAN, ÉLISE, *le chœur*.

AMAN, *à Esther*.
D'un juste étonnement je demeure frappé.
Les ennemis des Juifs m'ont trahi, m'ont trompé :
J'en atteste du ciel la puissance suprême,
Et les perdant, j'ai cru vous assurer vous-même.
Princesse, en leur faveur employez mon crédit :
Le roi, vous le voyez, flotte encore interdit.
Je sais par quels ressorts on le pousse, on l'arrête ;
Et fais, comme il me plaît, le calme et la tempête.
Les intérêts des Juifs déjà me sont sacrés. 1150
Parlez : vos ennemis aussitôt massacrés,
Victimes de la foi que ma bouche vous jure,
De ma fatale erreur répareront l'injure.
Quel sang demandez-vous ?
                    ESTHER. Va, traître, laisse-moi :
Les Juifs n'attendent rien d'un méchant tel que toi.
Misérable ! le Dieu vengeur de l'innocence,
Tout prêt à te juger, tient déjà sa balance ;
Bientôt son juste arrêt te sera prononcé.
Tremble : son jour approche, et ton règne est passé.
    AMAN.
Oui, ce Dieu, je l'avoue, est un Dieu redoutable. 1160
Mais veut-il que l'on garde une haine implacable ?
C'en est fait : mon orgueil est forcé de plier ;
L'inexorable Aman est réduit à prier.
   (*Il se jette à ses pieds.*)
Par le salut des Juifs, par ces pieds que j'embrasse,
Par ce sage vieillard, l'honneur de votre race,
Daignez d'un roi terrible apaiser le courroux ;
Sauvez Aman, qui tremble à vos sacrés genoux.

SCÈNE VI.

ASSUÉRUS, ESTHER, AMAN, ÉLISE, *le chœur, gardes.*

ASSUÉRUS.
Quoi! le traître sur vous porte ses mains hardies!
Ah! dans ses yeux confus je lis ses perfidies;
Et son trouble, appuyant la foi de vos discours,   1170
De tous ses attentats me rappelle le cours.
Qu'à ce monstre à l'instant l'âme soit arrachée;
Et que devant sa porte, au lieu de Mardochée,
Apaisant par sa mort et la terre et les cieux,
De mes peuples vengés il repaisse les yeux.
(*Aman est emmené par les gardes.*)

SCÈNE VII.

ASSUÉRUS, ESTHER, MARDOCHÉE, ÉLISE, *le chœur.*

ASSUÉRUS *continue en s'adressant à Mardochée.*
Mortel chéri du ciel, mon salut et ma joie,
Aux conseils des méchants ton roi n'est plus en proie;
Mes yeux sont dessillés, le crime est confondu :
Viens briller près de moi dans le rang qui t'est dû.
Je te donne d'Aman les biens et la puissance :   1180
Possède justement son injuste opulence.
Je romps le joug funeste où les Juifs sont soumis;
Je leur livre le sang de tous leurs ennemis;
A l'égal des Persans je veux qu'on les honore,
Et que tout tremble au nom du Dieu qu'Esther adore.
Rebâtissez son temple, et peuplez vos cités;
Que vos heureux enfants dans leurs solennités
Consacrent de ce jour le triomphe et la gloire,
Et qu'à jamais mon nom vive dans leur mémoire.

SCÈNE VIII.

ASSUÉRUS, ESTHER, MARDOCHÉE, ASAPH, ÉLISE,
le chœur.

ASSUÉRUS.
Que veut Asaph ?
ASAPH. Seigneur, le traître est expiré, 1190
Par le peuple en fureur à moitié déchiré.
On traîne, on va donner en spectacle funeste
De son corps tout sanglant le misérable reste.
MARDOCHÉE.
Roi, qu'à jamais le ciel prenne soin de vos jours !
Le péril des Juifs presse, et veut un prompt secours.
ASSUÉRUS.
Oui, je t'entends. Allons, par des ordres contraires,
Révoquer d'un méchant les ordres sanguinaires.
ESTHER.
O Dieu, par quelle route inconnue aux mortels
Ta sagesse conduit ses desseins éternels !

SCÈNE IX.

LE CHŒUR.

TOUT LE CHŒUR.
Dieu fait triompher l'innocence : 1200
Chantons, célébrons sa puissance.
UNE ISRAÉLITE.
Il a vu contre nous les méchants s'assembler,
   Et notre sang prêt à couler ;
Comme l'eau sur la terre ils allaient le répandre :
  Du haut du ciel sa voix s'est fait entendre ;
    L'homme superbe est renversé,
    Ses propres flèches l'ont percé.

UNE AUTRE.

J'ai vu l'impie adoré sur la terre;
Pareil au cèdre, il cachait dans les cieux
    Son front audacieux; 1210
Il semblait à son gré gouverner le tonnerre,
    Foulait aux pieds ses ennemis vaincus :
Je n'ai fait que passer, il n'était déjà plus.

UNE AUTRE.

On peut des plus grands rois surprendre la justice :
    Incapables de tromper,
    Ils ont peine à s'échapper
    Des piéges de l'artifice.
Un cœur noble ne peut soupçonner en autrui
    La bassesse et la malice
    Qu'il ne sent point en lui. 1220

UNE AUTRE.

    Comment s'est calmé l'orage?

UNE AUTRE.

Quelle main salutaire a chassé le nuage?

TOUT LE CHOEUR.

L'aimable Esther a fait ce grand ouvrage.

UNE ISRAÉLITE, *seule*.

De l'amour de son Dieu son cœur s'est embrasé;
    Au péril d'une mort funeste
    Son zèle ardent s'est exposé;
Elle a parlé : le ciel a fait le reste.

DEUX ISRAÉLITES.

Esther a triomphé des filles des Persans :
La nature et le ciel à l'envi l'ont ornée.

L'UNE DES DEUX.

Tout ressent de ses yeux les charmes innocents. 1230
Jamais tant de beauté fut-elle couronnée?

L'AUTRE.

Les charmes de son cœur sont encor plus puissants.
Jamais tant de vertu fut-elle couronnée?

TOUTES DEUX *ensemble*.
Esther a triomphé des filles des Persans :
La nature et le ciel à l'envi l'ont ornée.
UNE SEULE.
Ton Dieu n'est plus irrité :
Réjouis-toi, Sion, et sors de la poussière ;
Quitte les vêtements de ta captivité,
Et reprends ta splendeur première.
Les chemins de Sion à la fin sont ouverts : 1240
Rompez vos fers,
Tribus captives ;
Troupes fugitives,
Repassez les monts et les mers ;
Rassemblez-vous des bouts de l'univers.
TOUT LE CHOEUR.
Rompez vos fers,
Tribus captives ;
Troupes fugitives,
Repassez les monts et les mers ;
Rassemblez-vous des bouts de l'univers. 1250
UNE ISRAÉLITE, *seule*.
Je reverrai ces campagnes si chères.
UNE AUTRE.
J'irai pleurer au tombeau de mes pères.
TOUT LE CHOEUR.
Repassez les monts et les mers ;
Rassemblez-vous des bouts de l'univers.
UNE ISRAÉLITE, *seule*.
Relevez, relevez les superbes portiques
Du temple où notre Dieu se plaît d'être adoré ;
Que de l'or le plus pur son autel soit paré,
Et que du sein des monts le marbre soit tiré.
Liban, dépouille-toi de tes cèdres antiques ;
Prêtres sacrés, préparez vos cantiques. 1260
UNE AUTRE.
Dieu descend et revient habiter parmi nous :

Terre, frémis d'allégresse et de crainte ;
    Et vous, sous sa majesté sainte,
        Cieux, abaissez-vous !
    UNE AUTRE.
Que le Seigneur est bon, que son joug est aimable !
Heureux qui dès l'enfance en connaît la douceur !
Jeune peuple, courez à ce maître adorable :
Les biens les plus charmants n'ont rien de comparable
Aux torrents de plaisirs qu'il répand dans un cœur.
Que le Seigneur est bon, que son joug est aimable !   1270
Heureux qui dès l'enfance en connaît la douceur !
    UNE AUTRE.
    Il s'apaise, il pardonne ;
  Du cœur ingrat qui l'abandonne
      Il attend le retour ;
  Il excuse notre faiblesse ;
  A nous chercher même il s'empresse.
  Pour l'enfant qu'elle a mis au jour
    Une mère a moins de tendresse.
Ah ! qui peut avec lui partager notre amour ?
    TROIS ISRAÉLITES.
Il nous fait remporter une illustre victoire.   1280
    L'UNE DES TROIS.
  Il nous a révélé sa gloire.
    TOUTES TROIS *ensemble.*
Ah ! qui peut avec lui partager notre amour ?
    TOUT LE CHOEUR.
Que son nom soit béni ; que son nom soit chanté,
    Que l'on célèbre ses ouvrages
    Au delà des temps et des âges,
    Au delà de l'éternité !

ATHALIE

TRAGÉDIE TIRÉE DE L'ÉCRITURE SAINTE.

(1691.)

PERSONNAGES. — JOAS, roi de Juda, fils d'Ochozias. — ATHALIE, veuve de Joram, aïeule de Joas. — JOAD, autrement JOIADA, grand prêtre. — JOSABETH, tante de Joas, femme du grand prêtre. — ZACHARIE, fils de Joad et de Josabeth. — SALOMITH, sœur de Zacharie. — ABNER, l'un des principaux officiers des rois de Juda. — AZARIAS, ISMAEL, et les trois autres chefs des prêtres et des lévites. — MATHAN, prêtre apostat, sacrificateur de Baal. — NABAL, confident de Mathan. — AGAR, femme de la suite d'Athalie. — Troupe de prêtres et de lévites. — Suite d'Athalie. — La nourrice de Joas. — Chœur de jeunes filles de la tribu de Lévi.

La scène est dans le temple de Jérusalem, dans un vestibule de l'appartement du grand prêtre.

ACTE PREMIER.

SCÈNE I.

JOAD, ABNER.

ABNER.
Oui, je viens dans son temple adorer l'Éternel;
Je viens, selon l'usage antique et solennel,
Célébrer avec vous la fameuse journée
Où sur le mont Sina la loi nous fut donnée.
Que les temps sont changés! Sitôt que de ce jour

La trompette sacrée annonçait le retour,
Du temple, orné partout de festons magnifiques,
Le peuple saint en foule inondait les portiques ;
Et tous, devant l'autel avec ordre introduits, [fruits,
De leurs champs dans leurs mains portant les nouveaux
Au Dieu de l'univers consacraient ces prémices : 11
Les prêtres ne pouvaient suffire aux sacrifices.
L'audace d'une femme, arrêtant ce concours,
En des jours ténébreux a changé ces beaux jours.
D'adorateurs zélés à peine un petit nombre
Ose des premiers temps nous retracer quelque ombre :
Le reste pour son Dieu montre un oubli fatal ;
Ou même, s'empressant aux autels de Baal,
Se fait initier à ses honteux mystères,
Et blasphème le nom qu'ont invoqué leurs pères. 20
Je tremble qu'Athalie, à ne vous rien cacher,
Vous-même de l'autel vous faisant arracher,
N'achève enfin sur vous ses vengeances funestes,
Et d'un respect forcé ne dépouille les restes.

   JOAD.

D'où vous vient aujourd'hui ce noir pressentiment?

   ABNER.

Pensez-vous être saint et juste impunément?
Dès longtemps elle hait cette fermeté rare
Qui rehausse en Joad l'éclat de la tiare ;
Dès longtemps votre amour pour la religion
Est traité de révolte et de sédition. 30
Du mérite éclatant cette reine jalouse
Hait surtout Josabeth, votre fidèle épouse :
Si du grand prêtre Aaron Joad est successeur,
De notre dernier roi Josabeth est la sœur.
Mathan, d'ailleurs, Mathan, ce prêtre sacrilége,
Plus méchant qu'Athalie, à toute heure l'assiége.
Mathan, de nos autels infâme déserteur,
Et de toute vertu zélé persécuteur.
C'est peu que, le front ceint d'une mitre étrangère,

Ce lévite à Baal prête son ministère ; 40
Ce temple l'importune, et son impiété
Voudrait anéantir le dieu qu'il a quitté.   [vente :
Pour vous perdre il n'est point de ressorts qu'il n'in-
Quelquefois il vous plaint, souvent même il vous vante ;
Il affecte pour vous une fausse douceur ;
Et, par là de son fiel colorant la noirceur,
Tantôt à cette reine il vous peint redoutable,
Tantôt, voyant pour l'or sa soif insatiable,
Il lui feint qu'en un lieu que vous seul connaissez
Vous cachez des trésors par David amassés.   50
Enfin, depuis deux jours, la superbe Athalie
Dans un sombre chagrin paraît ensevelie.
Je l'observais hier, et je voyais ses yeux
Lancer sur le lieu saint des regards furieux ;
Comme si, dans le fond de ce vaste édifice,
Dieu cachait un vengeur armé pour son supplice.
Croyez-moi, plus j'y pense, et moins je puis douter
Que sur vous son courroux ne soit près d'éclater,
Et que de Jézabel la fille sanguinaire
Ne vienne attaquer Dieu jusqu'en son sanctuaire. 60

   JOAD.
Celui qui met un frein à la fureur des flots
Sait aussi des méchants arrêter les complots.
Soumis avec respect à sa volonté sainte,
Je crains Dieu, cher Abner, et n'ai point d'autre crainte.
Cependant je rends grâce au zèle officieux
Qui sur tous mes périls vous fait ouvrir les yeux.
Je vois que l'injustice en secret vous irrite,
Que vous avez encor le cœur israélite.
Le ciel en soit béni ! Mais ce secret courroux,
Cette oisive vertu, vous en contentez-vous ?   70
La foi qui n'agit point, est-ce une foi sincère ?
Huit ans déjà passés, une impie étrangère
Du sceptre de David usurpe tous les droits,
Se baigne impunément dans le sang de nos rois,

Des enfants de son fils détestable homicide,
Et même contre Dieu lève son bras perfide ;
Et vous, l'un des soutiens de ce tremblant État,
Vous, nourri dans les camps du saint roi Josaphat,
Qui sous son fils Joram commandiez nos armées,
Qui rassurâtes seul nos villes alarmées,   80
Lorsque d'Ochozias le trépas imprévu
Dispersa tout son camp à l'aspect de Jéhu :
« Je crains Dieu, dites-vous ; sa vérité me touche ! »
Voici comme ce Dieu vous répond par ma bouche :
« Du zèle de ma loi que sert de vous parer ?
Par de stériles vœux pensez-vous m'honorer ?
Quel fruit me revient-il de tous vos sacrifices ?
Ai-je besoin du sang des boucs et des génisses ?
Le sang de vos rois crie, et n'est point écouté.
Rompez, rompez tout pacte avec l'impiété ;   90
Du milieu de mon peuple exterminez les crimes :
Et vous viendrez alors m'immoler vos victimes. »

   ABNER.

Eh ! que puis-je au milieu de ce peuple abattu ?
Benjamin est sans force, et Juda sans vertu :
Le jour qui de leurs rois vit éteindre la race
Éteignit tout le feu de leur antique audace.
Dieu même, disent-ils, s'est retiré de nous :
De l'honneur des Hébreux autrefois si jaloux,
Il voit sans intérêt leur grandeur terrassée ;
Et sa miséricorde à la fin s'est lassée :   100
On ne voit plus pour nous ses redoutables mains
De merveilles sans nombre effrayer les humains ;
L'arche sainte est muette, et ne rend plus d'oracles.

   JOAD.

Et quel temps fut jamais si fertile en miracles ?
Quand Dieu par plus d'effets montra-t-il son pouvoir ?
Auras-tu donc toujours des yeux pour ne point voir,
Peuple ingrat ? Quoi ! toujours les plus grandes merveilles
Sans ébranler ton cœur frapperont tes oreilles ?

Faut-il, Abner, faut-il vous rappeler le cours
Des prodiges fameux accomplis en nos jours ?
Des tyrans d'Israël les célèbres disgrâces,
Et Dieu trouvé fidèle en toutes ses menaces ;
L'impie Achab détruit, et de son sang trempé
Le champ que par le meurtre il avait usurpé ;
Près de ce champ fatal Jézabel immolée,
Sous les pieds des chevaux cette reine foulée,
Dans son sang inhumain les chiens désaltérés,
Et de son corps hideux les membres déchirés ;
Des prophètes menteurs la troupe confondue,
Et la flamme du ciel sur l'autel descendue ;
Élie aux éléments parlant en souverain,
Les cieux par lui fermés et devenus d'airain,
Et la terre trois ans sans pluie et sans rosée ;
Les morts se ranimant à la voix d'Élisée ?
Reconnaissez, Abner, à ces traits éclatants,
Un Dieu tel aujourd'hui qu'il fut dans tous les temps :
Il sait, quand il lui plaît, faire éclater sa gloire ;
Et son peuple est toujours présent à sa mémoire.

  ABNER.
Mais où sont ces honneurs à David tant promis,
Et prédits même encore à Salomon son fils ?
Hélas ! nous espérions que de leur race heureuse
Devait sortir de rois une suite nombreuse ;
Que sur toute tribu, sur toute nation,
L'un d'eux établirait sa domination,
Ferait cesser partout la discorde et la guerre,
Et verrait à ses pieds tous les rois de la terre.

  JOAD.
Aux promesses du ciel pourquoi renoncez-vous ?

  ABNER.
Ce roi, fils de David, où le chercherons-nous ?
Le ciel même peut-il réparer les ruines
De cet arbre séché jusque dans ses racines ?
Athalie étouffa l'enfant même au berceau.

Les morts, après huit ans, sortent-ils du tombeau?
Ah! si dans sa fureur elle s'était trompée;
Si du sang de nos rois quelque goutte échappée...
 JOAD.
Eh bien! que feriez-vous?
      ABNER. O jour heureux pour moi!
De quelle ardeur j'irais reconnaître mon roi !
Doutez-vous qu'à ses pieds nos tribus empressées...
Mais pourquoi me flatter de ces vaines pensées?
Déplorable héritier de ces rois triomphants,
Ochozias restait seul avec ses enfants :   150
Par les traits de Jéhu je vis percer le père;
Vous avez vu les fils massacrés par la mère.
 JOAD.
Je ne m'explique point ; mais quand l'astre du jour
Aura sur l'horizon fait le tiers de son tour,
Lorsque la troisième heure aux prières rappelle,
Retrouvez-vous au temple avec ce même zèle.
Dieu pourra vous montrer par d'importants bienfaits
Que sa parole est stable, et ne trompe jamais.
Allez: pour ce grand jour il faut que je m'apprête,
Et du temple déjà l'aube blanchit le faîte.   160
 ABNER.
Quel sera ce bienfait que je ne comprends pas?
L'illustre Josabeth porte vers vous ses pas :
Je sors, et vais me joindre à la troupe fidèle
Qu'attire de ce jour la pompe solennelle.

SCÈNE II.

JOAD, JOSABETH.

 JOAD.
Les temps sont accomplis, princesse : il faut parler ;
Et votre heureux larcin ne se peut plus celer.
Des ennemis de Dieu la coupable insolence,
Abusant contre lui de ce profond silence,

Accuse trop longtemps ses promesses d'erreur :
Que dis-je? Le succès, animant leur fureur, 170
Jusque sur notre autel votre injuste marâtre
Veut offrir à Baal un encens idolâtre.
Montrons ce jeune roi que vos mains ont sauvé,
Sous l'aile du Seigneur dans le temple élevé.
De nos princes hébreux il aura le courage ;
Et déjà son esprit a devancé son âge.
Avant que son destin s'explique par ma voix,
Je vais l'offrir au Dieu par qui règnent les rois :
Aussitôt assemblant nos lévites, nos prêtres,
Je leur déclarerai l'héritier de leurs maîtres. 180
      JOSABETH.
Sait-il déjà son nom et son noble destin?
      JOAD.
Il ne répond encor qu'au nom d'Éliacin,
Et se croit quelque enfant rejeté par sa mère,
A qui j'ai par pitié daigné servir de père.
      JOSABETH.
Hélas! de quel péril je l'avais su tirer !
Dans quel péril encore il est près de rentrer !
      JOAD.
Quoi! déjà votre foi s'affaiblit et s'étonne?
      JOSABETH.
A vos sages conseils, seigneur, je m'abandonne.
Du jour que j'arrachai cet enfant à la mort,
Je remis en vos mains tout le soin de son sort ; 190
Même, de mon amour craignant la violence,
Autant que je le puis j'évite sa présence,
De peur qu'en le voyant, quelque trouble indiscret
Ne fasse avec mes pleurs échapper mon secret.
Surtout j'ai cru devoir aux larmes, aux prières,
Consacrer ces trois jours et ces trois nuits entières.
Cependant aujourd'hui puis-je vous demander
Quels amis vous avez prêts à vous seconder?
Abner, le brave Abner viendra-t-il nous défendre?

A-t-il près de son roi fait serment de se rendre ?

JOAD.

Abner, quoiqu'on se pût assurer sur sa foi,
Ne sait pas même encor si nous avons un roi.

JOSABETH.

Mais à qui de Joas confiez-vous la garde ?
Est-ce Obed, est-ce Ammon que cet honneur regarde ?
De mon père sur eux les bienfaits répandus...

JOAD.

A l'injuste Athalie ils se sont tous vendus.

JOSABETH.

Qui donc opposez-vous contre ses satellites ?

JOAD.

Ne vous l'ai-je pas dit ? Nos prêtres, nos lévites.

JOSABETH.

Je sais que, près de vous en secret assemblé,
Par vos soins prévoyants leur nombre est redoublé ;
Que, pleins d'amour pour vous, d'horreur pour Athalie,
Un serment solennel par avance les lie
A ce fils de David qu'on leur doit révéler.
Mais, quelque noble ardeur dont ils puissent brûler,
Peuvent-ils de leur roi venger seuls la querelle ?
Pour un si grand ouvrage est-ce assez de leur zèle ?
Doutez-vous qu'Athalie, au premier bruit semé
Qu'un fils d'Ochozias est ici renfermé,
De ses fiers étrangers assemblant les cohortes,
N'environne le temple et n'en brise les portes ?
Suffira-t-il contre eux de vos ministres saints,
Qui, levant au Seigneur leurs innocentes mains,
Ne savent que gémir et prier pour nos crimes,
Et n'ont jamais versé que le sang des victimes ?
Peut-être dans leurs bras Joas percé de coups...

JOAD.

Et comptez-vous pour rien Dieu qui combat pour nous ?
Dieu, qui de l'orphelin protége l'innocence,
Et fait dans la faiblesse éclater sa puissance ;

Dieu, qui hait les tyrans, et qui dans Jezraël
Jura d'exterminer Achab et Jézabel; 230
Dieu, qui frappant Joram, le mari de leur fille,
A jusque sur son fils poursuivi leur famille;
Dieu, dont le bras vengeur, pour un temps suspendu,
Sur cette race impie est toujours étendu?
   JOSABETH.
Et c'est sur tous ces rois sa justice sévère
Que je crains pour le fils de mon malheureux frère.
Qui sait si cet enfant, par leur crime entraîné,
Avec eux en naissant ne fut pas condamné?
Si Dieu, le séparant d'une odieuse race,
En faveur de David voudra lui faire grâce? 240
 Hélas! l'état horrible où le ciel me l'offrit
Revient à tout moment effrayer mon esprit.
De princes égorgés la chambre était remplie;
Un poignard à la main, l'implacable Athalie
Au carnage animait ses barbares soldats
Et poursuivait le cours de ses assassinats.
Joas, laissé pour mort, frappa soudain ma vue.
Je me figure encor sa nourrice éperdue,
Qui devant les bourreaux s'était jetée en vain,
Et, faible, le tenait renversé sur son sein. 250
Je le pris tout sanglant. En baignant son visage,
Mes pleurs du sentiment lui rendirent l'usage;
Et, soit frayeur encore, ou pour me caresser,
De ses bras innocents je me sentis presser.
Grand Dieu, que mon amour ne lui soit point funeste!
Du fidèle David c'est le précieux reste :
Nourri dans ta maison, en l'amour de ta loi,
Il ne connaît encor d'autre père que toi.
Sur le point d'attaquer une reine homicide,
A l'aspect du péril si ma foi s'intimide, 260
Si la chair et le sang, se troublant aujourd'hui,
Ont trop de part aux pleurs que je répands pour lui,
Conserve l'héritier de tes saintes promesses,
           1.

Et ne punis que moi de toutes mes faiblesses!
　　　　JOAD.
Vos larmes, Josabeth, n'ont rien de criminel;
Mais Dieu veut qu'on espère en son soin paternel.
Il ne recherche point, aveugle en sa colère,
Sur le fils qui le craint l'impiété du père.
Tout ce qui reste encor de fidèles Hébreux
Lui viendront aujourd'hui renouveler leurs vœux : 270
Autant que de David la race est respectée,
Autant de Jézabel la fille est détestée.
Joas les touchera par sa noble pudeur,
Où semble de son sang reluire la splendeur;
Et Dieu, par sa voix même appuyant notre exemple,
De plus près à leur cœur parlera dans son temple.
Deux infidèles rois tour à tour l'ont bravé :
Il faut que sur le trône un roi soit élevé,
Qui se souvienne un jour qu'au rang de ses ancêtres
Dieu l'a fait remonter par la main de ses prêtres, 280
L'a tiré par leurs mains de l'oubli du tombeau,
Et de David éteint rallumé le flambeau.
　　Grand Dieu! si tu prévois qu'indigne de sa race,
Il doive de David abandonner la trace,
Qu'il soit comme le fruit en naissant arraché,
Ou qu'un souffle ennemi dans sa fleur a séché!
Mais si ce même enfant, à tes ordres docile,
Doit être à tes desseins un instrument utile,
Fais qu'au juste héritier le sceptre soit remis;
Livre en mes faibles mains ses puissants ennemis; 290
Confonds dans ses conseils une reine cruelle :
Daigne, daigne, mon Dieu, sur Mathan et sur elle
Répandre cet esprit d'imprudence et d'erreur,
De la chute des rois funeste avant-coureur!
　　L'heure me presse : adieu. Des plus saintes familles
Votre fils et sa sœur vous amènent les filles.

SCÈNE III.

JOSABETH, ZACHARIE, SALOMITH, *le chœur.*
JOSABETH.
Cher Zacharie, allez, ne vous arrêtez pas.
De votre auguste père accompagnez les pas.
  O filles de Lévi, troupe jeune et fidèle,
Que déjà le Seigneur embrase de son zèle, 300
Qui venez si souvent partager mes soupirs,
Enfants, ma seule joie en mes longs déplaisirs,
Ces festons dans vos mains, et ces fleurs sur vos têtes,
Autrefois convenaient à nos pompeuses fêtes :
Mais, hélas ! en ce temps d'opprobre et de douleurs,
Quelle offrande sied mieux que celle de nos pleurs !
J'entends déjà, j'entends la trompette sacrée,
Et du temple bientôt on permettra l'entrée.
Tandis que je me vais préparer à marcher,
Chantez, louez le Dieu que vous venez chercher. 310

SCÈNE IV.

LE CHOEUR.

  TOUT LE CHOEUR *chante.*
Tout l'univers est plein de sa magnificence.
Qu'on l'adore, ce Dieu, qu'on l'invoque à jamais !
Son empire a des temps précédé la naissance ;
  Chantons, publions ses bienfaits.
  UNE VOIX, *seule.*
  En vain l'injuste violence
Au peuple qui le loue imposerait silence ;
  Son nom ne périra jamais.
Le jour annonce au jour sa gloire et sa puissance ;
Tout l'univers est plein de sa magnificence :
  Chantons, publions ses bienfaits. 320

TOUT LE CHOEUR *répète*.
Tout l'univers est plein de sa magnificence :
　　Chantons, publions ses bienfaits.
　　UNE VOIX, *seule*.
　Il donne aux fleurs leur aimable peinture.
　　Il fait naître et mûrir les fruits :
　　Il leur dispense avec mesure
Et la chaleur des jours et la fraîcheur des nuits,
Le champ qui les reçut les rend avec usure.
　　UNE AUTRE.
Il commande au soleil d'animer la nature,
　Et la lumière est un don de ses mains ;
　　Mais sa loi sainte, sa loi pure　　　　　　330
Est le plus riche don qu'il ait fait aux humains.
　　UNE AUTRE.
O mont de Sinaï, conserve la mémoire
De ce jour à jamais auguste et renommé,
　　Quand, sur ton sommet enflammé,
Dans un nuage épais le Seigneur enfermé
Fit luire aux yeux mortels un rayon de sa gloire.
　　Dis-nous pourquoi ces feux et ces éclairs,
Ces torrents de fumée, et ce bruit dans les airs,
　　Ces trompettes et ce tonnerre :
Venait-il renverser l'ordre des éléments ?　　　340
　　Sur ses antiques fondements
　　Venait-il ébranler la terre ?
　　UNE AUTRE.
Il venait révéler aux enfants des Hébreux
De ses préceptes saints la lumière immortelle ;
　　Il venait à ce peuple heureux
Ordonner de l'aimer d'une amour éternelle.
　　TOUT LE CHOEUR.
　　O divine, ô charmante loi !
　　O justice, ô bonté suprême !
　Que de raisons, quelle douceur extrême
D'engager à ce Dieu son amour et sa foi !　　　350

UNE VOIX, *seule*.

D'un joug cruel il sauva nos aïeux,
Les nourrit au désert d'un pain délicieux;
Il nous donne ses lois, il se donne lui-même :
　Pour tant de biens, il commande qu'on l'aime.

LE CHOEUR.

　O justice, ô bonté suprême!

LA MÊME VOIX.

Des mers pour eux il entr'ouvrit les eaux,
D'un aride rocher fit sortir des ruisseaux;
Il nous donne ses lois, il se donne lui-même :
　Pour tant de biens, il commande qu'on l'aime.

LE CHOEUR.

　O divine, ô charmante loi!　　　　　　260
　Que de raisons, quelle douceur extrême
D'engager à ce Dieu son amour et sa foi!

UNE AUTRE VOIX, *seule*.

Vous qui ne connaissez qu'une crainte servile,
Ingrats, un Dieu si bon ne peut-il vous charmer?
Est-il donc à vos cœurs, est-il si difficile
　　Et si pénible de l'aimer?
　L'esclave craint le tyran qui l'outrage;
　Mais des enfants l'amour est le partage :
Vous voulez que ce Dieu vous comble de bienfaits,
　　Et ne l'aimer jamais!　　　　　　　370

TOUT LE CHOEUR.

　O divine, ô charmante loi!
　O justice, ô bonté suprême!
　Que de raisons, quelle douceur extrême
D'engager à ce Dieu son amour et sa foi!

ACTE DEUXIÈME.

SCÈNE I.

JOSABETH, SALOMITH, *le chœur.*

JOSABETH.
Mes filles, c'est assez; suspendez vos cantiques :
Il est temps de nous joindre aux prières publiques.
Voici notre heure : allons célébrer ce grand jour,
Et devant le Seigneur paraître à notre tour.

SCÈNE II.

JOSABETH, ZACHARIE, SALOMITH, *le chœur.*

JOSABETH.
Mais que vois-je? Mon fils, quel sujet vous ramène?
Où courez-vous ainsi tout pâle et hors d'haleine? 380
ZACHARIE.
O ma mère !
JOSABETH.
   Eh bien ! quoi?
    ZACHARIE. Le temple est profané.
JOSABETH.
Comment?
ZACHARIE.
   Et du Seigneur l'autel abandonné.
JOSABETH.
Je tremble. Hâtez-vous d'éclaircir votre mère.
ZACHARIE.
Déjà, selon la loi, le grand prêtre mon père,

Après avoir au Dieu qui nourrit les humains
De la moisson nouvelle offert les premiers pains,
Lui présentait encore entre ses mains sanglantes
Des victimes de paix les entrailles fumantes ;
Debout à ses côtés le jeune Éliacin
Comme moi le servait en long habit de lin ; 390
Et cependant du sang de la chair immolée
Les prêtres arrosaient l'autel et l'assemblée :
Un bruit confus s'élève, et du peuple surpris
Détourne tout à coup les yeux et les esprits.
Une femme.... Peut-on la nommer sans blasphème ?
Une femme.... C'était Athalie elle-même.

JOSABETH.

Ciel !

ZACHARIE.

Dans un des parvis, aux hommes réservé,
Cette femme superbe entre, le front levé,
Et se préparait même à passer les limites
De l'enceinte sacrée ouverte aux seuls lévites. 400
Le peuple s'épouvante, et fuit de toutes parts.
Mon père.... Ah ! quel courroux animait ses regards !
Moïse à Pharaon parut moins formidable :
« Reine, sors, a-t-il dit, de ce lieu redoutable,
D'où te bannit ton sexe et ton impiété.
Viens-tu du Dieu vivant braver la majesté ? »
La reine alors, sur lui jetant un œil farouche,
Pour blasphémer sans doute ouvrait déjà la bouche :
J'ignore si de Dieu l'ange se dévoilant
Est venu lui montrer un glaive étincelant ; 410
Mais sa langue en sa bouche à l'instant s'est glacée,
Et toute son audace a paru terrassée ;
Ses yeux, comme effrayés, n'osaient se détourner ;
Surtout, Éliacin paraissait l'étonner.

JOSABETH.

Quoi donc ? Éliacin a paru devant elle ?

ZACHARIE.
Nous regardions tous deux cette reine cruelle,
Et d'une égale horreur nos cœurs étaient frappés.
Mais les prêtres bientôt nous ont enveloppés :
On nous a fait sortir. J'ignore tout le reste,
Et venais vous conter ce désordre funeste.   420
JOSABETH.
Ah! de nos bras sans doute elle vient l'arracher;
Et c'est lui qu'à l'autel sa fureur vient chercher.
Peut-être en ce moment l'objet de tant de larmes....
Souviens-toi de David, Dieu qui vois mes alarmes!
SALOMITH.
Quel est-il cet objet des pleurs que vous versez?
ZACHARIE.
Les jours d'Éliacin seraient-ils menacés?
SALOMITH.
Aurait-il de la reine attiré la colère?
ZACHARIE.
Que craint-on d'un enfant sans support et sans père?
JOSABETH.
Ah! la voici. Sortons : il la faut éviter.

SCÈNE III.

ATHALIE, ABNER, AGAR, *suite d'Athalie*.

AGAR.
Madame, dans ces lieux pourquoi vous arrêter?   430
Ici tous les objets vous blessent, vous irritent.
Abandonnez ce temple aux prêtres qui l'habitent;
Fuyez tout ce tumulte, et dans votre palais
A vos sens agités venez rendre la paix.
ATHALIE.
Non, je ne puis : tu vois mon trouble et ma faiblesse.
Va, fais dire à Mathan qu'il vienne, qu'il se presse :

Heureuse si je puis trouver par son secours
Cette paix que je cherche, et qui me fuit toujours!
(*Elle s'assied.*)

SCÈNE IV.

ATHALIE, ABNER, *suite d'Athalie*.

ABNER.
Madame, pardonnez si j'ose le défendre :
Le zèle de Joad n'a point dû vous surprendre. 440
Du Dieu que nous servons tel est l'ordre éternel;
Lui-même il nous traça son temple et son autel,
Aux seuls enfants d'Aaron commit ses sacrifices,
Aux lévites marqua leur place et leurs offices,
Et surtout défendit à leur postérité
Avec tout autre dieu toute société.
Eh quoi! vous de nos rois et la femme et la mère,
Êtes-vous à ce point parmi nous étrangère?
Ignorez-vous nos lois? et faut-il qu'aujourd'hui....
Voici votre Mathan : je vous laisse avec lui. 450
ATHALIE.
Votre présence, Abner, est ici nécessaire.
Laissons là de Joad l'audace téméraire,
Et tout ce vain amas de superstitions
Qui ferment votre temple aux autres nations :
Un sujet plus pressant excite mes alarmes.
Je sais que, dès l'enfance élevé dans les armes,
Abner a le cœur noble, et qu'il rend à la fois
Ce qu'il doit à son Dieu, ce qu'il doit à ses rois.
Demeurez.

SCÈNE V.

ATHALIE, ABNER, MATHAN, *suite d'Athalie.*

MATHAN.

Grande reine, est-ce ici votre place ?
Quel trouble vous agite, et quel effroi vous glace ? 460
Parmi vos ennemis que venez-vous chercher ?
De ce temple profane osez-vous approcher ?
Avez-vous dépouillé cette haine si vive....

ATHALIE.

Prêtez-moi l'un et l'autre une oreille attentive.
Je ne veux point ici rappeler le passé,
Ni vous rendre raison du sang que j'ai versé :
Ce que j'ai fait, Abner, j'ai cru le devoir faire.
Je ne prends point pour juge un peuple téméraire :
Quoi que son insolence ait osé publier,
Le ciel même a pris soin de me justifier. 470
Sur d'éclatants succès ma puissance établie
A fait jusqu'aux deux mers respecter Athalie :
Par moi Jérusalem goûte un calme profond ;
Le Jourdain ne voit plus l'Arabe vagabond,
Ni l'altier Philistin, par d'éternels ravages,
Comme au temps de vos rois, désoler ses rivages ;
Le Syrien me traite et de reine et de sœur ;
Enfin de ma maison le perfide oppresseur,
Qui devait jusqu'à moi pousser sa barbarie,
Jéhu, le fier Jéhu, tremble dans Samarie ; 480
De toutes parts pressé par un puissant voisin
Que j'ai su soulever contre cet assassin,
Il me laisse en ces lieux souveraine maîtresse.
Je jouissais en paix du fruit de ma sagesse ;
Mais un trouble importun vient, depuis quelques jours,
De mes prospérités interrompre le cours.
Un songe (me devrais-je inquiéter d'un songe?)

Entretient dans mon cœur un chagrin qui le ronge :
Je l'évite partout, partout il me poursuit.
   C'était pendant l'horreur d'une profonde nuit ;   490
Ma mère Jézabel devant moi s'est montrée,
Comme au jour de sa mort pompeusement parée ;
Ses malheurs n'avaient point abattu sa fierté ;
Même elle avait encor cet éclat emprunté
Dont elle eut soin de peindre et d'orner son visage,
Pour réparer des ans l'irréparable outrage :
« Tremble, m'a-t-elle dit, fille digne de moi ;
Le cruel Dieu des Juifs l'emporte aussi sur toi.
Je te plains de tomber dans ses mains redoutables,
Ma fille. » En achevant ces mots épouvantables,   500
Son ombre vers mon lit a paru se baisser ;
Et moi je lui tendais les mains pour l'embrasser :
Mais je n'ai plus trouvé qu'un horrible mélange
D'os et de chairs meurtris, et traînés dans la fange,
Des lambeaux pleins de sang, et des membres affreux
Que des chiens dévorants se disputaient entre eux.
    ABNER.
Grand Dieu !
    ATHALIE. Dans ce désordre à mes yeux se présente
Un jeune enfant couvert d'une robe éclatante,
Tel qu'on voit des Hébreux les prêtres revêtus.
Sa vue a ranimé mes esprits abattus ;   510
Mais lorsque, revenant de mon trouble funeste,
J'admirais sa douceur, son air noble et modeste,
J'ai senti tout à coup un homicide acier
Que le traître en mon sein a plongé tout entier.
De tant d'objets divers le bizarre assemblage
Peut-être du hasard vous paraît un ouvrage :
Moi-même quelque temps, honteuse de ma peur,
Je l'ai pris pour l'effet d'une sombre vapeur.
Mais de ce souvenir mon âme possédée
A deux fois en dormant revu la même idée ;   520
Deux fois mes tristes yeux se sont vu retracer

Ce même enfant toujours tout prêt à me percer.
Lasse enfin des horreurs dont j'étais poursuivie,
J'allais prier Baal de veiller sur ma vie
Et chercher du repos au pied de ses autels :
Que ne peut la frayeur sur l'esprit des mortels !
Dans le temple des Juifs un instinct m'a poussée,
Et d'apaiser leur Dieu j'ai conçu la pensée ;
J'ai cru que des présents calmeraient son courroux,
Que ce Dieu, quel qu'il soit, en deviendrait plus doux.
Pontife de Baal, excusez ma faiblesse. 531
J'entre : le peuple fuit, le sacrifice cesse ;
Le grand prêtre vers moi s'avance avec fureur :
Pendant qu'il me parlait, ô surprise ! ô terreur !
J'ai vu ce même enfant dont je suis menacée,
Tel qu'un songe effrayant l'a peint à ma pensée.
Je l'ai vu : son même air, son même habit de lin,
Sa démarche, ses yeux, et tous ses traits enfin :
C'est lui-même. Il marchait à côté du grand prêtre ;
Mais bientôt à ma vue on l'a fait disparaître. 540
Voilà quel trouble ici m'oblige à m'arrêter,
Et sur quoi j'ai voulu tous deux vous consulter.
Que présage, Mathan, ce prodige incroyable ?

    MATHAN.

Ce songe et ce rapport, tout me semble effroyable.

    ATHALIE.

Mais cet enfant fatal, Abner, vous l'avez vu :
Quel est-il ? de quel sang, et de quelle tribu ?

    ABNER.

Deux enfants à l'autel prêtaient leur ministère :
L'un est fils de Joad, Josabeth est sa mère ;
L'autre m'est inconnu.

    MATHAN. Pourquoi délibérer ?

De tous les deux, madame, il se faut assurer. 550
Vous savez pour Joad mes égards, mes mesures ;
Que je ne cherche point à venger mes injures ;
Que la seule équité règne en tous mes avis ;

Mais lui-même, après tout, fût-ce son propre fils,
Voudrait-il un moment laisser vivre un coupable?
####### ABNER.
De quel crime un enfant peut-il être capable?
####### MATHAN.
Le ciel nous le fait voir un poignard à la main :
Le ciel est juste et sage, et ne fait rien en vain.
Que cherchez-vous de plus?
####### ABNER.
Mais, sur la foi d'un songe,
Dans le sang d'un enfant voulez-vous qu'on se plonge?
Vous ne savez encor de quel père il est né,
Quel il est.
####### MATHAN.
On le craint : tout est examiné.
A d'illustres parents s'il doit son origine,
La splendeur de son sort doit hâter sa ruine :
Dans le vulgaire obscur si le sort l'a placé,
Qu'importe qu'au hasard un sang vil soit versé?
Est-ce aux rois à garder cette lente justice?
Leur sûreté souvent dépend d'un prompt supplice.
N'allons point les gêner d'un soin embarrassant :
Dès qu'on leur est suspect, on n'est plus innocent.
####### ABNER.
Eh quoi, Mathan! d'un prêtre est-ce là le langage?
Moi, nourri dans la guerre, aux horreurs du carnage,
Des vengeances des rois ministre rigoureux,
C'est moi qui prête ici ma voix au malheureux!
Et vous, qui lui devez des entrailles de père,
Vous, ministre de paix dans les temps de colère,
Couvrant d'un zèle faux votre ressentiment,
Le sang à votre gré coule trop lentement!
Vous m'avez commandé de vous parler sans feinte,
Madame : quel est donc ce grand sujet de crainte?
Un songe, un faible enfant que votre œil prévenu
Peut-être sans raison croit avoir reconnu.
####### ATHALIE.
Je le veux croire, Abner; je puis m'être trompée :

Peut-être un songe vain m'a trop préoccupée.
Eh bien! il faut revoir cet enfant de plus près ;
Il en faut à loisir examiner les traits.
Qu'on les fasse tous deux paraître en ma présence.

   ABNER.
Je crains....

   ATHALIE. Manquerait-on pour moi de complaisance?
De ce refus bizarre où seraient les raisons?
Il pourrait me jeter en d'étranges soupçons.
Que Josabeth, vous dis-je, ou Joad les amène :
Je puis, quand je voudrai, parler en souveraine.
Vos prêtres, je veux bien, Abner, vous l'avouer,
Des bontés d'Athalie ont lieu de se louer.
Je sais sur ma conduite et contre ma puissance
Jusqu'où de leurs discours ils portent la licence.
Ils vivent cependant, et leur temple est debout ;
Mais je sens que bientôt ma douceur est à bout.
Que Joad mette un frein à son zèle sauvage,
Et ne m'irrite point par un second outrage. 600
Allez.

SCÈNE VI.

ATHALIE, MATHAN, *suite d'Athalie*.

MATHAN.
  Enfin je puis parler en liberté ;
Je puis dans tout son jour mettre la vérité.
Quelque monstre naissant dans ce temple s'élève,
Reine : n'attendez pas que le nuage crève.
Abner chez le grand prêtre a devancé le jour :
Pour le sang de ses rois vous savez son amour ;
Et qui sait si Joad ne veut point en leur place
Substituer l'enfant dont le ciel vous menace,
Soit son fils, soit quelque autre?

   ATHALIE. Oui, vous m'ouvrez les yeux,

Je commence à voir clair dans cet avis des cieux. 610
Mais je veux de mon doute être débarrassée :
Un enfant est peu propre à trahir sa pensée ;
Souvent d'un grand dessein un mot nous fait juger.
Laissez-moi, cher Mathan, le voir, l'interroger.
Vous cependant, allez ; et, sans jeter d'alarmes,
A tous mes Tyriens faites prendre les armes.

SCÈNE VII.

JOAS, ATHALIE, JOSABETH, ZACHARIE, SALOMITH, ABNER,
deux lévites, le chœur, suite d'Athalie.

JOSABETH, *aux deux lévites.*
O vous, sur ces enfants si chers, si précieux,
Ministres du Seigneur, ayez toujours les yeux.
ABNER, *à Josabeth.*
Princesse, assurez-vous, je les prends sous ma garde.
ATHALIE.
O ciel ! plus j'examine, et plus je le regarde.... 620
C'est lui ! D'horreur encor tous mes sens sont saisis.
(*Montrant Joas.*)
Épouse de Joad, est-ce là votre fils ?
JOSABETH.
Qui ? lui ? madame.
ATHALIE. Lui.
JOSABETH. Je ne suis point sa mère.
(*Montrant Zacharie.*)
Voilà mon fils.
ATHALIE, *à Joas.*
Et vous, quel est donc votre père ?
Jeune enfant, répondez.
JOSABETH. Le ciel jusque aujourd'hui....
ATHALIE.
Pourquoi vous pressez-vous de répondre pour lui ?

C'est à lui de parler.

JOSABETH. Dans un âge si tendre
Quel éclaircissement en pouvez-vous attendre?

ATHALIE.
Cet âge est innocent : son ingénuité
N'altère point encor la simple vérité.
Laissez-le s'expliquer sur tout ce qui le touche.

JOSABETH, *à part*.
Daigne mettre, grand Dieu, ta sagesse en sa bouche!

ATHALIE.
Comment vous nommez-vous?

JOAS. J'ai nom Éliacin.

ATHALIE.
Votre père?

JOAS. Je suis, dit-on, un orphelin
Entre les bras de Dieu jeté dès ma naissance,
Et qui de mes parents n'eus jamais connaissance.

ATHALIE.
Vous êtes sans parents?

JOAS. Ils m'ont abandonné.

ATHALIE.
Comment? et depuis quand?

JOAS. Depuis que je suis né.

ATHALIE.
Ne sait-on pas au moins quel pays est le vôtre?

JOAS.
Ce temple est mon pays ; je n'en connais point d'autre.

ATHALIE.
Où dit-on que le sort vous a fait rencontrer?

JOAS.
Parmi des loups cruels prêts à me dévorer.

ATHALIE.
Qui vous mit dans ce temple?

JOAS. Une femme inconnue,
Qui ne dit point son nom, et qu'on n'a point revue.

ATHALIE.
Mais de vos premiers ans quelles mains ont pris soin?
JOAS.
Dieu laissa-t-il jamais ses enfants au besoin?
Aux petits des oiseaux il donne leur pâture,
Et sa bonté s'étend sur toute la nature.
Tous les jours je l'invoque; et d'un soin paternel
Il me nourrit des dons offerts sur son autel. 650
ATHALIE.
Quel prodige nouveau me trouble et m'embarrasse?
La douceur de sa voix, son enfance, sa grâce,
Font insensiblement à mon inimitié
Succéder.... Je serais sensible à la pitié?
ABNER.
Madame, voilà donc cet ennemi terrible?
De vos songes menteurs l'imposture est visible,
A moins que la pitié qui semble vous troubler
Ne soit ce coup fatal qui vous faisait trembler.
ATHALIE, *à Joas et à Josabeth.*
Vous sortez?
JOSABETH. Vous avez entendu sa fortune :
Sa présence à la fin pourrait être importune. 660
ATHALIE, *à Joas.*
Non : revenez. Quel est tous les jours votre emploi?
JOAS.
J'adore le Seigneur; on m'explique sa loi;
Dans son livre divin on m'apprend à la lire;
Et déjà de ma main je commence à l'écrire.
ATHALIE.
Que vous dit cette loi?
JOAS. Que Dieu veut être aimé;
Qu'il venge tôt ou tard son saint nom blasphémé;
Qu'il est le défenseur de l'orphelin timide;
Qu'il résiste au superbe, et punit l'homicide.
ATHALIE.
J'entends. Mais tout ce peuple enfermé dans ce lieu,

A quoi s'occupe-t-il?

JOAS. Il loue, il bénit Dieu.

ATHALIE.
Dieu veut-il qu'à toute heure on prie, on le contemple?
JOAS.
Tout profane exercice est banni de son temple.
ATHALIE.
Quels sont donc vos plaisirs?
JOAS. Quelquefois à l'autel
Je présente au grand prêtre ou l'encens ou le sel;
J'entends chanter de Dieu les grandeurs infinies;
Je vois l'ordre pompeux de ses cérémonies.
ATHALIE.
Eh quoi! vous n'avez point de passe-temps plus doux?
Je plains le triste sort d'un enfant tel que vous.
Venez dans mon palais, vous y verrez ma gloire.
JOAS.
Moi! des bienfaits de Dieu je perdrais la mémoire!
ATHALIE.
Non, je ne vous veux pas contraindre à l'oublier.
JOAS.
Vous ne le priez point.
ATHALIE. Vous le pourrez prier.
JOAS.
Je verrais cependant en invoquer un autre.
ATHALIE.
J'ai mon Dieu que je sers : vous servirez le vôtre :
Ce sont deux puissants dieux.
JOAS. Il faut craindre le mien:
Lui seul est Dieu, madame, et le vôtre n'est rien.
ATHALIE.
Les plaisirs près de moi vous chercheront en foule.
JOAS.
Le bonheur des méchants comme un torrent s'écoule.
ATHALIE.
Ces méchants, qui sont-ils?

JOSABETH. Eh, madame! excusez
Un enfant....
　　　ATHALIE, *à Josabeth.*
J'aime à voir comme vous l'instruisez. 690
Enfin, Éliacin, vous avez su me plaire ;
Vous n'êtes point sans doute un enfant ordinaire.
Vous voyez, je suis reine, et n'ai point d'héritier :
Laissez là cet habit, quittez ce vil métier ;
Je veux vous faire part de toutes mes richesses;
Essayez dès ce jour l'effet de mes promesses.
A ma table, partout, à mes côtés assis,
Je prétends vous traiter comme mon propre fils.
　　　JOAS.
Comme votre fils?
　　　ATHALIE. Oui.... Vous vous taisez?
　　　　　　　JOAS. Quel père
Je quitterais! et pour....
　　　ATHALIE. Eh bien?
　　　　　　　JOAS. Pour quelle mère ! 700
　　ATHALIE, *à Josabeth.*
Sa mémoire est fidèle; et dans tout ce qu'il dit
De vous et de Joad je reconnais l'esprit.
Voilà comme, infectant cette simple jeunesse,
Vous employez tous deux le calme où je vous laisse.
Vous cultivez déjà leur haine et leur fureur;
Vous ne leur prononcez mon nom qu'avec horreur.
　　　JOSABETH.
Peut-on de nos malheurs leur dérober l'histoire?
Tout l'univers les sait; vous-même en faites gloire.
　　　ATHALIE.
Oui, ma juste fureur, et j'en fais vanité,
A vengé mes parents sur ma postérité. 710
J'aurais vu massacrer et mon père et mon frère,
Du haut de son palais précipiter ma mère,
Et dans un même jour égorger à la fois
(Quel spectacle d'horreur !) quatre-vingts fils de rois;

Et pourquoi? pour venger je ne sais quels prophètes
Dont elle avait puni les fureurs indiscrètes :
Et moi, reine sans cœur, fille sans amitié,
Esclave d'une lâche et frivole pitié,
Je n'aurais pas du moins à cette aveugle rage
Rendu meurtre pour meurtre, outrage pour outrage,
Et de votre David traité tous les neveux 721
Comme on traitait d'Achab les restes malheureux !
Où serais-je aujourd'hui, si, domptant ma faiblesse,
Je n'eusse d'une mère étouffé la tendresse;
Si de mon propre sang ma main versant des flots
N'eût par ce coup hardi réprimé vos complots?
Enfin de votre Dieu l'implacable vengeance
Entre nos deux maisons rompit toute alliance :
David m'est en horreur ; et les fils de ce roi,
Quoique nés de mon sang, sont étrangers pour moi. 730

JOSABETH.
Tout vous a réussi. Que Dieu voie, et nous juge.

ATHALIE.
Ce Dieu, depuis longtemps votre unique refuge,
Que deviendra l'effet de ses prédictions?
Qu'il vous donne ce roi promis aux nations,
Cet enfant de David, votre espoir, votre attente....
Mais nous nous reverrons. Adieu, je sors contente :
J'ai voulu voir; j'ai vu.

ABNER, *à Josabeth.* Je vous l'avais promis :
Je vous rends le dépôt que vous m'avez commis.

SCÈNE VIII.

JOAS, JOSABETH, ZACHARIE, SALOMITH, JOAD, ABNER,
lévites, le chœur.

JOSABETH, *à Joad.*
Avez-vous entendu cette superbe reine,
Seigneur?

JOAD. J'entendais tout, et plaignais votre peine. 740
Ces lévites et moi, prêts à vous secourir,
Nous étions avec vous résolus de périr.
    (*A Joas, en l'embrassant.*)
Que Dieu veille sur vous, enfant dont le courage
Vient de rendre à son nom ce noble témoignage!
Je reconnais, Abner, ce service important :
Souvenez-vous de l'heure où Joad vous attend.
Et nous, dont cette femme impie et meurtrière
A souillé les regards et troublé la prière,
Rentrons; et qu'un sang pur, par mes mains épanché,
Lave jusques au marbre où ses pas ont touché. 750

SCÈNE IX.

LE CHOEUR.

UNE DES FILLES DU CHOEUR.
  Quel astre à nos yeux vient de luire?
Quel sera quelque jour cet enfant merveilleux?
    Il brave le faste orgueilleux,
    Et ne se laisse point séduire
    A tous ses attraits périlleux
UNE AUTRE.
  Pendant que du dieu d'Athalie
  Chacun court encenser l'autel,
  Un enfant courageux publie
  Que Dieu lui seul est éternel,
  Et parle comme un autre Élie 760
  Devant cette autre Jézabel.
UNE AUTRE.
Qui nous révélera ta naissance secrète,
Cher enfant? Es-tu fils de quelque saint prophète?
UNE AUTRE.
  Ainsi l'on vit l'aimable Samuel

Croître à l'ombre du tabernacle :
Il devint des Hébreux l'espérance et l'oracle.
Puisses-tu, comme lui, consoler Israël !

  UNE AUTRE *chante.*

  O bienheureux mille fois
  L'enfant que le Seigneur aime,
  Qui de bonne heure entend sa voix,   770
Et que ce Dieu daigne instruire lui-même !
Loin du monde élevé, de tous les dons des cieux
  Il est orné dès son enfance ;
  Et du méchant l'abord contagieux
  N'altère point son innocence.

  TOUT LE CHOEUR.

  Heureuse, heureuse l'enfance
Que le Seigneur instruit et prend sous sa défense !

  LA MÊME VOIX, *seule.*

  Tel en un secret vallon,
  Sur le bord d'une onde pure,
  Croît, à l'abri de l'aquilon,   780
Un jeune lis, l'amour de la nature.
Loin du monde élevé, de tous les dons des cieux
  Il est orné dès sa naissance ;
  Et du méchant l'abord contagieux
  N'altère point son innocence.

  TOUT LE CHOEUR.

  Heureux, heureux mille fois
L'enfant que le Seigneur rend docile à ses lois !

  UNE VOIX, *seule.*

  Mon Dieu, qu'une vertu naissante
Parmi tant de périls marche à pas incertains !
Qu'une âme qui te cherche et veut être innocente 790
  Trouve d'obstacle à ses desseins !
  Que d'ennemis lui font la guerre !
  Où se peuvent cacher tes saints ?
  Les pécheurs couvrent la terre.

UNE AUTRE.

O palais de David, et sa chère cité,
Mont fameux, que Dieu même a longtemps habité,
Comment as-tu du ciel attiré la colère?
Sion, chère Sion, que dis-tu quand tu vois
  Une impie étrangère
 Assise, hélas! au trône de tes rois?   800

TOUT LE CHOEUR.

Sion, chère Sion, que dis-tu quand tu vois
  Une impie étrangère
 Assise, hélas! au trône de tes rois?

LA MÊME VOIX *continue.*

 Au lieu des cantiques charmants
Où David t'exprimait ses saints ravissements,
Et bénissait son Dieu, son seigneur et son père;
Sion, chère Sion, que dis-tu, quand tu vois
 Louer le Dieu de l'impie étrangère,
Et blasphémer le nom qu'ont adoré tes rois?

UNE VOIX, *seule.*

Combien de temps, Seigneur, combien de temps encore
Verrons-nous contre toi les méchants s'élever?   811
Jusque dans ton saint temple ils viennent te braver:
Ils traitent d'insensé le peuple qui t'adore.
Combien de temps, Seigneur, combien de temps encore
Verrons-nous contre toi les méchants s'élever?

UNE AUTRE.

Que vous sert, disent-ils, cette vertu sauvage?
  De tant de plaisirs si doux
  Pourquoi fuyez-vous l'usage?
  Votre Dieu ne fait rien pour vous.

UNE AUTRE.

Rions, chantons, dit cette troupe impie;
De fleurs en fleurs, de plaisirs en plaisirs,
  Promenons nos désirs.
Sur l'avenir insensé qui se fie.
De nos ans passagers le nombre est incertain:

Hâtons-nous aujourd'hui de jouir de la vie;
  Qui sait si nous serons demain?
    TOUT LE CHOEUR.
Qu'ils pleurent, ô mon Dieu! qu'ils frémissent de crainte,
  Ces malheureux, qui de ta cité sainte
  Ne verront point l'éternelle splendeur.
C'est à nous de chanter, nous à qui tu révèles   830
    Tes clartés immortelles;
C'est à nous de chanter tes dons et ta grandeur.
    UNE VOIX, *seule*.
De tous ces vains plaisirs où leur âme se plonge,
Que leur restera-t-il? Ce qui reste d'un songe
    Dont on a reconnu l'erreur.
  A leur réveil (ô réveil plein d'horreur!)
    Pendant que le pauvre à ta table
Goûtera de ta paix la douceur ineffable,
Ils boiront dans la coupe affreuse, inépuisable,
Que tu présenteras, au jour de ta fureur,   840
  A toute la race coupable.
    TOUT LE CHOEUR.
    O réveil plein d'horreur!
    O songe peu durable!
    O dangereuse erreur!

ACTE TROISIÈME.

SCÈNE I.

MATHAN, NABAL, *le chœur*.

MATHAN.
Jeunes filles, allez : qu'on dise à Josabeth
Que Mathan veut ici lui parler en secret.

UNE DES FILLES DU CHOEUR.
Mathan! O Dieu du ciel, puisses-tu le confondre!
NABAL.
Eh quoi! tout se disperse, et fuit sans vous répondre?
MATHAN.
Approchons.

SCÈNE II.

ZACHARIE, MATHAN, NABAL.

ZACHARIE. Téméraire, où voulez-vous passer?
Au delà de ce lieu gardez-vous d'avancer : 850
C'est des ministres saints la demeure sacrée;
Les lois à tout profane en défendent l'entrée.
Qui cherchez-vous? Mon père, en ce jour solennel
De l'idolâtre impur fuit l'aspect criminel;
Et, devant le Seigneur maintenant prosternée,
Ma mère en ce devoir craint d'être détournée.
MATHAN.
Mon fils, nous attendrons; cessez de vous troubler.
C'est votre illustre mère à qui je veux parler :
Je viens ici chargé d'un ordre de la reine.

SCÈNE III.

MATHAN, NABAL.

NABAL.
Leurs enfants ont déjà leur audace hautaine. 865
Mais que veut Athalie en cette occasion?
D'où naît dans ses conseils cette confusion?
Par l'insolent Joad ce matin offensée,
Et d'un enfant fatal en songe menacée,
Elle allait immoler Joad à son courroux,
Et dans ce temple enfin placer Baal et vous.
Vous m'en aviez déjà confié votre joie;
Et j'espérais ma part d'une si riche proie.

Qui fait changer ainsi ses vœux irrésolus?
MATHAN.
Ami, depuis deux jours je ne la connais plus. 870
Ce n'est plus cette reine éclairée, intrépide,
Élevée au-dessus de son sexe timide,
Qui d'abord accablait ses ennemis surpris,
Et d'un instant perdu connaissait tout le prix :
La peur d'un vain remords trouble cette grande âme;
Elle flotte, elle hésite; en un mot, elle est femme.
J'avais tantôt rempli d'amertume et de fiel
Son cœur, déjà saisi des menaces du ciel;
Elle-même, à mes soins confiant sa vengeance,
M'avait dit d'assembler sa garde en diligence; 880
Mais, soit que cet enfant devant elle amené,
De ses parents, dit-on, rebut infortuné,
Eût d'un songe effrayant diminué l'alarme,
Soit qu'elle eût même en lui vu je ne sais quel charme,
J'ai trouvé son courroux chancelant, incertain,
Et déjà remettant sa vengeance à demain.
Tous ses projets semblaient l'un l'autre se détruire :
« Du sort de cet enfant je me suis fait instruire,
Ai-je dit : on commence à vanter ses aïeux;
Joad de temps en temps le montre aux factieux, 890
Le fait attendre aux Juifs comme un autre Moïse,
Et d'oracles menteurs s'appuie et s'autorise. »
Ces mots ont fait monter la rougeur sur son front.
Jamais mensonge heureux n'eut un effet si prompt.
« Est-ce à moi de languir dans cette incertitude?
Sortons, a-t-elle dit, sortons d'inquiétude.
Vous-même à Josabeth prononcez cet arrêt :
Les feux vont s'allumer, et le fer est tout prêt,
Rien ne peut de leur temple empêcher le ravage,
Si je n'ai de leur foi cet enfant pour otage. » 900
NABAL.
Eh bien! pour un enfant qu'ils ne connaissent pas,
Que le hasard peut-être a jeté dans leurs bras,

Voudront-ils que leur temple, enseveli sous l'herbe...
MATHAN.
Ah! de tous les mortels connais le plus superbe.
Plutôt que dans mes mains par Joad soit livré
Un enfant qu'à son Dieu Joad a consacré,
Tu lui verras subir la mort la plus terrible.
D'ailleurs pour cet enfant leur attache est visible.
Si j'ai bien de la reine entendu le récit,
Joad sur sa naissance en sait plus qu'il ne dit. 910
Quel qu'il soit, je prévois qu'il leur sera funeste;
Ils le refuseront : je prends sur moi le reste;
Et j'espère qu'enfin de ce temple odieux
Et la flamme et le fer vont délivrer mes yeux.
NABAL.
Qui peut vous inspirer une haine si forte?
Est-ce que de Baal le zèle vous transporte?
Pour moi, vous le savez, descendu d'Ismaël,
Je ne sers ni Baal, ni le Dieu d'Israël.
MATHAN.
Ami, peux-tu penser que d'un zèle frivole
Je me laisse aveugler pour une vaine idole, 920
Pour un fragile bois, que, malgré mon secours,
Les vers sur son autel consument tous les jours?
Né ministre du Dieu qu'en ce temple on adore,
Peut-être que Mathan le servirait encore,
Si l'amour des grandeurs, la soif de commander,
Avec son joug étroit pouvaient s'accommoder.
 Qu'est-il besoin, Nabal, qu'à tes yeux je rappelle
De Joad et de moi la fameuse querelle,
Quand j'osai contre lui disputer l'encensoir;
Mes brigues, mes combats, mes pleurs, mon désespoir?
Vaincu par lui, j'entrai dans une autre carrière, 931
Et mon âme à la cour s'attacha tout entière.
J'approchai par degrés de l'oreille des rois;
Et bientôt en oracle on érigea ma voix.
J'étudiai leur cœur, je flattai leurs caprices;

Je leur semai de fleurs les bords des précipices :
Près de leurs passions rien ne me fut sacré ;
De mesure et de poids je changeais à leur gré.
Autant que de Joad l'inflexible rudesse
De leur superbe oreille offensait la mollesse, 940
Autant je les charmais par ma dextérité :
Dérobant à leurs yeux la triste vérité,
Prêtant à leurs fureurs des couleurs favorables,
Et prodigue surtout du sang des misérables.
Enfin, au dieu nouveau qu'elle avait introduit,
Par les mains d'Athalie un temple fut construit.
Jérusalem pleura de se voir profanée ;
Des enfants de Lévi la troupe consternée
En poussa vers le ciel des hurlements affreux.
Moi seul, donnant l'exemple aux timides Hébreux, 950
Déserteur de leur loi, j'approuvai l'entreprise,
Et par là de Baal méritai la prêtrise ;
Par là je me rendis terrible à mon rival,
Je ceignis la tiare, et marchai son égal.
Toutefois, je l'avoue, en ce comble de gloire,
Du Dieu que j'ai quitté l'importune mémoire
Jette encore en mon âme un reste de terreur ;
Et c'est ce qui redouble et nourrit ma fureur.
Heureux si, sur son temple achevant ma vengeance,
Je puis convaincre enfin sa haine d'impuissance, 960
Et parmi le débris, le ravage et les morts,
A force d'attentats perdre tous mes remords !
Mais voici Josabeth.

SCÈNE IV.

JOSABETH, MATHAN, NABAL.

MATHAN. Envoyé par la reine,
Pour rétablir le calme et dissiper la haine,
Princesse, en qui le ciel mit un esprit si doux,
Ne vous étonnez pas si je m'adresse à vous.

Un bruit, que j'ai pourtant soupçonné de mensonge,
Appuyant les avis qu'elle a reçus en songe,
Sur Joad, accusé de dangereux complots,
Allait de sa colère attirer tous les flots. 970
Je ne veux point ici vous vanter mes services :
De Joad contre moi je sais les injustices ;
Mais il faut à l'offense opposer les bienfaits.
Enfin, je viens chargé de paroles de paix.
Vivez, solennisez vos fêtes sans ombrage.
De votre obéissance elle ne veut qu'un gage :
C'est (pour l'en détourner j'ai fait ce que j'ai pu)
Cet enfant sans parents, qu'elle dit qu'elle a vu.

JOSABETH.
Eliacin?

MATHAN.
J'en ai pour elle quelque honte :
D'un vain songe peut-être elle fait trop de compte. 980
Mais vous vous déclarez ses mortels ennemis,
Si cet enfant sur l'heure en mes mains n'est remis.
La reine, impatiente, attend votre réponse.

JOSABETH.
Et voilà de sa part la paix qu'on nous annonce!

MATHAN.
Pourriez-vous un moment douter de l'accepter?
D'un peu de complaisance est-ce trop l'acheter?

JOSABETH.
J'admirais si Mathan, dépouillant l'artifice,
Avait pu de son cœur surmonter l'injustice,
Et si de tant de maux le funeste inventeur
De quelque ombre de bien pouvait être l'auteur. 990

MATHAN.
De quoi vous plaignez-vous? Vient-on avec furie
Arracher de vos bras votre fils Zacharie?
Quel est cet autre enfant si cher à votre amour?
Ce grand attachement me surprend à mon tour.
Est-ce un trésor pour vous si précieux, si rare?

Est-ce un libérateur que le ciel vous prépare ?
Songez-y : vos refus pourraient me confirmer
Un bruit sourd que déjà l'on commence à semer.
JOSABETH.
Quel bruit ?

MATHAN. Que cet enfant vient d'illustre origine ;
Qu'à quelque grand projet votre époux le destine. 1000
JOSABETH.
Et Mathan, par ce bruit qui flatte sa fureur....
MATHAN,
Princesse, c'est à vous à me tirer d'erreur.
Je sais que, du mensonge implacable ennemie,
Josabeth livrerait même sa propre vie,
S'il fallait que sa vie à sa sincérité
Coûtât le moindre mot contre la vérité.
Du sort de cet enfant on n'a donc nulle trace ?
Une profonde nuit enveloppe sa race ?
Et vous-même ignorez de quels parents issu,
De quelles mains Joad en ses bras l'a reçu ? 1010
Parlez ; je vous écoute, et suis prêt à vous croire :
Au Dieu que vous servez, princesse, rendez gloire.
JOSABETH.
Méchant, c'est bien à vous d'oser ainsi nommer
Un Dieu que votre bouche enseigne à blasphémer !
Sa vérité par vous peut-elle être attestée,
Vous, malheureux, assis dans la chaire empestée
Où le mensonge règne et répand son poison ;
Vous, nourri dans la fourbe et dans la trahison ?

SCÈNE V.
JOAD, JOSABETH, MATHAN, NABAL.
JOAD.
Où suis-je ? De Baal ne vois-je pas le prêtre ?
Quoi ! fille de David, vous parlez à ce traître ? 1020
Vous souffrez qu'il vous parle ? Et vous ne craignez pas
Que du fond de l'abîme entr'ouvert sous ses pas

Il ne sorte à l'instant des feux qui vous embrasent,
Ou qu'en tombant sur lui ces murs ne vous écrasent?
Que veut-il? De quel front cet ennemi de Dieu
Vient-il infecter l'air qu'on respire en ce lieu?

  MATHAN.

On reconnaît Joad à cette violence.
Toutefois il devrait montrer plus de prudence,
Respecter une reine, et ne pas outrager
Celui que de son ordre elle a daigné charger.   1030

  JOAD.

Eh bien! que nous fait-elle annoncer de sinistre?
Quel sera l'ordre affreux qu'apporte un tel ministre?

  MATHAN.

J'ai fait à Josabeth savoir sa volonté.

  JOAD.

Sors donc de devant moi, monstre d'impiété.
De toutes tes horreurs, va, comble la mesure.
Dieu s'apprête à te joindre à la race parjure,
Abiron et Dathan, Doëg, Achitophel :
Les chiens, à qui son bras a livré Jézabel,
Attendant que sur toi sa fureur se déploie,
Déjà sont à ta porte, et demandent leur proie.   1040

  MATHAN, *troublé*.

Avant la fin du jour... on verra qui de nous...
Doit.... Mais sortons, Nabal.
      NABAL. Où vous égarez-vous?
De vos sens étonnés quel désordre s'empare?
Voilà votre chemin.

SCÈNE VI.

JOAD, JOSABETH.

  JOSABETH. L'orage se déclare :
Athalie en fureur demande Éliacin.

Déjà de sa naissance et de votre dessein
On commence, seigneur, à percer le mystère :
Peu s'en faut que Mathan ne m'ait nommé son père.
  JOAD.
Au perfide Mathan qui l'aurait révélé?
Votre trouble à Mathan n'a-t-il point trop parlé? 1050
  JOSABETH.
J'ai fait ce que j'ai pu pour m'en rendre maîtresse.
Cependant, croyez-moi, seigneur, le péril presse.
Réservons cet enfant pour un temps plus heureux.
Tandis que les méchants délibèrent entre eux,
Avant qu'on l'environne, avant qu'on nous l'arrache,
Une seconde fois souffrez que je le cache :
Les portes, les chemins lui sont encore ouverts.
Faut-il le transporter aux plus affreux déserts?
Je suis prête : je sais une secrète issue
Par où, sans qu'on le voie, et sans être aperçue, 1060
De Cédron avec lui traversant le torrent,
J'irai dans le désert où jadis en pleurant,
Et cherchant comme nous son salut dans la fuite,
David d'un fils rebelle évita la poursuite.
Je craindrai moins pour lui les lions et les ours...
Mais pourquoi de Jéhu refuser le secours?
Je vous ouvre peut-être un avis salutaire.
Faisons de ce trésor Jéhu dépositaire :
On peut dans ses États le conduire aujourd'hui,
Et le chemin est court qui mène jusqu'à lui. 1070
Jéhu n'a point un cœur farouche, inexorable;
De David à ses yeux le nom est favorable.
Hélas! est-il un roi si dur et si cruel,
A moins qu'il n'eût pour mère une autre Jézabel,
Qui d'un tel suppliant ne plaignît l'infortune?
Sa cause à tous les rois n'est-elle pas commune?
  JOAD.
Quels timides conseils m'osez-vous suggérer?
En l'appui de Jéhu pourriez-vous espérer?

JOSABETH.

Dieu défend-il tout soin et toute prévoyance ?
Ne l'offense-t-on point par trop de confiance ? 1080
A ses desseins sacrés employant les humains,
N'a-t-il pas de Jéhu lui-même armé les mains ?

JOAD.

Jéhu, qu'avait choisi sa sagesse profonde,
Jéhu, sur qui je vois que votre espoir se fonde,
D'un oubli trop ingrat a payé ses bienfaits :
Jéhu laisse d'Achab l'affreuse fille en paix,
Suit des rois d'Israël les profanes exemples,
Du vil dieu de l'Égypte a conservé les temples ;
Jéhu, sur les hauts lieux enfin osant offrir
Un téméraire encens que Dieu ne peut souffrir, 1090
N'a, pour servir sa cause et venger ses injures,
Ni le cœur assez droit, ni les mains assez pures.
Non, non : c'est à Dieu seul qu'il faut nous attacher.
Montrons Éliacin ; et, loin de le cacher,
Que du bandeau royal sa tête soit ornée :
Je veux même avancer l'heure déterminée,
Avant que de Mathan le complot soit formé.

SCÈNE VII.

JOAD, JOSABETH, AZARIAS, *suivi du chœur et de plusieurs lévites.*

JOAD.

Eh bien, Azarias, le temple est-il fermé ?

AZARIAS.

J'en ai fait devant moi fermer toutes les portes.

JOAD.

N'y reste-t-il que vous et vos saintes cohortes ? 1100

AZARIAS.

De ses parvis sacrés j'ai deux fois fait le tour.
Tout a fui ; tous se sont séparés sans retour,
Misérable troupeau qu'a dispersé la crainte ;

Et Dieu n'est plus servi que dans la tribu sainte.
Depuis qu'à Pharaon ce peuple est échappé,
Une égale terreur ne l'avait point frappé.

JOAD.

Peuple lâche en effet, et né pour l'esclavage,
Hardi contre Dieu seul! Poursuivons notre ouvrage.
Mais qui retient encor ces enfants parmi nous?

UNE DES FILLES DU CHOEUR.

Eh! pourrions-nous, seigneur, nous séparer de vous?
Dans le temple de Dieu sommes-nous étrangères? 1111
Vous avez près de vous nos pères et nos frères.

UNE AUTRE.

Hélas! si, pour venger l'opprobre d'Israël,
Nos mains ne peuvent pas, comme autrefois Jahel,
Des ennemis de Dieu percer la tête impie,
Nous lui pouvons du moins immoler notre vie.
Quand vos bras combattront pour son temple attaqué,
Par nos larmes du moins il peut être invoqué.

JOAD.

Voilà donc quels vengeurs s'arment pour ta querelle,
Des prêtres, des enfants, ô Sagesse éternelle! 1120
Mais, si tu les soutiens, qui peut les ébranler?
Du tombeau, quand tu veux, tu sais nous rappeler;
Tu frappes et guéris, tu perds et ressuscites.
Ils ne s'assurent point en leurs propres mérites,
Mais en ton nom sur eux invoqué tant de fois,
En tes serments jurés au plus saint de leurs rois,
En ce temple où tu fais ta demeure sacrée,
Et qui doit du soleil égaler la durée.
Mais d'où vient que mon cœur frémit d'un saint effroi?
Est-ce l'esprit divin qui s'empare de moi? 1130
C'est lui-même: il m'échauffe, il parle; mes yeux s'ou-
Et les siècles obscurs devant moi se découvrent. [vrent,
Lévites, de vos sons prêtez-moi les accords,
Et de ses mouvements secondez les transports.

LE CHOEUR *chante au son de toute la symphonie des instruments.*

Que du Seigneur la voix se fasse entendre,
Et qu'à nos cœurs son oracle divin
 Soit ce qu'à l'herbe tendre
Est, au printemps, la fraîcheur du matin.

JOAD.

Cieux, écoutez ma voix ; terre, prête l'oreille.
Ne dis plus, ô Jacob, que ton Seigneur sommeille ! 1140
Pécheurs, disparaissez : le Seigneur se réveille.
 (*Ici recommence la symphonie, et Joad aussitôt reprend la parole.*)
Comment en un plomb vil l'or pur[1] s'est-il changé ?...
Quel est dans le lieu saint ce pontife[2] égorgé ?...
Pleure, Jérusalem, pleure, cité perfide !
Des prophètes divins malheureuse homicide :
De son amour pour toi ton Dieu s'est dépouillé ;
Ton encens à ses yeux est un encens souillé....
 Où menez-vous ces enfants et ces femmes[3] ?
Le Seigneur a détruit la reine des cités :
Ses prêtres sont captifs, ses rois sont rejetés ; 1150
Dieu ne veut plus qu'on vienne à ses solennités :
Temple, renverse-toi ; cèdres, jetez des flammes.
 Jérusalem, objet de ma douleur,
Quelle main en un jour t'a ravi tous tes charmes ?
Qui changera mes yeux en deux sources de larmes
 Pour pleurer ton malheur ?

AZARIAS.

O saint temple !
 JOSABETH. O David !
  LE CHOEUR. Dieu de Sion, rappelle,
Rappelle en sa faveur tes antiques bontés.

1. Joas.
2. Zacharie.
3. Captivité de Babylone.

Racine.

*(La symphonie recommence encore; et Joad, un
moment après, l'interrompt.)*

JOAD.

Quelle Jérusalem nouvelle
Sort du fond du désert brillante de clartés, 1160
Et porte sur le front une marque immortelle?
   Peuples de la terre, chantez :
Jérusalem renaît plus brillante et plus belle[1].
   D'où lui viennent de tous côtés
Ces enfants qu'en son sein elle n'a point portés[2]?
Lève, Jérusalem, lève ta tête altière;
Regarde tous ces rois de ta gloire étonnés;
Les rois des nations, devant toi prosternés,
  De tes pieds baisent la poussière;
Les peuples à l'envi marchent à ta lumière. 1170
Heureux qui pour Sion d'une sainte ferveur
   Sentira son âme embrasée!
   Cieux, répandez votre rosée,
  Et que la terre enfante son Sauveur!

JOSABETH.

Hélas! d'où nous viendra cette insigne faveur,
Si les rois de qui doit descendre ce sauveur....

JOAD.

Préparez, Josabeth, le riche diadème
Que sur son front sacré David porta lui-même.
  (Aux lévites.)
Et vous, pour vous armer, suivez-moi dans ces lieux
Où se garde caché, loin des profanes yeux, 1180
Ce formidable amas de lances et d'épées
Qui du sang philistin jadis furent trempées,
Et que David vainqueur, d'ans et d'honneurs chargé,
Fit consacrer au Dieu qui l'avait protégé.
Peut-on les employer pour un plus noble usage?
Venez, je veux moi-même en faire le partage.

1. L'Église.
2. Les Gentils.

SCÈNE VIII.

SALOMITH, *le chœur*.

SALOMITH.
Que de craintes, mes sœurs, que de troubles mortels !
  Dieu tout-puissant, sont-ce là les prémices,
    Les parfums et les sacrifices
Qu'on devait en ce jour offrir sur tes autels ? 1190
UNE DES FILLES DU CHOEUR.
    Quel spectacle à nos yeux timides !
    Qui l'eût cru qu'on dût voir jamais
Les glaives meurtriers, les lances homicides
    Briller dans la maison de paix ?
UNE AUTRE.
D'où vient que, pour son Dieu pleine d'indifférence,
Jérusalem se tait en ce pressant danger ?
  D'où vient, mes sœurs, que, pour nous protéger,
Le brave Abner au moins ne rompt pas le silence ?
SALOMITH.
Hélas ! dans une cour où l'on n'a d'autres lois
    Que la force et la violence, 1200
    Où les honneurs et les emplois
Sont le prix d'une aveugle et basse obéissance,
    Ma sœur, pour la triste innocence
    Qui voudrait élever la voix ?
UNE AUTRE.
  Dans ce péril, dans ce désordre extrême,
Pour qui prépare-t-on le sacré diadème ?
SALOMITH.
    Le Seigneur a daigné parler ;
Mais ce qu'à son prophète il vient de révéler,
    Qui pourra nous le faire entendre ?
      S'arme-t-il pour nous défendre ? 1210
      S'arme-t-il pour nous accabler ?

TOUT LE CHŒUR *chante*.
O promesse! ô menace! ô ténébreux mystère!
Que de maux, que de biens sont prédits tour à tour!
  Comment peut-on avec tant de colère
    Accorder tant d'amour?
    UNE VOIX, *seule*.
Sion ne sera plus : une flamme cruelle
    Détruira tous ses ornements.
    UNE AUTRE VOIX.
Dieu protége Sion : elle a pour fondements
    Sa parole éternelle.
    LA PREMIÈRE.
Je vois tout son éclat disparaître à mes yeux.   1220
    LA SECONDE.
Je vois de toutes parts sa clarté répandue.
    LA PREMIÈRE.
Dans un gouffre profond Sion est descendue.
    LA SECONDE.
    Sion a son front dans les cieux.
    LA PREMIÈRE.
Quel triste abaissement!
          LA SECONDE. Quelle immortelle gloire!
    LA PREMIÈRE.
Que de cris de douleur!
            LA SECONDE. Que de chants de victoire!
    UNE TROISIÈME.
Cessons de nous troubler : notre Dieu, quelque jour,
    Dévoilera ce grand mystère.
    TOUTES TROIS.
      Révérons sa colère;
    Espérons en son amour.
    UNE AUTRE.
        D'un cœur qui t'aime,   1230
    Mon Dieu, qui peut troubler la paix?
    Il cherche en tout ta volonté suprême,
        Et ne se cherche jamais.

Sur la terre, dans le ciel même,
Est-il d'autre bonheur que la tranquille paix
D'un cœur qui t'aime?

ACTE QUATRIÈME.

SCÈNE I.

JOAS, JOSABETH, ZACHARIE, SALOMITH, *un lévite, le chœur.*

SALOMITH.
D'un pas majestueux, à côté de ma mère,
Le jeune Éliacin s'avance avec mon frère.
Dans ces voiles, mes sœurs, que portent-ils tous deux?
Quel est ce glaive enfin qui marche devant eux? 1240
JOSABETH, *à Zacharie.*
Mon fils, avec respect posez sur cette table
De notre sainte loi le livre redoutable.
Et vous aussi, posez, aimable Éliacin,
Cet auguste bandeau près du livre divin.
Lévite, il faut placer, Joad ainsi l'ordonne,
Le glaive de David auprès de sa couronne.
JOAS.
Princesse, quel est donc ce spectacle nouveau?
Pourquoi ce livre saint, ce glaive, ce bandeau?
Depuis que le Seigneur m'a reçu dans son temple,
D'un semblable appareil je n'ai point vu d'exemple.
JOSABETH.
Tous vos doutes, mon fils, bientôt s'éclairciront. 1251
JOAS.
Vous voulez essayer ce bandeau sur mon front?
Ah, princesse! gardez d'en profaner la gloire :

Du roi qui l'a porté respectez la mémoire.
Un malheureux enfant aux ours abandonné...
    JOSABETH, *lui essayant le diadème.*
Laissez, mon fils : je fais ce qui m'est ordonné.
    JOAS.
Mais j'entends les sanglots sortir de votre bouche !
Princesse, vous pleurez ! Quelle pitié vous touche ?
Est-ce qu'en holocauste aujourd'hui présenté,
Je dois, comme autrefois la fille de Jephté,   1260
Du Seigneur par ma mort apaiser la colère ?
Hélas ! un fils n'a rien qui ne soit à son père.
    JOSABETH.
Voici qui vous dira les volontés des cieux.
Ne craignez rien. Et nous, sortons tous de ces lieux.

SCÈNE II.

JOAS, JOAD.

    JOAS, *courant dans les bras du grand prêtre.*
Mon père !
    JOAD. Eh bien, mon fils ?
                    JOAS. Qu'est-ce donc qu'on prépare ?
    JOAD.
Il est juste, mon fils, que je vous le déclare.
Il faut que vous soyez instruit, même avant tous,
Des grands desseins de Dieu sur son peuple et sur vous.
Armez-vous d'un courage et d'une foi nouvelle :
Il est temps de montrer cette ardeur et ce zèle   1270
Qu'au fond de votre cœur mes soins ont cultivés,
Et de payer à Dieu ce que vous lui devez.
Sentez-vous cette noble et généreuse envie ?
    JOAS.
Je me sens prêt, s'il veut, de lui donner ma vie.
    JOAD.
On vous a lu souvent l'histoire de nos rois :
Vous souvient-il, mon fils, quelles étroites lois

Doit s'imposer un roi digne du diadème?

JOAS.

Un roi sage, ainsi Dieu l'a prononcé lui-même,
Sur la richesse et l'or ne met point son appui,
Craint le Seigneur son Dieu, sans cesse a devant lui 1230
Ses préceptes, ses lois, ses jugements sévères,
Et d'injustes fardeaux n'accable point ses frères.

JOAD.

Mais sur l'un de ces rois s'il fallait vous régler,
A qui choisiriez-vous, mon fils, de ressembler?

JOAS.

David, pour le Seigneur plein d'un amour fidèle,
Me paraît des grands rois le plus parfait modèle.

JOAD.

Ainsi dans leurs excès vous n'imiteriez pas
L'infidèle Joram, l'impie Ochozias?

JOAS.

O mon père!

JOAD. Achevez, dites : que vous en semble?

JOAS.

Puisse périr comme eux quiconque leur ressemble!
(*Joad se prosterne à ses pieds.*)
Mon père, en quel état vous vois-je devant moi! 1291

JOAD.

Je vous rends le respect que je dois à mon roi.
De votre aïeul David, Joas, rendez-vous digne.

JOAS.

Joas! moi?

JOAD, *se relevant.*

Vous saurez par quelle grâce insigne,
D'une mère en fureur Dieu trompant le dessein,
Quand déjà son poignard était dans votre sein,
Vous choisit, vous sauva du milieu du carnage.
Vous n'êtes pas encore échappé de sa rage :
Avec la même ardeur qu'elle voulut jadis
Perdre en vous le dernier des enfants de son fils, 1300

A vous faire périr sa cruauté s'attache,
Et vous poursuit encor sous le nom qui vous cache.
Mais sous vos étendards j'ai déjà su ranger
Un peuple obéissant et prompt à vous venger.
    Entrez, généreux chefs des familles sacrées,
Du ministère saint tour à tour honorées.

SCÈNE III.

JOAS, JOAD, AZARIAS, ISMAEL, *trois autres chefs des lévites.*

JOAD *continue.*
Roi, voilà vos vengeurs contre vos ennemis.
Prêtres, voilà le roi que je vous ai promis.
    AZARIAS.
Quoi! c'est Éliacin?
            ISMAEL. Quoi! cet enfant aimable....
    JOAD.
Est des rois de Juda l'héritier véritable,   1310
Dernier né des enfants du triste Ochozias,
Nourri, vous le savez, sous le nom de Joas.
De cette fleur si tendre et sitôt moissonnée,
Tout Juda, comme vous, plaignant la destinée,
Avec ses frères morts le crut enveloppé.
Du perfide couteau comme eux il fut frappé;
Mais Dieu du coup mortel sut détourner l'atteinte,
Conserva dans son cœur la chaleur presque éteinte,
Permit que, des bourreaux trompant l'œil vigilant,
Josabeth dans son sein l'emportât tout sanglant, 1320
Et, n'ayant de son vol que moi seul pour complice,
Dans le temple cachât l'enfant et la nourrice.
    JOAS.
Hélas! de tant d'amour et de tant de bienfaits,
Mon père, quel moyen de m'acquitter jamais?
    JOAD.
Gardez pour d'autres temps cette reconnaissance.

Voilà donc votre roi, votre unique espérance.
J'ai pris soin jusqu'ici de vous le conserver :
Ministres du Seigneur, c'est à vous d'achever.
Bientôt de Jézabel la fille meurtrière,
Instruite que Joas voit encor la lumière, 1330
Dans l'horreur du tombeau viendra le replonger :
Déjà, sans le connaître, elle veut l'égorger.
Prêtres saints, c'est à vous de prévenir sa rage :
Il faut finir des Juifs le honteux esclavage,
Venger vos princes morts, relever votre loi,
Et faire aux deux tribus reconnaître leur roi.
L'entreprise, sans doute, est grande et périlleuse :
J'attaque sur son trône une reine orgueilleuse,
Qui voit sous ses drapeaux marcher un camp nombreux
De hardis étrangers, d'infidèles Hébreux ; 1340
Mais ma force est au Dieu dont l'intérêt me guide.
Songez qu'en cet enfant tout Israël réside.
Déjà ce Dieu vengeur commence à la troubler ;
Déjà, trompant ses soins, j'ai su vous rassembler :
Elle nous croit ici sans armes, sans défense.
Couronnons, proclamons Joas en diligence :
De là, du nouveau prince intrépides soldats,
Marchons, en invoquant l'arbitre des combats ;
Et, réveillant la foi dans les cœurs endormie,
Jusque dans son palais cherchons notre ennemie. 1350
Et quels cœurs si plongés dans un lâche sommeil,
Nous voyant avancer dans ce saint appareil,
Ne s'empresseront pas à suivre notre exemple ?
Un roi, que Dieu lui-même a nourri dans son temple ;
Le successeur d'Aaron, de ses prêtres suivi,
Conduisant au combat les enfants de Lévi ;
Et, dans ces mêmes mains des peuples révérées,
Les armes au Seigneur par David consacrées !
Dieu sur ses ennemis répandra sa terreur.
Dans l'infidèle sang baignez-vous sans horreur ; 1360
Frappez et Tyriens et même Israélites.

15.

Ne descendez-vous pas de ces fameux lévites
Qui, lorsqu'au dieu du Nil le volage Israël
Rendit dans le désert un culte criminel,
De leurs plus chers parents saintement homicides,
Consacrèrent leurs mains dans le sang des perfides,
Et par ce noble exploit vous acquirent l'honneur
D'être seuls employés aux autels du Seigneur?
Mais je vois que déjà vous brûlez de me suivre.
Jurez donc, avant tout, sur cet auguste livre, 1370
A ce roi que le ciel vous redonne aujourd'hui,
De vivre, de combattre, et de mourir pour lui.

AZARIAS.

Oui, nous jurons ici pour nous, pour tous nos frères,
De rétablir Joas au trône de ses pères,
De ne poser le fer entre nos mains remis,
Qu'après l'avoir vengé de tous ses ennemis.
Si quelque transgresseur enfreint cette promesse,
Qu'il éprouve, grand Dieu, ta fureur vengeresse;
Qu'avec lui ses enfants, de ton partage exclus,
Soient au rang de ces morts que tu ne connais plus!

JOAD.

Et vous, à cette loi, votre règle éternelle, 1381
Roi, ne jurez-vous pas d'être toujours fidèle?

JOAS.

Pourrais-je à cette loi ne me pas conformer?

JOAD.

O mon fils! de ce nom j'ose encor vous nommer,
Souffrez cette tendresse, et pardonnez aux larmes
Que m'arrachent pour vous de trop justes alarmes.
Loin du trône nourri, de ce fatal honneur,
Hélas! vous ignorez le charme empoisonneur:
De l'absolu pouvoir vous ignorez l'ivresse,
Et des lâches flatteurs la voix enchanteresse. 1390
Bientôt ils vous diront que les plus saintes lois,
Maîtresses du vil peuple, obéissent aux rois;
Qu'un roi n'a d'autre frein que sa volonté même,

Qu'il doit immoler tout à sa grandeur suprême ;
Qu'aux larmes, au travail, le peuple est condamné,
Et d'un sceptre de fer veut être gouverné ;
Que, s'il n'est opprimé, tôt ou tard il opprime.
Ainsi de piége en piége, et d'abîme en abîme,
Corrompant de vos mœurs l'aimable pureté,
Ils vous feront enfin haïr la vérité, 1400
Vous peindront la vertu sous une affreuse image.
Hélas! ils ont des rois égaré le plus sage.
　Promettez sur ce livre, et devant ces témoins,
Que Dieu fera toujours le premier de vos soins ;
Que, sévère aux méchants, et des bons le refuge,
Entre le pauvre et vous vous prendrez Dieu pour juge ;
Vous souvenant, mon fils, que, caché sous ce lin,
Comme eux vous fûtes pauvre, et comme eux orphelin.

JOAS.
Je promets d'observer ce que la loi m'ordonne.
Mon Dieu, punissez-moi si je vous abandonne! 1410
JOAD.
Venez : de l'huile sainte il faut vous consacrer.
Paraissez, Josabeth; vous pouvez vous montrer.

SCÉNE IV.

JOAS, JOAD, JOSABETH, ZACHARIE, SALOMITH, AZARIAS,
ISMAEL, *trois autres chefs des lévites, le chœur.*

JOSABETH, *embrassant Joas.*
O roi, fils de David !
　　　　　JOAS. O mon unique mère!
Venez, cher Zacharie, embrasser votre frère.
JOSABETH, *à Zacharie.*
Aux pieds de votre roi prosternez-vous, mon fils.
　　　　(*Zacharie se jette aux pieds de Joas.*)
JOAD, *pendant qu'ils s'embrassent.*
Enfants, ainsi toujours puissiez-vous être unis!

JOSABETH, *à Joas.*
Vous savez donc quel sang vous a donné la vie?
JOAS.
Et je sais quelle main sans vous me l'eût ravie.
JOSABETH.
De votre nom, Joas, je puis donc vous nommer?
JOAS.
Joas ne cessera jamais de vous aimer. 1420
LE CHOEUR.
Quoi! c'est là...
JOSABETH. C'est Joas.
JOAD. Écoutons ce lévite.

SCÈNE V.

JOAS, JOAD, JOSABETH, ZACHARIE, SALOMITH, AZARIAS, ISMAEL, *trois autres chefs des lévites, un lévite, le chœur.*

UN LÉVITE.
J'ignore contre Dieu quel projet on médite;
Mais l'airain menaçant frémit de toutes parts;
On voit luire des feux parmi des étendards,
Et sans doute Athalie assemble son armée :
Déjà même au secours toute voie est fermée;
Déjà le sacré mont, où le temple est bâti,
D'insolents Tyriens est partout investi;
L'un d'eux, en blasphémant, vient de nous faire enten- [dre
Qu'Abner est dans les fers, et ne peut nous défendre.
JOSABETH, *à Joas.*
Cher enfant, que le ciel en vain m'avait rendu, 1431
Hélas! pour vous sauver j'ai fait ce que j'ai pu :
Dieu ne se souvient plus de David votre père.
JOAD, *à Josabeth.*
Quoi! vous ne craignez pas d'attirer sa colère
Sur vous et sur ce roi si cher à votre amour?
Et quand Dieu, de vos bras l'arrachant sans retour,
Voudrait que de David la maison fût éteinte,

N'êtes-vous pas ici sur la montagne sainte
Où le père des Juifs sur son fils innocent
Leva sans murmurer un bras obéissant, 1440
Et mit sur un bûcher ce fruit de sa vieillesse,
Laissant à Dieu le soin d'accomplir sa promesse,
Et lui sacrifiant, avec ce fils aimé,
Tout l'espoir de sa race, en lui seul renfermé?
  Amis, partageons-nous : qu'Ismaël en sa garde
Prenne tout le côté que l'orient regarde;
Vous, le côté de l'ourse; et vous, de l'occident;
Vous, le midi. Qu'aucun par un zèle imprudent,
Découvrant mes desseins, soit prêtre, soit lévite,
Ne sorte avant le temps, et ne se précipite; 1450
Et que chacun enfin, d'un même esprit poussé,
Garde en mourant le poste où je l'aurai placé.
L'ennemi nous regarde, en son aveugle rage,
Comme de vils troupeaux réservés au carnage,
Et croit ne rencontrer que désordre et qu'effroi.
Qu'Azarias partout accompagne le roi.
   (A Joas.)
Venez, cher rejeton d'une vaillante race,
Remplir vos défenseurs d'une nouvelle audace;
Venez du diadème à leurs yeux vous couvrir;
Et périssez du moins en roi, s'il faut périr. 1460
Suivez-le, Josabeth.
       (A un lévite.) Vous, donnez-moi ces armes.
   (Au chœur.)
Enfants, offrez à Dieu vos innocentes larmes.

SCÈNE VI.

SALOMITH, *le chœur*.

LE CHOEUR *chante.*
Partez, enfans d'Aaron, partez :
Jamais plus illustre querelle

De vos aïeux n'arma le zèle.
Partez, enfants d'Aaron, partez :
C'est votre roi, c'est Dieu pour qui vous combattez.
UNE VOIX, *seule*.
　　Où sont les traits que tu lances,
　Grand Dieu, dans ton juste courroux?
　　N'es-tu plus le Dieu jaloux? 1470
　N'es-tu plus le Dieu des vengeances?
UNE AUTRE.
Où sont, Dieu de Jacob, tes antiques bontés?
　Dans l'horreur qui nous environne,
N'entends-tu que la voix de nos iniquités?
　N'es-tu plus le Dieu qui pardonne?
LE CHOEUR.
Où sont, Dieu de Jacob, tes antiques bontés?
UNE VOIX, *seule*.
　　C'est à toi que dans cette guerre
Les flèches des méchants prétendent s'adresser.
　　« Faisons, disent-ils, cesser
　　Les fêtes de Dieu sur la terre; 1480
De son joug importun délivrons les mortels;
Massacrons tous ses saints; renversons ses autels;
　　Que de son nom, que de sa gloire
　　Il ne reste plus de mémoire;
Que ni lui ni son Christ ne règnent plus sur nous. »
LE CHOEUR.
　　Où sont les traits que tu lances,
　Grand Dieu, dans ton juste courroux?
　　N'es-tu plus le Dieu jaloux?
　N'es-tu plus le Dieu des vengeances?
UNE VOIX, *seule*.
　　Triste reste de nos rois, 1490
Chère et dernière fleur d'une tige si belle,
Hélas! sous le couteau d'une mère cruelle
Te verrons-nous tomber une seconde fois?
Prince aimable, dis-nous si quelque ange, au berceau,

Contre tes assassins prit soin de te défendre;
  Ou si dans la nuit du tombeau
La voix du Dieu vivant a ranimé ta cendre?
  UNE AUTRE.
D'un père et d'un aïeul contre toi révoltés,
Grand Dieu, les attentats lui sont-ils imputés?
Est-ce que sans retour ta pitié l'abandonne?   1500
  LE CHOEUR.
Où sont, Dieu de Jacob, tes antiques bontés?
  N'es-tu plus le Dieu qui pardonne?
  UNE DES FILLES DU CHOEUR, *sans chanter.*
  Chères sœurs, n'entendez-vous pas
Des cruels Tyriens la trompette qui sonne?
  SALOMITH.
J'entends même les cris des barbares soldats,
  Et d'horreur j'en frissonne.
  Courons, fuyons, retirons-nous
   A l'ombre salutaire
  Du redoutable sanctuaire.

ACTE CINQUIÈME.

SCÈNE I.

ZACHARIE, SALOMITH, *le chœur.*

  SALOMITH.
Cher Zacharie, eh bien! que nous apprenez-vous? 1510
  ZACHARIE.
Redoublez au Seigneur votre ardente prière:
Peut-être nous touchons à notre heure dernière;
Pour l'horrible combat, ma sœur, l'ordre est donné.

SALOMITH.
Que fait Joas?
ZACHARIE. Joas vient d'être couronné :
Le grand prêtre a sur lui répandu l'huile sainte.
O ciel! dans tous les yeux quelle joie était peinte
A l'aspect de ce roi racheté du tombeau !
Ma sœur, on voit encor la marque du couteau ;
On voit paraître aussi sa fidèle nourrice,
Qui, cachée en un coin de ce vaste édifice, 1520
Gardait ce cher dépôt, et n'avait de ses soins
Que les yeux de ma mère et que Dieu pour témoins.
Nos lévites pleuraient de joie et de tendresse,
Et mêlaient leurs sanglots à leurs cris d'allégresse.
Lui, parmi ces transports, affable et sans orgueil,
A l'un tendait la main, flattait l'autre de l'œil,
Jurait de se régler par leurs avis sincères,
Et les appelait tous ses pères ou ses frères.

SALOMITH.
Ce secret au dehors est-il aussi semé?
ZACHARIE.
Ce secret dans le temple est encor renfermé. 1530
Des enfants de Lévi la troupe partagée
Dans un profond silence aux portes s'est rangée.
Tous doivent à la fois précipiter leurs pas,
Et crier pour signal : Vive le roi Joas !
Mais mon père défend que le roi se hasarde,
Et veut qu'Azarias demeure pour sa garde.
Cependant Athalie, un poignard à la main,
Rit des faibles remparts de nos portes d'airain :
Pour les rompre, elle attend les fatales machines,
Et ne respire enfin que sang et que ruines. 1540
Quelques prêtres, ma sœur, ont d'abord proposé
Qu'en un lieu souterrain, par nos pères creusé,
On renfermât du moins notre arche précieuse.
« O crainte, a dit mon père, indigne, injurieuse!
L'arche qui fit tomber tant de superbes tours,

Et força le Jourdain de rebrousser son cours,
Des dieux des nations tant de fois triomphante,
Fuirait donc à l'aspect d'une femme insolente! »
Ma mère, auprès du roi, dans un trouble mortel,
L'œil tantôt sur ce prince et tantôt vers l'autel, 1550
Muette, et succombant sous le poids des alarmes,
Aux yeux les plus cruels arracherait des larmes.
Le roi de temps en temps la presse entre ses bras,
La flatte... Chères sœurs, suivez toutes mes pas;
Et, s'il faut aujourd'hui que notre roi périsse,
Allons, qu'un même sort avec lui nous unisse.
  SALOMITH.
Quelle insolente main frappe à coups redoublés?
Qui fait courir ainsi ces lévites troublés?
Quelle précaution leur fait cacher leurs armes?
Le temple est-il forcé?
    ZACHARIE. Dissipez vos alarmes: 1560
Dieu nous envoie Abner.

SCÈNE II.

JOAD, JOSABETH, ZACHARIE, SALOMITH, ABNER,
 ISMAEL, *deux lévites, le chœur.*

    JOAD. En croirai-je mes yeux,
Cher Abner? Quel chemin a pu jusqu'en ces lieux
Vous conduire au travers d'un camp qui nous assiége?
On disait que d'Achab la fille sacrilége
Avait, pour assurer ses projets inhumains,
Chargé d'indignes fers vos généreuses mains.
  ABNER.
Oui, seigneur; elle a craint mon zèle et mon courage:
Mais c'est le moindre prix que me gardait sa rage.
Dans l'horreur d'un cachot, par son ordre enfermé,
J'attendais que, le temple en cendre consumé, 1570
De tant de flots de sang non encore assouvie,

Elle vînt m'affranchir d'une importune vie,
Et retrancher des jours qu'aurait dû mille fois
Terminer la douleur de survivre à mes rois.
    JOAD.
Par quel miracle a-t-on obtenu votre grâce?
    ABNER.
Dieu dans ce cœur cruel sait seul ce qui se passe.
Elle m'a fait venir; et d'un air égaré :
« Tu vois de mes soldats tout ce temple entouré,
Dit-elle; un fer vengeur va le réduire en cendre,
Et ton Dieu contre moi ne le saurait défendre.   1580
Ses prêtres toutefois, mais il faut se hâter,
A deux conditions peuvent se racheter :
Qu'avec Éliacin on mette en ma puissance
Un trésor dont je sais qu'ils ont la connaissance,
Par votre roi David autrefois amassé,
Sous le sceau du secret au grand prêtre laissé.
Va, dis-leur qu'à ce prix je leur permets de vivre. »
    JOAD.
Quel conseil, cher Abner, croyez-vous qu'on doit sui-
    ABNER.   [vre?
Et tout l'or de David, s'il est vrai qu'en effet
Vous gardiez de David quelque trésor secret,   1590
Et tout ce que des mains de cette reine avare
Vous avez pu sauver et de riche et de rare,
Donnez-le. Voulez-vous que d'impurs assassins
Viennent briser l'autel, brûler les chérubins,
Et, portant sur notre arche une main téméraire,
De votre propre sang souiller le sanctuaire?
    JOAD.
Mais siérait-il, Abner, à des cœurs généreux
De livrer au supplice un enfant malheureux,
Un enfant que Dieu même à ma garde confie,
Et de nous racheter aux dépens de sa vie?   1600
    ABNER.
Hélas! Dieu voit mon cœur. Plût à ce Dieu puissant

Qu'Athalie oubliât un enfant innocent,
Et que du sang d'Abner sa cruauté contente
Crût calmer par ma mort le ciel qui la tourmente!
Mais que peuvent pour lui vos inutiles soins?
Quand vous périrez tous, en périra-t-il moins?
Dieu vous ordonne-t-il de tenter l'impossible?
Pour obéir aux lois d'un tyran inflexible,
Moïse, par sa mère au Nil abandonné,
Se vit, presque en naissant, à périr condamné: 1610
Mais Dieu, le conservant contre toute espérance,
Fit par le tyran même élever son enfance.
Qui sait ce qu'il réserve à votre Éliacin;
Et si, lui préparant un semblable destin,
Il n'a point de pitié déjà rendu capable
De nos malheureux rois l'homicide implacable?
Du moins, et Josabeth comme moi l'a pu voir,
Tantôt à son aspect je l'ai vu s'émouvoir;
J'ai vu de son courroux tomber la violence.
  (*A Josabeth.*)
Princesse, en ce péril vous gardez le silence? 1620
Eh quoi! pour un enfant qui vous est étranger
Souffrez-vous que sans fruit Joad laisse égorger
Vous, son fils, tout ce peuple, et que le feu dévore
Le seul lieu sur la terre où Dieu veut qu'on l'adore?
Que feriez-vous de plus, si des rois vos aïeux
Ce jeune enfant était un reste précieux?

  JOSABETH, *bas à Joad.*
Pour le sang de ses rois vous voyez sa tendresse:
Que ne lui parlez-vous?
              JOAD. Il n'est pas temps, princesse.
  ABNER.
Le temps est cher, seigneur, plus que vous ne pensez.
Tandis qu'à me répondre ici vous balancez, 1630
Mathan, près d'Athalie, étincelant de rage,
Demande le signal et presse le carnage.
Faut-il que je me mette à vos sacrés genoux?

Au nom du lieu si saint qui n'est ouvert qu'à vous,
Lieu terrible, où de Dieu la majesté repose,
Quelque dure que soit la loi qu'on vous impose,
De ce coup imprévu songeons à nous parer.
Donnez-moi seulement le temps de respirer:
Demain, dès cette nuit, je prendrai des mesures
Pour assurer le temple et venger ses injures. 1640
Mais je vois que mes pleurs et que mes vains discours
Pour vous persuader sont un faible secours;
Votre austère vertu n'en peut être frappée:
Eh bien! trouvez-moi donc quelque arme, quelque épée;
Et qu'aux portes du temple, où l'ennemi m'attend,
Abner puisse du moins mourir en combattant.

  JOAD.
Je me rends. Vous m'ouvrez un avis que j'embrasse:
De tant de maux, Abner, détournons la menace.
Il est vrai, de David un trésor est resté,
La garde en fut commise à ma fidélité; 1650
C'était des tristes Juifs l'espérance dernière,
Que mes soins vigilants cachaient à la lumière:
Mais puisqu'à votre reine il faut le découvrir,
Je vais la contenter; nos portes vont s'ouvrir.
De ses plus braves chefs qu'elle entre accompagnée;
Mais de nos saints autels qu'elle tienne éloignée
D'un ramas d'étrangers l'indiscrète fureur:
Du pillage du temple épargnez-moi l'horreur.
Des prêtres, des enfants lui feraient-ils quelque ombre?
De sa suite avec vous qu'elle règle le nombre. 1660
Et quant à cet enfant si craint, si redouté,
De votre cœur, Abner, je connais l'équité,
Je vous veux devant elle expliquer sa naissance:
Vous verrez s'il le faut remettre en sa puissance;
Et je vous ferai juge entre Athalie et lui.

  ABNER.
Ah! je le prends déjà, seigneur, sous mon appui.
Ne craignez rien. Je cours vers celle qui m'envoie.

SCÈNE III.

JOAD, JOSABETH, ZACHARIE, SALOMITH, ISMAEL,
deux lévites, le chœur.

JOAD.
Grand Dieu ! voici ton heure, on t'amène ta proie !
Ismaël, écoutez.
(*Il lui parle à l'oreille.*)
JOSABETH. Puissant maître des cieux,
Remets-lui le bandeau dont tu couvris ses yeux, 1670
Lorsque, lui dérobant tout le fruit de son crime,
Tu cachas dans mon sein cette tendre victime !
JOAD.
Allez, sage Ismaël, ne perdez point de temps ;
Suivez de point en point ces ordres importants :
Surtout qu'à son entrée et que sur son passage
Tout d'un calme profond lui présente l'image.
Vous, enfants, préparez un trône pour Joas ;
Qu'il s'avance suivi de nos sacrés soldats.
Faites venir aussi sa fidèle nourrice,
Princesse, et de vos pleurs que la source tarisse. 1680
(*A un lévite.*)
Vous, dès que cette reine, ivre d'un fol orgueil,
De la porte du temple aura passé le seuil,
Qu'elle ne pourra plus retourner en arrière,
Prenez soin qu'à l'instant la trompette guerrière
Dans le camp ennemi jette un subit effroi :
Appelez tout le peuple au secours de son roi ;
Et faites retentir jusques à son oreille
De Joas conservé l'étonnante merveille.
Il vient.

SCÈNE IV.

JOAS, JOAD, JOSABETH, ZACHARIE, SALOMITH, AZARIAS, *troupe de prêtres et de lévites, le chœur.*

        JOAD *continue.*
          Lévites saints, prêtres de notre Dieu,
Partout sans vous montrer environnez ce lieu ;   1690
Et, laissant à mes soins gouverner votre zèle,
Pour paraître attendez que ma voix vous appelle.
                      (Ils se cachent tous.)
    Roi, je crois qu'à vos vœux cet espoir est permis,
Venez voir à vos pieds tomber vos ennemis.
Celle dont la fureur poursuivit votre enfance
Vers ces lieux à grands pas pour vous perdre s'avance ;
Mais ne la craignez point : songez qu'autour de vous
L'ange exterminateur est debout avec nous.
Montez sur votre trône, et... Mais la porte s'ouvre :
Permettez un moment que ce voile vous couvre. 1700
                      (Il tire un rideau.)
Vous changez de couleur, princesse !
                      JOSABETH. Ah ! sans pâlir,
Puis-je voir d'assassins le temple se remplir ?
Quoi ! ne voyez-vous pas quelle nombreuse escorte..
        JOAD.
Je vois que du saint temple on referme la porte ;
Tout est en sûreté.

SCÈNE V.

JOAS, ATHALIE, JOAD, JOSABETH, ABNER, *suite d'Athalie.*

    (Joas est caché derrière le rideau.)
    ATHALIE, *à Joad.* Te voilà, séducteur,
De ligues, de complots pernicieux auteur,

Qui dans le trouble seul as mis tes espérances,
Éternel ennemi des suprêmes puissances!
En l'appui de ton Dieu tu t'étais reposé:
De ton espoir frivole es-tu désabusé? 1710
Il laisse en mon pouvoir et ton temple et ta vie.
Je devrais sur l'autel où ta main sacrifie
Te... Mais du prix qu'on m'offre il faut me contenter.
Ce que tu m'as promis, songe à l'exécuter:
Cet enfant, ce trésor, qu'il faut qu'on me remette,
Où sont-ils?

  JOAD. Sur-le-champ tu seras satisfaite:
Je te les vais montrer l'un et l'autre à la fois.

(*Le rideau se tire. On voit Joas sur son trône; sa nourrice est à genoux à sa droite; Azarias, l'épée à la main, est debout à sa gauche; et, près de lui, Zacharie et Salomith sont à genoux sur les degrés du trône; plusieurs lévites, l'épée à la main, sont rangés sur les côtés.*)

Paraissez, cher enfant, digne sang de nos rois.
Connais-tu l'héritier du plus saint des monarques,
Reine? De ton poignard connais du moins ces marques.
Voilà ton roi, ton fils, le fils d'Ochozias. 1721
Peuples, et vous, Abner, reconnaissez Joas.

  ABNER.
Ciel!

  ATHALIE, *à Joad.*
 Perfide!

  JOAD. Vois-tu cette Juive fidèle
Dont tu sais bien qu'alors il suçait la mamelle?
Il fut par Josabeth à ta rage enlevé:
Ce temple le reçut, et Dieu l'a conservé.
Des trésors de David voilà ce qui me reste.

  ATHALIE.
Ta fourbe à cet enfant, traître, sera funeste.
D'un fantôme odieux, soldats, délivrez-moi!

JOAD.
Soldats du Dieu vivant, défendez votre roi ! 1730
(*Le fond du théâtre s'ouvre : on voit le dedans du temple ; et les lévites armés entrent de tous côtés sur la scène.*)

ATHALIE.
Où suis-je? O trahison! ô reine infortunée !
D'armes et d'ennemis je suis environnée !

JOAD.
Tes yeux cherchent en vain, tu ne peux échapper,
Et Dieu de toutes parts a su t'envelopper.
Ce Dieu que tu bravais en nos mains t'a livrée:
Rends-lui compte du sang dont tu t'es enivrée.

ATHALIE.
Quoi! la peur a glacé mes indignes soldats !
Lâche Abner, dans quel piége as-tu conduit mes pas?

ABNER.
Reine, Dieu m'est témoin...

ATHALIE. Laisse-là ton Dieu, traître,
Et venge-moi.

ABNER, *se jetant aux pieds de Joas.*
Sur qui? sur Joas! sur mon maître ! 1740

ATHALIE.
Lui Joas! lui ton roi! Songez, méchants, songez
Que mes armes encor vous tiennent assiégés.
J'entends à haute voix tout mon camp qui m'appelle.
On vient à mon secours : tremblez, troupe rebelle !

SCÈNE VI.

JOAS, ATHALIE, JOAD, ISMAEL, *et tous les acteurs de la scène précédente.*

ISMAEL, *à Joad.*
Seigneur, le temple est libre, et n'a plus d'ennemis:
L'étranger est en fuite, et le Juif est soumis.

Comme le vent dans l'air dissipe la fumée,
La voix du Tout-Puissant a chassé cette armée.
Nos lévites, du haut de nos sacrés parvis,
D'Ochozias au peuple ont annoncé le fils, 1750
Ont conté son enfance au glaive dérobée,
Et la fille d'Achab dans le piége tombée.
Partout en même temps la trompette a sonné :
Et ses sons et leurs cris dans son camp étonné
Ont répandu le trouble et la terreur subite
Dont Gédéon frappa le fier Madianite.
Les Tyriens, jetant armes et boucliers,
Ont, par divers chemins, disparu les premiers :
Quelques Juifs éperdus ont aussi pris la fuite ;
Mais, de Dieu sur Joas admirant la conduite, 1760
Le reste à haute voix s'est pour lui déclaré.
Enfin, d'un même esprit tout le peuple inspiré,
Femmes, vieillards, enfants, s'embrassant avec joie,
Bénissent le Seigneur et celui qu'il envoie :
Tous chantent de David le fils ressuscité.
Baal est en horreur dans la sainte cité ;
De son temple profane on a brisé les portes ;
Mathan est égorgé.

ATHALIE. Dieu des Juifs, tu l'emportes !
Oui, c'est Joas : je cherche en vain à me tromper ;
Je reconnais l'endroit où je le fis frapper ; 1770
Je vois d'Ochozias et le port et le geste ;
Tout me retrace enfin un sang que je déteste.
David, David triomphe ; Achab seul est détruit.
Impitoyable Dieu, toi seul as tout conduit !
C'est toi qui, me flattant d'une vengeance aisée,
M'as vingt fois en un jour à moi-même opposée :
Tantôt pour un enfant excitant mes remords,
Tantôt m'éblouissant de tes riches trésors,
Que j'ai craint de livrer aux flammes, au pillage.
Qu'il règne donc, ce fils, ton soin et ton ouvrage ! 1780
Et que, pour signaler son empire nouveau,

On lui fasse en mon sein enfoncer le couteau !
Voici ce qu'en mourant lui souhaite sa mère :
Que dis-je, souhaiter ! je me flatte, j'espère
Qu'indocile à ton joug, fatigué de ta loi,
Fidèle au sang d'Achab qu'il a reçu de moi,
Conforme à son aïeul, à son père semblable,
On verra de David l'héritier détestable
Abolir tes honneurs, profaner ton autel,
Et venger Athalie, Achab et Jézabel. 1790
(Athalie sort, les lévites la suivent.)

JOAD.

Qu'à l'instant hors du temple elle soit emmenée,
Et que la sainteté n'en soit point profanée.
Allez, sacrés vengeurs de vos princes meurtris,
De leur sang par sa mort faire cesser les cris.
Si quelque audacieux embrasse sa querelle,
Qu'à la fureur du glaive on le livre avec elle.

SCÈNE VII.

JOAS, JOAD, JOSABETH, ABNER, *et tous les acteurs de la scène précédente.*

JOAS, *descendu de son trône.*

Dieu, qui voyez mon trouble et mon affliction,
Détournez loin de moi sa malédiction,
Et ne souffrez jamais qu'elle soit accomplie :
Faites que Joas meure avant qu'il vous oublie ! 1800

JOAD, *aux lévites.*

Appelez tout le peuple, et montrons-lui son roi :
Qu'il lui vienne en ses mains renouveler sa foi.
Roi, prêtres, peuple, allons, pleins de reconnaissance,
De Jacob avec Dieu confirmer l'alliance,
Et, saintement confus de nos égarements,
Nous rengager à lui par de nouveaux serments.
Abner, auprès du roi reprenez votre place.

SCÈNE VIII.

JOAS, JOAD, *un lévite, et tous les acteurs de la scène précédente.*

JOAD, *au lévite.*
Eh bien! de cette impie a-t-on puni l'audace?
LE LÉVITE.
Le fer a de sa vie expié les horreurs.
Jérusalem, longtemps en proie à ses fureurs, 1810
De son joug odieux à la fin soulagée,
Avec joie en son sang la regarde plongée.
JOAD.
Par cette fin terrible, et due à ses forfaits,
Apprenez, roi des Juifs, et n'oubliez jamais
Que les rois dans le ciel ont un juge sévère,
L'innocence un vengeur, et l'orphelin un père.

TABLE DU THÉATRE CHOISI.

Andromaque, tragédie en cinq actes et en vers. 1

Britannicus, tragédie en cinq actes et en vers. 59

Mithridate, tragédie en cinq actes et en vers. 125

Iphigénie en Aulide, tragédie en cinq actes et en vers. 183

Esther, tragédie tirée de l'Écriture sainte, en trois actes et en vers. 247

Athalie, tragédie tirée de l'Écriture sainte, en cinq actes et en vers. 295

FIN.

NOUVELLE COLLECTION DES AUTEURS FRANÇAIS

Éditions classiques publiées sans annotations.

Boileau. Œuvres poétiques, édition classique précédée d'une notice littéraire par F. Estienne; in-18.

Bossuet. Discours sur l'Histoire universelle, édition classique précédée d'une notice littéraire par F. Estienne; in-18.

Bossuet. Oraisons funèbres, édition classique précédée d'une notice littéraire par F. Estienne; in-18.

Corneille. Théâtre choisi, édition classique précédée d'une notice littéraire par F. Estienne; in-18.

Fénelon. Aventures de Télémaque, édition classique précédée d'une notice littéraire par F. Estienne; in-18.

Fénelon. Dialogues des Morts, édition classique précédée d'une notice littéraire par F. Estienne; in-18.

Fénelon. Dialogues sur l'Eloquence, édition classique précédée d'une notice littéraire par F. Estienne; in-18.

Fénelon. Lettre à l'Académie, édition classique précédée d'une notice littéraire par F. Estienne; in-18.

La Bruyère. Les Caractères, édition classique précédée d'une notice littéraire par F. Estienne; in-18.

La Fontaine. Fables, édition classique précédée d'une notice littéraire par F. Estienne; in-18.

Massillon. Petit Carême, édition classique précédée d'une notice littéraire par F. Estienne; in-18.

Molière. Théâtre choisi, édition classique précédée d'une notice littéraire par F. Estienne; in-18.

Montesquieu. Considérations sur la grandeur et la décadence des Romains, édition classique précédée d'une notice littéraire par F. Estienne; in-18.

Racine. Théâtre choisi, édition classique précédée d'une notice littéraire par F. Estienne; in-18.

Rousseau (J. B.). Œuvres lyriques, édition classique précédée d'une notice littéraire par F. Estienne; in-18.

Voltaire. Histoire de Charles XII, édition classique précédée d'une notice littéraire par F. Estienne; in-18.

Voltaire. Siècle de Louis XIV, édition classique précédée d'une notice littéraire par F. Estienne; in-18.

www.ingramcontent.com/pod-product-compliance
Lightning Source LLC
Chambersburg PA
CBHW060558170426
43201CB00009B/815